物理与艺术

李政道

二〇〇四年四月

普通高等教育"十一五"国家级规划教材

物理与艺术

(第二版)

施大宁 编著

科学出版社
北京

内 容 简 介

本书是一本人文与科学素质教育的教材。全书共分 12 章，其主要内容是以西方美术家和物理学家相互平行的视角来阐述人们对世界图像的建立过程和理解，以及对物质运动的基本形式(时间、空间和光)的认识。书中通过大量实例，图文并茂地分析了西方美术作品，特别是前卫性艺术作品中的科学性，同时也介绍了经典和现代物理学中的艺术性。全书特点鲜明，具有丰富的物理内涵和人文素材。书中所附光盘包括电子教案和电子展板，便于教学。

本书可作为高等学校文化素质教育课程的教材，也可作为爱好科学和西方美术的读者选读的科普读物。

图书在版编目(CIP)数据

物理与艺术 / 施大宁编著. — 2 版. —北京：科学出版社，2010
普通高等教育"十一五"国家级规划教材
ISBN 978-7-03-026408-4

Ⅰ.①物… Ⅱ.①施… Ⅲ.①物理学－关系－艺术－高等学校－教材 Ⅳ.①O4-05

中国版本图书馆 CIP 数据核字(2010)第 008448 号

责任编辑：窦京涛　昌　盛／责任校对：钟　洋
责任印制：张　伟／封面设计：耕者设计工作室

科学出版社 出版
北京东黄城根北街 16 号
邮政编码：100717
http://www.sciencep.com

北京建宏印刷有限公司 印刷
科学出版社发行　各地新华书店经销
*

2005 年 1 月第 一 版　　开本：B5(720×1000)
2010 年 1 月第 二 版　　印张：12 1/2
2023 年 3 月第九次印刷　字数：225 000

定价：79.00 元（含光盘）
（如有印装质量问题，我社负责调换）

第二版自序

  本书的第二版主要增加了电子资料，包括电子教案和电子展板。全部的课程录像也由科学出版社作为音像出版物单独出版。文字材料方面没有做较大的删增，只是对一些文字错误做了修正，增加了参考文献。

  课程录像是在南京航空航天大学2007级修课学生的课堂上现场录制完成。为了保持原有的课堂教学效果，后期基本没有做剪辑。因此有一些口误，敬请谅解，欢迎读者提出更多的批评意见。

  本书2005年出版后，不少前辈学者、同仁和广大读者给予厚爱，也指出不足，对此笔者心存感激。特别是，我在网络上看到，中学物理教育家张大昌教授向全国中学教师推荐《物理与艺术》一书，并认为"对编写新课程高中物理教材时的指导思想有相当大的影响"。这使我对自己的工作充满自信。

  南京航空航天大学电教中心录制了课程录像，并在后期制作中提供了大量的帮助，在此表示诚挚的谢意！对科学出版社编辑的辛勤工作表示感谢！

  一如既往，希望读者对这个立体化的新版提出批评意见。

施大宁
2009年12月

第一版序

我热烈祝贺《物理与艺术》一书的出版！祝贺施大宁教授辛勤劳动产生了丰实的硕果！

从科学和文艺的起源与发展历史来看，两者同渊源于实践，同植根于人脑，同来自人脑对实践的反映以及对反映的加工。当然，科学与文艺以不同形式来表达，以不同事物作为实践对象，从而在知识（包括思维方法、实践方式等）层面彼此互异，但一旦深入研究，却是你中有我，我中有你。试看，中国古代的屈原在《天问》中，一口气提出了100多个问题，天文地理、博物神话，无不涉及，神妙高远，发人深思；而在那月明星稀之夜，物理学家在思考各种宇宙现象并探究自然界的本质与规律时，都不能不惊叹自然结构的雄伟壮丽。《庄子》中就有："天地有大美而不言，四时有明法而不议，万物有成理而不说。"还有十分重要的一点，无论是一个伟大的科学技术家，还是一个卓越的文学艺术家，都具有强烈的创造欲，都在探究如何超越表象而追求更深刻的、更普适的、更永恒的东西。因此，在创造性开始出现的时刻，学科间的障碍就消失了，文艺和科学进入了相互交融的境地。

目前由于我国教育中存在的弊端，文科大学生不仅受到的人文教育不很完整，更缺乏科学素质的培养；而理工科大学生不仅受到的科学教育不很完整，而且人文修养更需要极大的提高。尽管在人类认识史上文艺与科学出现了分离，但在20世纪，许多有识之士提出了要将科学与文艺结合与交融。这种正确的思潮，在人类从20世纪后期进入21世纪的时候，变得更加广泛，不可阻挡，并将对教育产生巨大的影响。大学教育教学理念正向更加重视素质教育的方向转变，向科学教育与人文教育相融合的方向转变，以造就不器的"大道"，培育不器的"君子"。

南京航空航天大学施大宁教授高度重视加强素质教育，提高学生学习兴趣，注重培养学生创新意识和思维方法，特为该校学生开设了一门有关素质教育的课程，且撰写了《物理与艺术》一书。该书主要是以西方美术家和物理学家相互平行的视角来阐述人们对宇宙图像的建立过程和理解,以及对物质运动的基本形式(时间、空间和光)的认识。书中通过大量实例,分析了西方美术作品,特别是前卫性艺术作品中的科学性,也介绍了经典和现代物理学的艺术性。通过深刻的分析,强调指出:创新是它们的共同灵魂。这是一个非常好的教学改革尝试!《物理与艺术》是一本特点鲜明、图文并茂、内容丰富、文艺与科学相交融的好读本!可供大家参考和选读。我希望读者能如作者所愿,对此课、此书提出批评与建议,并衷心祝愿这门课程和教材能在实践中更加充实和完善,受到更加普遍的欢迎,发挥更大的作用。

长风破浪今是时,直挂云帆济沧海!谨为此序。

中国科学院院士
教育部高等学校文化素质教育指导委员会主任
华中科技大学教授

2003 年 11 月 10 日

第一版自序

书写完了,还有一种言犹未尽的感觉,总想再交代点什么。笔者以为最重要的首先是关于本书的写作初衷和过程;其次是给读者的阅读建议;最后是诚挚的谢意。

首先,本人专业是理论物理研究,并一直从事大学物理教育,曾多次在中国高等科学技术中心看到由李政道教授创意、多位艺术家创作、具有科学韵味的中国画。记得第一次是在1988年,当时我还是一名研究生,有幸参加一个有关低维强关联系统理论的研讨会,会议的主题画就是吴作人先生创作的中国写意画,至今记忆犹新,这也是我第一次领略到艺术家笔下的物理。1997年和2000年我在美国和香港作访问研究时,曾读过施莱恩(L. Shlain)先生的一本专著《艺术与物理学:时空和光的艺术观和物理观》,并观摩过相应的课程,为之深深吸引。从2000年起,各界人士呼吁要加强对大学生的科学与人文素质教育,受施莱恩先生著作的启发和我本人的兴趣所在,就在南京航空航天大学开设了一门物理与美术相结合的选修课。课程教学原则是强调前卫派艺术和革命性物理学的共同基础是人类的创造力,创新是它们共同的灵魂。

本书成文过程中,主要参阅了施莱恩先生的著作、李政道教授的《科学与艺术》、霍金教授的《时间简史》、冈布里希的名著《艺术发展史》、温迪·贝克特的《绘画的故事》等。另外参考的有关物理与艺术的书目不下数十种,并专程参观了纽约、波士顿和芝加哥等地著名博物馆,以希望最大可能地提高读者的阅读兴趣。所以,书中的大多数观点并非本人原创,但至少是我理解了的,当然其中也包含了本人多年读书、教书和科研心得,总结于此,达到抛砖引玉的作用。我是一名物理专业人士和艺术爱好者,非人文学科出身,如果书中关于艺术品的某些提法不妥,望读者和专业人士提出宝贵意见。图片旁边的附注大多是本人的体会，寥寥数言，如果你不赞同，一笑了之。

其次，本书适合大学以上文化水平的读者阅读。如果读者是一名理工科的大学生，建议你能结合一本介绍西方美术的通俗读本阅读本书；如果读者是一名文史科的大学生，你可能不能理解书中的某些物理概念，但建议你首先要接受它，进而就会发现这个世界真的很奇妙，也很简单，可以从不同的角度去欣赏它。对于一名科学和艺术的爱好者，笔者相信，本书的阅读会给你提供研究自然、观赏艺术、崇尚科学、热爱生活的新视角。借用文学家兼科学家歌德的一句话："如果你想超然于这个世界，没有比艺术更可靠的途径；如果你想与这个世界结合，没有比科学更可靠的途径。"

最后，我要向诺贝尔奖荣获者、著名物理学家李政道教授和中国科学院院士、教育部高等学校文化素质教育指导委员会主任杨叔子教授表达深深的敬意和感谢，他们分别为本书题写书名和挥笔作序，这是对我莫大的鼓励和支持。我要特别感谢美国辛辛那提大学的张富春教授、香港大学的汪子丹教授，正是他们的邀请，才使我有机会出去进修，收集课程素材。同时，编者感谢南京航空航天大学出版基金的资助；感谢我的同仁们和修课学生对我教学工作的支持；感谢科学出版社杨波和昌盛二位责任编辑为本书的出版所做出的辛勤劳动。

本书出版之际，正值本人不惑之年，谨以此书献给我四十年人生道路上最重要的三位女性：我的母亲、我的妻子和我的女儿毛毛。

施大宁
2004.10

目录 CONTENTS

第一章	硬币的两面	1
第二章	理性的滥觞	14
第三章	学会看风景	28
第四章	缪斯的使者	45
第五章	持久的革命	59
第六章	解放色彩曲	77
第七章	重构空间观	89
第八章	解剖时间谜	105
第九章	量子风云录	119
第十章	混沌鉴喻篇	137
第十一章	宇宙与人文	153
第十二章	科学艺术家	169
参考文献		185

第一章 硬币的两面

科学与艺术同宗同源也许会使许多人感到惊讶，因为我们的教育体制和某些偏见告诉我们，这两者之间存在着巨大的鸿沟。科学以客观的语言描述世界，故意不带有主观的臆断。例如，科学之基——物理学只讨论物体运动的基本规律，不谈人生的快乐和悲伤。相反，艺术的源泉是人类丰富的想像力，来自人类主观的一面，主要以独特的方式表现精神世界。但是，它们之间却以一个共同的基本点紧密地关联在一起，这就是真理的普遍性和人类揭示真理的创造力。凡是前卫性的艺术创作，凡是革命性的物理研究，都会探究到宇宙间万事万物的本性，都追求对世界进行精确而细致地观察和创新性地描述。著名物理学家、诺贝尔奖获得者李政道教授多次指出："事实上如一个硬币的两面，科学和艺术源于人类活动最高尚的部分，都追求着深刻性、普遍性、永恒和富有意义。"

科学与艺术

物理与艺术都是惟有人类才拥有的文化现象，并且紧密而又令人惊奇地相互关联着。传统上来说，艺术创造幻象以表达情感，其语言是图形和比喻；物理学是一门严格意义上表达自然的实证科学，根植于可观测世界的清晰的数学关系，数字和方程是它通用的表达手段。传统的教育使科学和艺术分离，从事理工学习的人偏重逻辑思维，从事艺术学习的人则偏重形象思维。物理教科书中没有引自艺术领域的参考文献，艺术家也很少说明一件艺术作品与物理学的关系。但是，古往今来，很多哲学家、文学家、教育家、艺术家和物理学家都认为：科学与艺术的结合是人类思想发展的主流,在教育过程中重视科学教育与艺术教育的结合,是培养具有良好人文精神和创新能力的人才的重要途径。

在20世纪20年代,著名教育家蔡元培(1868~1940)就提倡"智育与美育并举;科学与艺术并重"。他说:"世之有道德者,无不有赖于艺术与科学。"

举凡科学和艺术都是一种抽象,都是对感知现象的综合。艺术家以艺术作品表达审美情感;科学家以自然定律描绘客观规律,他们都有一个共同的愿望,就是将对世界本体认识的不同侧面,各种现象贯穿在一起,经过分析、综合和思考,从而完成对事物本质的认识。牛顿(I. Newton,1642~1727)完成了人类科学史上第一次对自然的感知现象的大综合,建立了经典力学。同样,各类艺术表现形式的本身就是一种对具体的抽象和对现象的综合。因此,从一定意义上说,艺术和物理学都是构造模型的活动,它们是人类感悟、感知自然的两种相异又相关的手段。

1897年,艺术大师高更(P. Gauguin,1848~1903)完成一幅大型作品(图1),他用梦幻的记忆形式,把观赏者引入似真非真的时空延续中。在长达4米半的画面上,从左到右表达了生命从诞生到死亡的历程。树木、花草、果实,所有的植物象征着时间的飞逝和生命的消失。画的标题是三个震撼心灵的发问:我们从何处来?我们是什么?我们往何处去?和科学家没有交往的高更根本就没有想到,他的发问恰是科学界公认的最基本、最有意义、最值得研究的问题:宇宙是怎样起源的?生命是怎样起源的?人类的未来会怎样?

图1 《我们从何处来?我们是什么?我们往何处去?》(高更,1897)
将人的生与死描绘得如同画卷一样,这是画家最具雄心的作品。高更所表现的是他同这个大自然的交融和人类的来去之谜,以及对自然和生命奥秘探索的欲望。画面中央的青年正在摘取智慧之果,这是人生中最灿烂的篇章。

从科学的角度说,尽管自然现象的本身并不依赖于科学家的存在,但对自然现象的抽象和总结,属于人类创造的成果,根植于一种对自然全新的认知方式,这和艺术家的创造是同样的。因此,大多数科学家认为,艺术修养和审美能力有助于科学研究,因为审美带来的情感、冲动和直觉常使科学家瞬间进入创造性的化境。世界著名物理学家玻姆（D. Bohm，1917~1992，量子物理学家）期望早日将科学与艺术融为一体，他强调艺术并不简单由艺术品组成，更主要的是包括一种认知态度，即"艺术的灵魂"；科学也是如此，它不仅包括知识的积累，更在于创造耳目一新的认识方式。华丽的辞藻堆积不出震撼心灵的诗歌；繁琐的公式揭示不了神奇宇宙的真谛。玻姆说："就物理学充满真知灼见而言，它实在是艺术。"

著名物理学家、诺贝尔奖获得者李政道教授多年来一直倡导科学与艺术的交融。2001年5月，他在北京主持了规模宏大的艺术与科学研讨会和展览，江泽民等领导同志亲临展览现场参观并题词。2001年10月7日，李政道教授在人民大会堂的大型学术报告会上再次强调了物理与艺术的共同性和互助性。如他所言，艺术——用创新的手法唤起人们意识中情感的共鸣。情感越珍贵，唤起越强烈；反响越普遍，艺术越优秀。科学——对自然界现象进行新的准确的抽象。自然越深奥，抽象越简单；应用越广泛，科学越伟大。

图2 原国家主席江泽民同志为李政道教授主编的画册《科学与艺术》题写的书名

科学与艺术的紧密结合是一片共识氛围，一种服膺态度，一个努力目标，当然也还带着激烈的争辩和论战。英国文学怪杰斯诺（C.P. Snow，1905~1980），物理学家出身，后来从文，做过政府顾问，一生丰富多彩，犹喜论战。他认为文科人士和理科人士分别代表两种文化，相互瞧不起对方又拒绝了解对方。他愤怒地说，人文学者对于不读莎士比亚的科学家嗤之以鼻，但是，不懂"热力学第二定律"的艺术家和文学家自己就是完整的文化人吗？这位斯诺先生，虽然偏激自负了些，但其在文理之间、在莎士比亚和"热力学第二定律"之间架设桥梁的主张无疑是令人信服的。

在本书中谈及科学时，将侧重评述物理学的成就。本书所涉及的艺术作品大多在当时属于前卫性的，因为只有这种作品才具有创新的认知方式。同样，只有革命性的物理学家才具有如此高的洞察力，以至于他们的工作使人类能认识自然的本性。因此，从某种意义上说，科学家是表现宇宙真实存在的艺术家；而艺术家则是表现情感世界真实存在的科学家。作为揭示宇宙和情感世界奥秘的探索者和创造者，科学家和艺术家的超然洞察力使得他们能够预知前人尚未认识的新世界，前者的最高境界是以人性之浪漫情怀拥抱宇宙之道，后者的最高境界是按宇宙之道表达人性的浪漫情怀。他们追寻的终极目标都指向了真、善、美的最高境域。

艺术图像与科学语言

语言（文字）和图像是人类表达自然的两种基本手段，它们之间是互相关联和互为补充的。中华民族的"河图洛书"是一部原始质朴的科学百科全书。虽然虚无缥缈，查无实据，但却巧妙深刻地代表一个真理：图像（河图）和文字（洛书），原是相辅相成的一对轨道。人类认识世界，并进而表现对世界本体认知的文明进步之车，就是在图像和文字两根铁轨上，呼啸着行驶向前的。比如，物理和艺术都追求高雅、简洁和唯美。最高的创作和创造理念都是反映人类的"宇宙意识"，追求与自然的对话，探索全新的认知方式。本书的讨论将揭示出这两者间藏而不露，但却实质存在的关系。

首先，我们表达对未知事物的认识和理解，都是始于对未知形象的理解，终于对其概念的语言定义。在认识自然的过程中，头脑中总是先有"图"，再有"词"。艺术家倚仗形象思维，天马行空，用图像和比喻来表达对自然的理解，虽然最终不会上升到定律、公式的高度，但这属于对自然探索的第一步。对图形的认知能力不仅仅属于人类，其他多种高智能动物也具备这种能力，但是，语言（文字）是人类特有的天赋，是大脑进行抽象思维的更高方式。在这个层次上，人们便会放弃图像形式，而借助语言对自然规律给予严格定义。

人类对语言的崇拜是与生俱来的。比如，上帝创造了亚当后，告诉他做的第一件事就是给所有的动物命名。上帝告诉亚当说，他一旦完成这项任务，便会成为一切飞禽走兽的主宰。圣经中还告诉我们，人类本来只有一种语言，彼此协作，具有凝聚力，筹划并开始建造通天塔，以便接近上帝。耶和华上帝为了阻止人类实现这一美好愿望，变乱了人类的语言，使人们互相不知对方所云，工程再也无法进行下去，只得终止。因此，圣经向我们传达着语言决定一切的教义。勃鲁盖尔（P.

图3 《通天塔》（勃鲁盖尔，1897）
庞杂、庄严、神秘、美丽——这就是我们需要认知的世界。
忙碌、幻想、讨论、合作——或许是人类合理的工作方式。

Bruegel，1525～1569）的《通天塔》（图3）是表达这一古老传说的最具有深度的作品，整个画面非常复杂，既表达了人与自然对话的雄心，又告诫我们不要做毫无意义的忙碌。20世纪的两大科学巨匠，爱因斯坦（A. Einstein，1879～1955）和玻尔（N. Bohr，1885～1962），1927年在布鲁塞尔就量子力学的基本问题展开论战时，同是两人好友的爱伦费斯特（P. Ehrenfest，1860～1933）为了彼此声誉不受损害，进行了积极的穿梭外交，希望平息争论。但是，学术上的不同见解，不是私人之间的友谊所能改变的，所以息事宁人的做法没有成功。爱伦费斯特只有在大会结束时所作的总结性发言中笑称会议的巨大成果，就是发现人类在建造通天塔的道路上确实遇到了语言上的障碍，但这改变不了人类探索自然的雄心。

其次，从图形到语言是抽象思维的进步，但同时又抑制人类认识新生事物的创造性。两个最伟大的物理学家，牛顿和爱因斯坦，都曾无独有偶地回忆起，在他们探索自然真理的时候，所表现出的行为就是孩子们所具有的观念、好奇心和想像力。牛顿说："我不知道世人对我怎么看，但我自认只像是一个在海滨嬉戏的孩子，不时地为比别人找到一块更光滑的卵石或一只更美丽的贝壳而欢愉，而我面前浩瀚的真理海洋，却还完全是个谜。"爱因斯坦说："我的智力发展得比较晚，结果直到长成之后我才开始对空间和时间感到好奇和疑惑，而这些东西在孩提时就应该已经想过了。"

科学往往需要借助想像力和逻辑思维来测量自然，这在现代物理学研究中尤为重要。比如，相对论和量子力学描述的是高能世界和微观世界，常人的一切感官都够不着、达不到那里。于是，研究发现的全过程，一直是逻辑推理和形象操作交替进行。其中，逻辑推理贯穿始终，形象操作则时隐时现，但作用关键，因为它有特殊能耐，一头通直观感觉，另一头连宏观把握，这是逻辑语言力所不能及的。当然科学家不能胡思乱想，要根据科学事实，但是又不能拘泥于已有的事实，否则科学就无法发展前进了。

科学发现的历程往往是这样的：当人们要想理解一样全新的东西，首先要做的就是对其进行想像。从字面上来讲，"想像"意味着"想出图像"来。一个突出的"梦想成真"的例子是有机化学内"苯环"的发现，德国化学家凯库勒（S. Kekulevon，1829～1896）在睡梦中看见一条首尾相接的蛇，于是获得了灵感，他马上起身，把梦里的那条自咬尾巴的蛇的形象画出来，脑海中冒出了六个碳原子首尾相接的图形。然后，再给每个碳原子连上一个氢原子，就得到了六角形的"苯环"结构。因此，一个优秀的科学家不会拘泥于单纯的抽象，他们在科学研究中常常揿下形象思维的神笔。且不说世人皆知的、善于利用形象的大师爱因斯坦，只要看看物理学界的"顽主"费恩曼（R.P. Feynman，1918～1988）就足以说明浪漫也是科学家必备的天性之一。费恩曼是物理学家，但思想空灵潇洒，他以"对量子电动力学研究方面的贡献"得到诺贝尔奖。这个贡献是什么呢？简单地说，就是一部"河图"，顾名思义叫做"费恩曼图"。它起源于量子力学的数

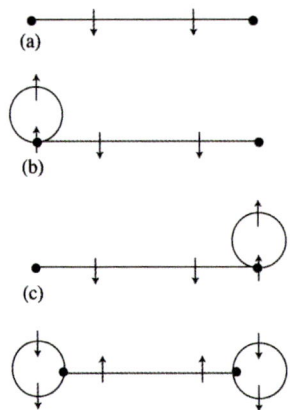
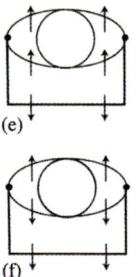

FIG.1. Renomalized connected Feynman diagrams for Eq.(17). The diagrams (a),(b),(c),and (d) correspond to the first term on the right-hand side of Eq.(17), and the diagrams (e) and (f) to the second term of Eq. (17). The cycles in (e) and (f) represent all the vertex corrections. The broad lines indicate the Green's function $《d_{k,\sigma}|d_{k,\sigma}^T》_{i\omega_n}$. Note that the black points represent the start and end of the single-particle Green's function.

$$《D_{p,\sigma}|D_{p,\sigma}^T》_{i\omega_n} = \frac{1}{4}(1+\delta)^2 \ 《d_{p,\sigma}|d_{p,\sigma}^T》_{i\omega_n} + \frac{1}{2N}\sum_k\left(-\frac{1}{\beta}\right)\sum_{ip_n}《d_{p,\sigma}|d_{p,\sigma}^T》_{ip_n}\chi\ (k-p, ip_n - i\omega_n) \quad (17)$$

图4　"河图洛书"——摘自 *Physical Review B* 58, 12478, 1998

学表述，表现了一个受我们的感观限制的形式之外的世界，比如，通过它我们可以理解微观粒子的行为和物理图景。这些图形是现存的最抽象的科学艺术。在费恩曼给出的图形基础上，可以把至今不可严格求解的电子间相互作用，利用费恩曼图逐级展开，再根据不同的近似求和，最终给出有意义的物理解（方程）。这是形象与抽象、图像与方程、艺术家与科学家结合的典例。图4是笔者利用费恩曼图方法计算高温超导材料光电子谱的计算结果和相应的数学公式，发表于1998年。

　　另外一方面，在艺术领域内，科学的新概念、新定律也在潜移默化地改变艺术家的创作理念。特别是20世纪的艺术，可以说是在科学的温室里受精，在技术的染缸里诞生，在对时空、物质和意识等的思考里发育成长。毕加索（P. Picasso, 1881～1973）的成功在于他一生都在"向宇宙质疑"；一个展开的"超立方体"足以使达利（S. Dali, 1904～1989）欣喜若狂，创作了《基督受难》等等范例，不胜枚举。

　　总之，科学与艺术的真谛都在于给出一种全新的认知方式，想像力对人类认识未知世界的第一步，是如此重要，并广泛存在于人类文明历程中。艺术家善于此道，但无力把他们创造的种种图像发展成为抽象概念和描述性语言，上升到系统化的知识体系——科学。科学家的公式和定律，是技术文明进步的源泉，它也会迫使艺术家重新思考自己的创作理念。《艺术与物理学》一书的作者施莱恩（L. Shlain）认为，艺术有一种特殊的先见之明，其预见性要超过物理学家的公式和实验。科学上存在这样的情况，即科学发现之后，人们发现它对物质世界的描述早被前卫艺术家以奇妙的方式放入了自己的作品。这其实并不奇怪，因为我们面对的是同一个宇宙，同样的自然。但是，必须指出，艺术家们对自然的理解并非能建立起完整的科学图像，并且这种理解不受实验的检验，真理与谬论并存。也就是说，思辨和想像不等于科学，但可以为将来起到未雨绸缪的作用。1999年英国物理学会出版的《物理世界》第10期，专题介绍了物理学中"混沌和分形"的发展历史，杂志封面用的就是现代抽象表现艺术大师波洛克（J. Pollock,1912～1956）的名画《薰衣草之雾,1950》，内有研究波洛克艺术作品中包含着混沌和分形内涵的专门研究论文，读者可参阅原文和本书第十章。

前卫性的艺术和前沿物理学的共同和唯一的目的，就是企图去认识尚未被人类语言所定义的未知事物。

求真善美

可能是受牛顿力学方法论的影响，在人们由来已久的观点中，物理学是一门以客观实际为依据的实验科学，关注的是物质运动的客观舞台，与心理因素无缘。而艺术家注重的不仅是外在世界，还更关注自身的内心世界，如情感、虚构、梦幻和精神。一直以来，艺术殿堂被认为是主观的精神世界。鉴于这一点，有人强烈地反对将科学真理和艺术表现相提并论。

然而，这个自然是人的自然，宇宙和意识是更宏大的硬币两面。首先，当代物理学自身发展的结果就意味着对机械的自然观和方法论的反叛。现代科学的观察和实验这一类活动是人的有目的、有计划的实践活动，是客观性和主动性的统一。用英国哲学家卡尔·波普尔（K. Popper，1902～1994）的话说，观察活动不是被动的反映，而是"探照灯式"的主动行为。实验内容、用什么仪器做实验，都同科学家如何提出科学问题，同他的主观思考有密切的关系。其次，在艺术理论中，对主客体相互作用关系的探讨由来已久。比如波普尔哲学理论的忠实实践者，当代著名艺术评论家冈布里希（E.H. Gombrich，1909～1993）提出，每一位艺术家因为业已形成的审美心理结构或心理模式不同，他们所持有的艺术纲领或"艺术图式"不同，观察问题的角度和内心所产生的感受都是不同的，对于同一观察对象所进行的艺术创造都会打上主观表现的印记。冈布里希推崇的一幅毕加索的作品《画家与模特儿》（图5）用少有的力量表现了艺术家、主题和图像之间的相互作用，这种作

图5　《画家与模特儿》
　　（毕加索，1932）

情人眼里出西施否？不，出
在思考中。

用是所有视觉艺术的源泉。我们也许会自问,艺术家在干什么?最好的回答就是,他在表现"自己"。最后,从哲学意义上说,柏拉图(Plato,前427~前347)著名的"洞穴比喻"提出了哲学的基本问题:我们是如何认识世界的?它隐喻了柏拉图的哲学观,即只有通过心理和自然的共同作用来推断实在的本性。后来的康德(I. Kant,1724~1804)强化柏拉图的哲学观,认为在对外部世界的感知进行加工时,我们的大脑可被看成是一个文件架或分类架,用以装入从外界感知的信息,但它对信息进行组织。因此在真实世界与我们所理解的世界之间必然存在着无法缩小的鸿沟。我们无法知道未经删改,未经转换的所谓的"自在之物"或称"世界本体",而只能知道经过我们概念体系过滤后修改的,因而很可能是扭曲的东西。我们对事物本质的认识常因我们脑中已有的心理现象的影响而产生偏差,如同《画家与模特儿》。

在科学层面上,科学观察中的主客体相互作用关系,在20世纪初的量子力学理论中表现得淋漓尽致。在20世纪以前,光的干涉实验和麦克斯韦电磁场理论都证实光是一种波。1905年,爱因斯坦为了解释光电效应实验,提出光可能以粒子的形式出现,称之为光子。在经典物理中,波是一种具有连续特征的物理现象;粒子则与分立特征相对应,因此,爱因斯坦的看法便意味着光有两种不同的、看上去相反的本性:波动性和粒子性。在20世纪伊始,这是一个令科学家费解的难题,一直没有答案,其根本原因是在于传统的、机械的自然观和方法论受到挑战。

1926年,玻尔提出了互补原理,把光的两个对立特性结合到一起。简要地说,他的观点是认为光既不仅仅是波,也不仅仅是粒子,而是兼为波和粒子两者,这就是光的波粒二重性。我们究竟要认识光子的哪一方面的属性,判定光子究竟是粒子还是波,完全取决于科学家的目的和手段。运用光电效应可以证明光的粒子性,用干涉、衍射实验可以证明光的波动性。由于量子物理直接建立在实验观测结果之上,而实验观测又依赖于测量仪器以及测量程序的选择和安排,并不是一个独立不依的客观世界不走样的反映,因此量子力学所提供的世界图景原则上无法排除观察主体的作用。它所展示的是一幅主体和客体相互交融、相互作用的图景。玻尔的亲密助手海森伯(W.K.Heisenberg,1901~1976,量子力学的奠基人,德国核物理之父)是这一观点的发起者,他说:"把世界分为主观和客观、内心和外在、肉体和灵魂,这种常用的分法已经不再适用……自然科学不是简单地描述和解释自然,它乃是自然和我们人类之间相互作用的一个组成部分。"按照这一新的物理学——量子物理,观察者和被观察对象是以某种方式连在一起的,主观精神与客观世界是相互交融的。"在存在的这出伟大戏剧中,我们既是演员又是观众",这是玻尔的名言。

从塞尚(P. Crezanne,1839~1909)开始的现代艺术的创作理念就是追求人与自然的对话,正是在大自然面前,塞尚感到了世界的一种神秘感并深深地为之所震撼。他看出没有任何事物可以在孤立中存在——这是不言自明的道理，但美术家中只有塞尚启迪我们看见了。万物皆有颜色和重量，它们的颜色和体积影响着其他物体的重量。我们主观世界和自然的客观世界紧密地联系着，为了理解其中的奥妙，塞尚倾尽了一生，换来"现代美术之父"的赞誉。

因此，科学家和艺术家的共同目的是构建世界图景。爱因斯坦曾经说过："人们总想以最适当的方式来画出一幅简化的和易领悟的世界图像；于是他就试图用他的某种世界体系来代替经验的世界并来征服它。这就是画家、诗人、哲学家和物理学家所做的，他们都按自己的方式去做。各人都把世界体系及其构成作为他的感情生活的支点，以便由此找到他在个人经验的狭小范围内所不能找到的安静和安宁。"

科学求真；艺术善美。心物交融；天人合一。

物理简史

在图书馆里，我们可以查阅到许多有关物理学历史的专著，它们总结了物理学家多年来的艰辛探索。亚里士多德（Aristoteles，前384~前322）的著作 *physis* 的书名，是"Physics"一词的最早起源。中文"物理"一词可追溯到杜甫（712~770）一首诗："一片花飞减却春，风飘万点正愁人。且看欲尽花经眼，莫厌伤多酒入唇。江上小堂巢翡翠，花边高冢卧麒麟。细推物理须行乐，何用浮名绊此身。"虽然今天的"物理"的科学意义已不同了，但学习物理，体会自然的意境犹同。简单地说，作为科学意义上的物理学发展经历了两个时期：经典物理学和近代物理学。一个略有科学素养的人，至少要知道五位物理学家以及他们各自的贡献，他们是伽利略（G. Galileo，1564~1642，创立科学研究方法）、牛顿（建立了宇宙的经典力学图像）、麦克斯韦（J. Maxwell，1831~1879，建立了宇宙的经典电磁图像）、爱因斯坦（相对论时空观）和玻尔（量子力学）。

物理学是从伽利略开始的，他被称为物理学，乃至自然科学之父。伽利略贡献颇多，其最巨大的贡献是将科学的研究方法——实验方法与逻辑推理方法（假想实验），引入自然科学研究，使物理学从哲学的范畴内独立出来，成为自然科学的基石。在伽利略之前，人们对自然现象的记载和思考只具有文化方面或哲学方面的意义。比如，东方人，特别是我们中国人在古代对自然现象的文字记载既多于又早于西方，但最终没有形成所谓的科学，其根本原因在于没有出现一个像伽利略一样的科学之父，在东方文化中引入科学研究方法。伽利略的工作，无论在历史上、科学上还是方法论上都获得了伟大的成就。对于伽利略所做出的奠基性的重要贡献，霍布斯（T. Hobbes，1588~1679，英国唯物主义哲学家）评价说："他是第一个给我们打开通向整个物理领域的门的人。"爱因斯坦在《物理学的进化》中评论说："伽利略的发现以及他所应用的科学的推理方法是人类思想史上最伟大的成就之一，而且标志着物理学的真正开端。"

在伽利略离世的当年，有史以来最伟大的科学家——牛顿诞生了。人类在认识自然的过程中，首先是从机械运动开始的。机械运动是描述物体位置变化的基本运动形式，是人的自我感官系统容易感受到的自然现象。车辆的行驶、机器的运转、流体的流动、飞船的航行等都是机械运动。理解和研究机械运动就要涉及"力"的概念，这是人们在认识自然过程中，建立起来的第一个，也是最完善的物理图像——宇宙的经典力学图像。牛顿运动三大定律奠定了经典力学的基础，它实质上给出了关于"力"的完整定义。"$F=ma$"几乎成了经典物理学的代名词；牛顿的有关绝对空间和绝对时间的两句言词犹如科学界上帝的纶音，在科学界的圣山上隆隆鸣响，一直萦绕到爱因斯坦的出现。牛顿是人类真正的骄傲。

经典物理学的第二个里程碑是经典电磁图像的确立。在人们的感观世界，第二个自然现象是电、磁和光。继牛顿之后最伟大的科学家，同为英国人的麦克斯韦，在总结电磁实验的基础上，以他杰出的数理才能，把原来互相独立的电学、磁学和光学三个部分结合起来，综各家之所长，挥经纶之巨手，天才般地写出了麦克斯韦方程组，使之包含了自然界的一切电磁现象（经典）。其构思深刻精妙，表达简洁明了，被后人称誉是"神仙写出来的"。后人评价说，麦克斯韦的名字将永远闪烁在经典物理的大门之上。

在麦克斯韦逝世的那一年，爱因斯坦诞生了，这不知是造物主主观的旨意，还是自然界客观的使然。爱因斯坦被公认为20世纪最伟大的科学家，甚至被《时代》杂志评为20世纪最伟大的人物。他关于相对论时空观的两个简单的基本假设动摇了经典力学的基石，使人们对时间和空间，能量和质量有了更深刻的理解。空间的收缩、时间的膨胀、同时性的相对性、质量与能量的关系等全新的时空物理图像，在文化上和科学上，在知识界和民众中引发了一轮又一轮的冲击波。爱因斯坦标志着经典物理学的结束，近代物理学的开始。

在近代物理学发展过程中，唯一能和爱因斯坦相媲美的物理学家是丹麦人玻尔，虽然他不被普通民众所熟悉，但大多数科学家认为：两个伟人分享了同一个时代，他们是20世纪物理学星空的"双子星座"。下面的一段文字恰当地评价了玻尔的贡献，它取自《玻尔研究所的早年岁月》一书："量子力学和相对论是本世纪物理学的两个主要进展。相对论创始人爱因斯坦，在民间被看作科学家的偶像，神话般地流传，而发展量子力学的物理学家的名字，还基本上只在科学界的人士中才知道。他们的成就对于广大群众说来，根本上还很陌生。这种缺乏了解的主要原因，也许是由于量子力学不是仅由一个物理学家所创立，而是由许多物理学家集体努力的结果。鉴于这一点，量子力学的建立可以认为是在开展物理工作方式上的一个转折点。这在过去仅是作为科学活动来实现的。一个物理学家在相对孤立的情况下，能对量子力学做出重大突破的时代已经过去了。20世纪的量子物理已经达到如此复杂和困难的程度,没有一个物理学家能掌握它的各个方面,或期望能一手将其发展成一套完整的理论。量子力学是一代物理学家的努力和才华的结晶。如果说量子力学的建立标志着在物理学上第一次集体的胜利,那么这一批量子物理学家公认的领袖就是尼尔斯·玻尔。"

四百年物理历史,造就了四个时代、四个伟人——伽利略、牛顿、麦克斯韦和爱因斯坦,真是"江山代有才人出,各领风骚一百年"。

艺术简史

因为本书中主要涉及西方美术与物理的关系,因此准确地说,我们这里所谈到的艺术主要是视觉艺术,并特别侧重于西方美术。

图6 《石刻野牛》(阿尔塔米拉洞窟,公元前2000年)
这是最早的艺术,表现形式却属于20世纪未来主义画派。

绘画艺术的历史远远超过物理学,几乎是与人类共生的,如果简单地划分一下,可以分为五个阶段:远古之谜、春的故事、百花齐放、日出印象和现代艺术。

绘画序幕由我们的艺术的祖先——旧石器时代人拉开,西洋绘画最早的实例正是出自他们之手。我们在阿尔塔米拉洞窟(1879年在西班牙北部发现,是最早发现的史前壁画,距今约20 000年)里看到的那硕大的野牛(图6),真是凝重恢弘的艺术,至今闪烁着现代未来主义的光芒,其精湛与力度自诞生之日起便不曾有人超越。从那时起,我们将走过古埃及、古希腊、罗马帝国,历经早期基督教和拜占廷的世界,直到中世纪传教士描绘的精彩的手抄本插图。13世纪中叶,哥特式艺术的写实主义风格,偏离了宗教艺术的轨道,而转向人文主义的方向。转折时期的1267年,西方绘画之父——乔托(Giotto 1267~1337)诞生于意大利的佛罗伦萨，从此，远古之谜结束了，或者说永远地留给了人类。乔托开始了绘画故事的真正开端。

乔托发现了人，把人从神学的铁牢中解放出来，并请入艺术的殿堂。乔托使艺术回归了自然，奠定了西方绘画艺术的基本准则——透视原理，从此艺术从"为了神的艺术"变成了"为了人的艺术"。一场喧闹的、波澜壮阔的文艺复兴运动（1400～1600）开始了，这是四季中最灿烂的春天，艺术之篇中春的故事，犹如波提切利（S. Botticelli，1444～1510）的作品《春》。文艺复兴标志着由中世纪到现代世界的转变，也为现代西方的价值观和社会机制奠定了基础。这个时期的艺术对科学性的精确和现实主义的探索，在达·芬奇（Leonardo da vinci，1452～1519）、拉斐尔（Raphae Sanzio,1483～1520）和米开朗基罗（B. Michelangelo ,1475～1564）等超凡平衡与和谐的作品中达到了顶峰。在提香（Titian Tiziano Vecelli，1488～1567）的精妙绝伦的色彩中，能够感受文艺复兴的魅力；在其颤抖的色调中，也能够感受到其鼎盛时期的结束。在文艺复兴的最后一个阶段，风格主义成为主导风格，我们看到格列柯（Greco，1541～1614）激情洋溢的幻象，又能听到勃鲁盖尔讲述的农民的故事。

17世纪初到18世纪中叶，西方美术的风格总称为"巴洛克"，来自葡萄牙语，意为"粗糙"或"形状不规则"。可以把它理解成凋残状的文艺复兴艺术。这种新风格既诉诸真情实感，又具有很强的观赏性，通常以极具表现力的夸张动作、敷以强烈的明暗对比和绚丽的色彩达到这一效果。与文艺复兴时期艺术相比，这是一种变化的艺术，可以看到情趣的力量，在物理语言上可以称之为"光"的第一次革命。卡拉瓦乔（M. de Caravaggio，1571～1610）、委拉斯贵支（Velazquez，1599～1660）、伦勃郎（Rembrant，1606～1669）是这一时期艺术家的杰出代表。18世纪中叶，人们抛弃了巴洛克风格，新古典主义和浪漫主义开始同台共舞，大卫（J.L. David，1748～1826）的《马拉之死》向我们传递道德观念，安格尔（J. D. Ingres，1780～1867）的《大宫女》达到了新古典主义的顶峰。热里柯（Gericault，1791～1824）通过《美杜萨之筏》高举浪漫主义的大旗，德拉克洛瓦（E. Delacroix，1798～1863）的《自由引导着人民》似乎暗示着浪漫主义终将成为这个时期艺术的主流。透纳（J. M. W. Turner，1775～1851）邀请我们参加光的盛筵，预先告知印象主义的到来……这是一个百花齐放的时代。

在绘画史上，或许这是第一次，也是唯一的一次，人们冠以这一运动的名称和实际真正相符，那就是印象主义。19世纪下半叶以库尔贝（G. Courbet，1819～1877）为代表的法国现实主义艺术成为印象主义的前奏。后来的印象主义者穿越盲目轻率和世俗偏见的抗阻，继续他们对光和影的征服活动。马奈（E. Manet，1832～1883）以《草地上的午餐》在1863年揭开了近代美术的序幕。当时的他恶名远扬，后来却赢得了"近代美术之父"的赞誉。莫奈（C. Monet，1840～1926）陶醉于光线的千变万化，现在只要我们说出"日出"，别人就会联想到"印象"。

雷诺阿（P.A. Renoir, 1841~1919）则让胭脂红、玫瑰红、蓝色、紫色和阳光一道在赤裸的肌肤上闪烁。只有塞尚大半辈子孑然一身，这位神态不雅、衣着简朴，甚至是滑稽可笑的"疯子"，整天对着桌上的苹果凝思，谈论着大自然的形式可以归结为圆锥形、圆柱形和球形。修拉（G. Seurat, 1859~1891）的科学天才帮助他自己成为"点彩派"的开山鼻祖；高更和凡·高（Vincevt van Gogh, 1853~1890）这两个凡夫俗子，用心灵淌着的鲜血创造出色彩的魅力，幸福地把痛苦和挣扎留给自己，把美丽和思考留给后人。

人类进入了20世纪，艺术似乎也应冠以现代来修饰。事实也确实如此。我们已经处于一种新的形势，不再有一条故事线索可循，没有主流可言，溪流已入沧海。有人说，20世纪的艺术几乎是不可定义的，其实我们正可以此作为它的定义。乔托之前是为了神的艺术，文艺复兴是为了人的艺术，印象派是为了艺术的艺术，现代是为了不可定义的艺术。毕加索的立体主义是空间的重构，马蒂斯（H. Matisse, 1869~1954）的野兽派是光与色的革命，未来主义追逐时间的意义。杜尚（M. Duchamp, 1887~1968）、达利、康定斯基（W.Kandinsky, 1866~1944）、波洛克等等都在以独特的视角观察我们的世界和我们的精神。他们已经被历史所定位。如果再进入到当代，进入21世纪，我们似乎陷入了迷途，但这只是暂时的，时间的长河将会显示，哪些艺术家将会常青，哪些将被历史所淘汰。

总之，艺术与物理是人类对世界本体描述的两个不同，但平行、互补的方面，它们都经历了从观察自然，到描绘自然，进而思考自然的平行发展历史。在发展过程中，尽管艺术家和科学家很少彼此关注对方的工作，但艺术经常预期科学真理的发展，科学的发展也为艺术创造提供不竭的动力和方法。例如：照相术的发展直接导致了现代艺术革命；毕加索和爱因斯坦从未谋面，对彼此的工作也互无兴趣，但他们对人类生存的时间与空间结构具有相同的认识和理解；电脑似乎使今天的艺术变成了"e 术"……

历史学家、当代科学史的奠基人萨尔顿（G. Sarton, 1884~1956）把科学、宗教与艺术比喻成一个金字塔的三面，并认为："当人们站在塔的不同侧面的底部时，他们之间相距很远，但当他们爬到塔的高处时，他们之间的距离就近多了。"

现在，让我们一起来攀登这座金字塔吧。

第二章 理性的滥觞

当人类不再通过宗教和神话，而是运用理性来认识世界时，哲学便诞生了。时间和地点可追溯到公元前6～公元前4世纪的古希腊——这个西方文化思想，同时也是第一个系统化知识体系的发源地。

哲学、科学和艺术并不相互抵触，它们探究的是同一个世界，都面对世界存在和人类存在的神秘性，并试图认识和解释之。比如：时间、空间的意义；光的奥秘；宇宙和人性的起源等等，从人类文明诞生之时起，就是三者永恒的主题。事实上，艺术是对哲学思想变迁最直接的表现形式；科学则一开始就是从哲学中产生出来的，也可以说，哲学是科学的纯粹形式。一个真正全面的人，虽然不是哲学家、科学家和艺术家，也会发现自己对三者天生就感兴趣。

自然哲学的起源

哲学（也就是理性思维）的奠基人，是泰勒斯（Thales）。现在我们无法确定其生卒年月，但知道他活跃于公元前580年前后并享有盛名，因为他精确地预测到公元前585年的一次月食。作为第一个自然哲学家，他留下一句名言："万物源于水。"从表面看来，一切来源于水并不正确，但这句话的重大意义不在于它字面的含义，而在于它提出了哲学的基本命题：世界是由什么构成的？或者说，存在的本质是什么？追求万物的共同本源，是哲学思维的开始，也是科学地对待自然界的第一个原则。自泰勒斯以后，西方自然哲学家们相继发展了对物质世界的起源进行说明的理论。有类似于中国"五行"（金、木、水、火、土）的"四根说"，认为火、水、土、气四种元素组成万物，发展到德谟克利特（Democritus，前460～

前371）等提出了科学思想史上极为重要的原子论思想。原子论主张，世界是统一的，统一的基础是原子（"原子"在希腊文中的原义是"不可分割的东西"）。当时认为原子的种类和数量都无限多，在空间处于永恒的运动之中。原子太小，我们看不见，但世界上的万事万物都是由原子构成的。原子论只是思辨的产物，不是科学理论，被认为是古希腊哲学第一个伟大时期的最高峰。它虽然遭到后来的柏拉图和亚里士多德的压制，但这种观点比它以前或以后的任何古希腊科学更接近现代观点，对19世纪末20世纪初才正式确立的近代科学原子论，有直接和深刻的影响。

毕达哥拉斯（Pythagoras，前584～前497）是最先把数学运用于哲学的伟大思想家，从而构成了人类迄今为止最富创造性的思想之一。毕达哥拉斯定理，中国人所称的勾股定理，学童皆知。他还提出了数的"平方"与"立方"的概念，从而把几何学的概念运用于算术。他最先发明了"哲学"一词，并最先用"宇宙（cosmos）"一词指称大千世界。毕达哥拉斯学派提出了"数即万物"的学说，仅从字面上理解，也是荒谬的。但若说自然所遵循的规律是数学的，则相当正确。自毕达哥拉斯开始，数学便与哲学和科学共生共存，而诸多伟大的哲学家同时也是伟大的数学家，如笛卡儿（R. Descartes, 1596～1650）、莱布尼茨（G.W. Leibniz, 1646～1716），这是最杰出的两位。如今，没有人会怀疑数学在科学发展中起着必不可少的作用。整个宇宙，大至最外在的星系，小至单个原子的内部，其结构都可以用数学加以表达。毕达哥拉斯最早洞察到可以用数学方法来表示整个宇宙，但他同时也就遁入了神秘主义。另外，在天文学领域，毕达哥拉斯学派既提出了地球概念，也提出了天球概念，这种两球宇宙论模式为希腊天文学奠定了基础。

我们想跳过苏格拉底（Socrate，前468～前400），这个真理的追问者。因为仅从自然哲学而言，他的思想已从柏拉图著作中体现出来。柏拉图涉猎极广，学识宏富，既是苏格拉底的学生，又是毕达哥拉斯学派思想的继承人。自柏拉图起，世界被哲学家分成两大部分：可见的世界和理念的世界。可见的世界是时空中的世界，是人的感观所能把握的世界，乃日常世界，其间一切皆不持久，万物均不同一。或如柏拉图所言："一切皆变，无物常在。"理念的世界则不依赖于时空，无法为感觉所把握，具有永恒和完美的秩序，是永恒不变的、真正的实在。日常世界只能提供有关这一世界的粗略、不完美的影像。在柏拉图看来，世上万事万物都是过眼烟云，它们是"理念"的摹本。柏拉图从不同的角度论证了这一结论，比如，他著名的洞穴比喻说，人类如同被链条拴在一个低矮洞穴中的俘虏，无法转过身直接看到洞外大火堆旁"真人"的活动，只能背对着那些"真人"去观看他们投影在洞壁上的影像，我们的感官注定自己要相信这些被真人真物投出的闪烁跳动的影像是"真实"的东西。实际上，我们只能根据这些经过我们自己的感观和心理加工的信息来推断实在的本性。像毕达哥拉斯那样，柏拉图也认为，复杂的自然现象背后，存在着一种秩序，完全展示了数学的理想与完美。这种秩序不为感观所见，但能够被心灵感受，被智力把握。因此，整个宇宙体现了秩序、和谐和匀称，或如今人所知，可以用数学公式表达整个物理学。

在柏拉图身上，怀疑论和神秘主义结合到一起，成就了一个伟大的唯心主义哲学家。在方法论上，他强调必须从人类需要和意向中的先验论出发，来推导出对自然的看法；他认为神是好的，球是最完美的形式，因此宇宙必然是球体；天体所以做圆周运动是上帝使然；神性的灵魂使星星在自由空间运动；实验是渎神的，是下流的机械技术等。因为艺术对感觉有很大的依赖性，柏拉图因此认为艺术乃人类灵魂的大敌，提出理念世界必须拒斥艺术。这些柏拉图主义观点对实验科学的发展是一个祸害，并助长了人们对艺术的禁锢和限制，但他仍然为历史上最伟大的哲学家，所创立的柏拉图学校一直维持了九个世纪之久。甚至人们现在常说，整部西方哲学史都是在为柏拉图做注脚。

在自然哲学上，后来的古希腊著名的自然哲学家有：亚里士多德、阿基米德（Archimedes，前287?~前212）和欧几里得（Euclid，前330?~前275?）。时间、空间和光是他们在自然科学上思考的主题。亚里士多德在科学界影响极大，他是柏拉图的学生，曾做过亚历山大一世的教师，被认为是古希腊最博学的人。表现古希腊时期哲学家风采的最伟大艺术作品，是文艺复兴鼎盛时期三巨匠之一的拉

图7　《雅典学院》（拉斐尔，1510年前后）

柏拉图（似达·芬奇模样）和亚里士多德的两侧有许多重要的历史人物：左边穿白衣、两臂交叉的青年是马其顿王亚历山大，转身向左扳手指的是苏格拉底，斜躺在台阶上的半裸老人是犬儒派哲学家第奥根尼。台阶下的人物分成两组。左边一组中，蹲着看书的老人是毕达哥拉斯，右边一组中主要人物是物理学家阿基米德和天文学家托勒密。当然，才华横溢的拉斐尔也使自己挤入先贤们的行列，站在右下角，骄傲地望着我们。

斐尔的《雅典学院》(图7)。这是一幅艺术极品，它表现了文艺复兴时期将希腊的哲学世界看作理性起源的思想。画面上是一个想像的古典建筑，在巨大的半圆形拱门下，古代著名的哲学家们，正在争论各个不同流派的哲学思想。画面中央走来的是一手指天的柏拉图和一手指地的亚里士多德，分别形象地代表各自的哲学观点。他们师生之间两种对立的哲学立场一直贯穿整部哲学史。上场人物与空间和谐，群体人物结构充满韵律，各个艺术家形象栩栩如生，在和谐轻快的节奏中获得了一种宏伟壮阔的气势。天才的拉斐尔定格了哲学家那崇尚高贵的情操和古希腊那高度理想的黄金时代。

亚里士多德的科学

公元前335年，亚里士多德回到雅典建立了他的学院，创立了一个新的哲学学派。据说，由于他和弟子常在散步时进行哲学讨论，所以被这一学派被称为"逍遥学派"。

"我爱我师，我更爱真理"，这是作为弟子的亚里士多德献给老师柏拉图的一句名言。亚里士多德的哲学博大精深，自成一体。他不同意柏拉图的理念说，认为事物的本质寓于事物的本身之中，是内在的，不是超越的。在亚里士多德看来，哲学活动只关涉唯一的一个世界，也就是人类生活和经验的世界。为了把握世界的真理，必须重视感性经验。就对待自然界的态度而言，这是与柏拉图完全不同的。柏拉图强调理念的超越性，蔑视经验世界，但他发展了数学；而亚里士多德重视经验考察，其哲学的目的在于找出事物的本性和原因，因而发展了一套"物理学"，以穷世界万物之道理。

亚里士多德在一生中投入巨大的热情和精力进行研究，几乎涉猎了所有研究领域，是名副其实的百科全书式的学者，被14世纪的意大利诗人、天才之子但丁（Dante，1265~1321）誉为"智者的老师"。他最先确立了许多基本研究领域，其著作为这些领域所作的命名一直沿用至今。其中包括逻辑学、物理学、政治学、经济学、心理学、形而上学、气象学、修辞学和伦理学。他是形式逻辑及其三段论法的创立人。他宣称，"如果……那么……"这一简单的逻辑工具，是揭示真理所唯一需要的东西。这确实是一个伟大的发现，对于小人物，单靠这个发现，就已经可以名垂不朽了。亚里士多德把他的发现运用到科学理论上来，作为成功的例证，是数学学科，尤其是几何学。但是，三段论法对于实验科学毫无用处，因为实验科学所追求的主要目的是发现，而不是从公认的前提得出的形式证明。

亚里士多德哲学中的"四因"说十分著名。他认为，事物变化的原因有四种，一是质料因，二是形式因，三是动力因，四是目的因。比如一座铜制的人物雕像，铜是它的质料因，原型是它的形式因，雕刻家是它的动力因，它的美学价值是它的目的因。目的因又称终极因，是最重要的，自然界的事物都可以用目的因来解释：重物下落是因为要回到天然位置上去；植物向上长是因为可以更接近太阳，吸收阳光；动物觅食是因为饥饿；人放声大笑是因为喜悦等。这种目的因的解释运用于物理学，再加上许多欺骗性的逻辑形式，就会得到关于自然的很多错误的推论。

在流传下来的他的许多著作中，《物理学》讨论了自然哲学、存在的原理、物质与形式、运动、时间与空间、天体运动和以太等问题。在亚里士多德看来，每个物体都有其固有位置（称之"天然处所"），偏离固有位置的物体将趋向它。地上物体的自然运动沿直线，轻者上升，重者下降；天体由纯洁的"以太"组成，是不朽和永恒的，它的运动是完美的匀速圆周运动。受迫运动则是物体在推或拉的外力作用下发生的，没有外力，运动就会停止。例如，箭是在弓弦的作用下飞出的，然而脱弦之后又是什么力在支持箭的飞行呢？对此亚里士多德的解释是，正像在浴缸里用手捏肥皂的一端，肥皂滑出后被推动在水中前进一样，周围的空气挤向被箭排开的尾部真空，推动着箭前进。也正因为此，自然是不可能存在真空的。他由此提出一个命题："自然界憎恶真空。"现在看来，这些推论大多数是错误的，原因在于他的运动观的基础是唯目的论（目的因），逻辑推论的前提是错误的。但是，亚里士多德的物理学一直统治着人们的头脑，直到伽利略的出现。今天去评价亚里士多德的各种科学结论已没有意义，但正是他让人类开始理解能量、以太、动因、归纳、证明、实质、属性、本质、逻辑、偶因、范畴等等。

反对亚里士多德声音最终出现在16、17世纪，甚至把他比作驴子。可能是受伽利略《对话录》的影响，初学物理的人往往感觉到，学习物理总是从嘲笑亚里士多德开始。其实，在亚里士多德硕果累累的知识成就面前，我们这些凡夫俗子连顶礼膜拜的资格都没有。从现在开始的另一个2000年里，人类不可能再贡献出一个亚里士多德。事实上，过去的2000年里，人类是否真正认识了他的成就，这本身就值得怀疑。比如，亚里士多德首先在物理学中引入"以太"这个神秘的概念，我们今天没有证明它存在，但也没有证明它不存在。

空间和时间的启示

质疑宇宙，首先要理解时空。一个人倘若常常凝想宇宙的浩淼无际，时间的茫无头尾，便会因为过分的虚无感和人生短暂的伤感而使心灵在重负下受伤。反过来，如果人们永远意识不到宇宙在时空上的无限性，便会使心灵因缺少哲理的永恒依托而变得轻浮浅薄。时空是我们对世界的感知中首先要用眼睛和心灵同时触及的东西，是物理学家、哲学家和艺术家思考的永恒主题。

普通观察给人的暗示是有某种空间。心灵接受了这种暗示，给一种理想的空间下了定义，构成了一个完整的宏观演绎系统，就建立了一种几何学。人类历史上第一种几何学给出的理想空间，一定是人们的感观所观察的空间。事实也确实如此，公元前 3 世纪，欧几里得总结了史前文明对空间意义的零星思考，创立了作为整个科学基础的欧氏几何学。巨大贡献在于把哲学家对空间意义的抽象思考转化为相互关联的图形表达。他的《几何原本》是古希腊科学的最高成就，基础是关于空间性质的五个基本公设，如两点之间存在一条直线、平行线永不相交和圆的定义等。所谓基本公设，是根据观察到的现象（比如，从埃及土地测量的经验事实），通过想像、归纳的过程得到的，关于空间性质的假说。也可以说是不言自明的结论。从五个基本公设出发，欧几里得可以按照逻辑推理，推导出无数的有关空间性质的定理和推论，其内在的自洽性和完美性使人感受到几何的优雅、科学的魅力。根据基本公设，欧几里得的学生阿基米德随后强调指出："空间任意两点的最短距离是一条直线。"

欧几里得和阿基米德的观点虽然没有明确指明，但都意味着欧氏空间具有均匀、连续和各向同性的特性，没有凹凸、起伏和弯曲。因此，空间是线性的和具有平移不变性，有标度的直线段可以作为丈量空间的尺度。更重要的一点是，欧几里得几何隐含着一个假定：空间是完全独立于物质运动之外的客观存在。空间与质量，与形体之间没有任何相互作用，它犹如一个容纳世间万物的容器。

几何是智力抽象的科学系统，也可以说是观察自然的实验科学的演绎部分。"直线"和"圆"的概念是欧氏几何的基础，它们具有简单而抽象的特征，而非真实地存在于自然界。当我们漫步于林间，看到的是起伏的山峦、蜿蜒的小溪、浑圆的卵石和弯曲的树干，但欧氏几何让我们的心理接受了一种暗示，相信连接空间两点的是直线，而圆是时空中最美的形式。因此，直线和圆，或者说，欧几里得几何是人类抽象思维的成就，构筑起客观的观察现实与主观的逻辑思考之间桥梁，是科学与艺术发展史上的一个里程碑。当时的柏拉图学院大门上刻写着如下警句："不懂几何学的人勿入。"自从欧氏几何建立 2500 年以来，它影响一代又一代科学家的科学理念和艺术家的创作原则，经典物理学的绝对时空观和西方艺术中的透视学理论无不渗透着欧氏几何学的基本思想。当然，19 世纪发展起来的非欧几何，20 世纪的相对论理论和近代的分形理论又为人们认识空间带来新的革命。

大千世界，芸芸众生，莫不在时间的长河中消耗属于自己的青春时光。时间是什么？我们最先感受到时间具有轮回的特征，即圆的特征，这是因为日常自然现象，如潮起潮落，日出日落，四季轮回等都显示出时间的周期性。远古时代的文明中，时间还是属于神明的，它是蜿蜒、轮回和神秘的。比如，在希腊神话中，时间属于命运三女神，一个叫拉婕西斯，主管过去，命运之线从她手中纺出；一个是克劳瑟，专职现在，她时刻关注着命运的过程；第三个叫阿特罗帕，预定未来，将决定命运之线在何时终结？但人类生死的不可逆转性强烈地表明：时间又是线性的，是具有方向性的，即具有直线的特征。在古希腊文明之前或同时期，人们对时间的线性化和方向性的感悟仅仅局限于宗教的范畴，如"子在川上曰：逝者如斯夫"。

亚里士多德的逻辑学规则抛弃了希腊神话赋予时间的神秘色彩。我们应该理解，逻辑规则是建立在时间序列的基础之上，如果没有"过去"、"现在"和"未来"的时间序列理念；如果"现在"可以轮回到"过去"；如果"未来"可以决定"现在"，所谓的逻辑思考还有什么意义？"如果……那么……"式的三段论也就不再是梳理事件因果关系的可靠工具。所以，在古希腊文明的鼎盛时期，正如欧几里得揭示了空间的奥秘一样，亚里士多德早先给出了一个抽象的、连续的和具有线性特征的时间图像。

但是，一个完整的、抽象化的时间图像必须既具有线性化的直线特征，又必须包括轮回性的圆的特征，这就是图8的螺旋线，代表一条均匀流逝的，又具有轮回周期特征的时间长河。因此，欧氏几何学不仅实现了人类对空间的抽象思考，也实现了对时间的抽象思考。对于后人说来，直线和圆的图形是如此的简单，以至于认为它们根深蒂固的存在于我们的头脑，但它们的出现实在是一个令人称奇的巨大成就，标志着人类不仅可以观察自然，更具有在高层次上，抽象思考自然的能力。惟有如此，才有所谓的科学和艺术，这正是我们能够成为这个蓝色星球之主的重要原因。

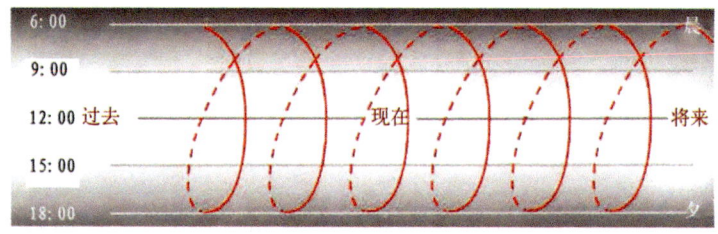

图8　时间的螺旋线
光阴者，人生之过客。

线性化的空间和螺旋性的时间概念在古希腊时期的绘画艺术中有所体现，甚至早于欧几里得和亚里士多德的哲学思考之前。希腊的画家越来越多地让笔下的人物呈现线性排列——具体方位根据水平线的位置而定，这种表现方式甚至在古埃及时代就已经出现。在表现时间方式上，希腊人倾向于描绘戏曲性的，随着时间演变的行动，形成一种生动的，具有故事性传统的艺术风格。比如，希腊瓶画很喜欢讲故事，许多画面再现了公元前8世纪荷马笔下的《伊里亚特》和《奥德赛》中的人和事。现存最重要的公元前4世纪希腊绘画是《珀尔塞福涅被劫》，画面生气勃勃，洋溢着那个时代艺术的自然主义。它表现希腊人是如何解释季节——这个时间的标识体。最后，我们想指出，线性化的空间和时间概念，在西方其他文明的艺术作品中也得到体现。在与希腊古典时期同时代的一些动人的伊特鲁里亚墓室壁画中，有一幅色彩明快的著名的湿壁画，题为《哀悼的妇女》(图9)。画中的妇女排成队列，一个接一个，被一种不变的力量主宰着向前行进，既有空间上的线性意义，也有时间上的线性意义。看到它，我们真的感到伊特鲁里亚人为命运的无情和无法逃脱而伤怀。

图9　《哀悼的妇女》（湿壁画，意大利，约公元前5世纪）
神秘的伊特鲁里亚文明与古希腊文明同源，而且是线性的。如果让抽象派画家来创作同样意义的作品，大概就是图8的螺旋线。

　　直线构筑空间，圆是最美的形式，对希腊人来说，这几乎是宗教信条了。对直线及其性质的研究，和直线美学表现形式的探索，在希腊时代就已经完成了。毕达哥拉斯首先指出，曲线的形态有无数种，而直线只有一样。他们坚信人类通过数字与纯几何图形可以了解宇宙间的真谛。毕达哥拉斯发现的以直线为基础的等腰三角形和直角三角形定理，激励着后来的哲学家去崇拜完美形体的内在美和对称美。柏拉图进一步认为我们所看到的世界中无数各种形状的物体，实际上是由有限的几种理想的基本形状形成的。它们是：正圆形、正球形、正立方体、正四面体、正八面体、正十二面体和正二十面体。前两者与星体运动相关，后五种是物质的基本组分。希腊人还首先开展直线段比例的研究，圆弧比例的研究等，提出了直线的"黄金分割"原则，给出一个矩形的理想比例是长宽之比为5比8等。古希腊的神庙主体建筑大多是一个长方形，基本是按这一比例建造的。它的装修大都表现为圆柱型的建筑风格，特别是雅典建筑艺术的后期，逐渐实现了以直线美为特征的刚健朴实的样式过渡到追求以圆弧为特征的曲线美的样式，并一直持续到罗马时代。

　　直线和圆是一种形式的创造、现实到思考的桥梁，它造就了古希腊艺术和科学的品质是理性、理想和唯美的结合。这在古希腊雕塑艺术中表现得最为突出。在欧氏几何学之前，希腊的雕塑家已经精确地掌握了人面和人体各部位间的比例。公元前5世纪的雕塑家波利克里托斯(Polyclitus)写过一本名为《规则》的著作，给出了人体各部位间尺寸上的比例关系。提出人的头部与人体的比例为1比7。如果将一个理想的人的面部沿纵向分成八等分，五官便位于下方的五等分内，从眉毛到额头是另外的三等分。他还建议将这些比例关系的数值作为整个美学的基本要素。后来，他还雕成一尊名为《持矛者》（图10）的雕像，以具体说明书中的各条规则。我们至今在欣赏希腊时期的一些著名雕塑，如《赫尔墨斯与小酒神》和《掷铁饼者》（图11）时，仍对当时的艺术家对形式美的追求感叹不已。

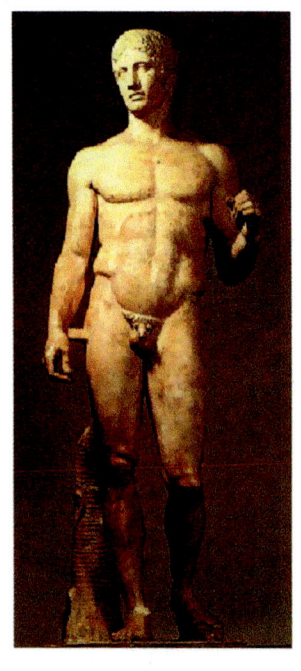 

图10　《持矛者》（波利克里托斯，450 B.C.）
对着镜子做出这样姿态，一定不舒服。

图11　《掷铁饼者》（米隆，450 B.C.）
美的并不一定是实际的。

《掷铁饼者》刻画的是一个青年运动员正要掷出铁饼的那一瞬间的姿态。实际上，从现代运动学的角度来看，这个掷铁饼者的姿势并不正确，因为他的头部向下，两眼看着地面，其左脚屈在右腿的后面，没有起到支撑的作用。然而，正是这种"似是而非"的姿态，显示了雕刻家对于理想主义和唯美主义的追求。它不仅仅是对人像本身形体美的表现，而且在整体造型和运动效果的把握上显露出雕刻家的独到匠心。创作者米隆（Myron），通过艺术的构思塑造了一个优美的运动员形象。至于他的姿势是否完全正确，那是无关紧要的。重要的是，雕刻家在人体肌肉的收缩和放松、在人物姿态的运动和静止的对立中，找到了和谐与平衡的交点，从而实现了对运动形式美的征服。

走过中世纪

罗马征服了希腊，800年的古希腊时代（公元前4世纪～公元4世纪）遂告终止。讲求实际的罗马人几乎接受了希腊文化的一切，包括空间、时间的概念。但这些概念在罗马时代几乎没有发展，致使希腊文化失去了生命力。公元4世纪以后，基督教文化成为历史的主流，全然遮蔽了柏拉图、亚里士多德和欧几里得的理性体系。当基督教席卷西方时，古典科学和艺术遭到践踏，科学和艺术文明的遗产遭到破坏，人类走进了中世纪。

在基督教文明期间，《圣经》成了人们唯一值得信仰的东西，人们不再需要，也无权利思考自然及其规律，因为一切问题的答案都在此书中。中世纪最有影响的宗教学者奥古斯丁(St. Augustine，354～430)在《上帝之城》这本著作中说："当人们问起对宗教应该信仰什么时，我们并不需要再像当年那些所谓科学家的希腊人那样，去探索事物的本性。作为基督徒只需相信，所有的万物，无论是天上的，还是在地下的，都是受上帝这一天地间唯一神明恩宠的结果。"基督教抛弃了真理，丧失了人的自我，过分地依赖精神崇拜。

希腊的理性哲学没有回答时间的起源和终结，但按照《圣经》，在上帝创世之前，什么都不曾存在过。异教徒质疑道："为什么你的上帝是在一个随意的时刻创造出了世界？"奥古斯丁回答道："这一时刻同时也创造了时间。"时间是上帝创造的，因此上帝不可能存在于时间之中，这在奥古斯丁的《忏悔录》中有明确的表述。另一方面，基督教认为时间终止于最后审判日，一旦最后审判发生，时间就被永恒代替。宗教中的永恒不是未来，在其中没有因果论，不存在历史，没有所谓

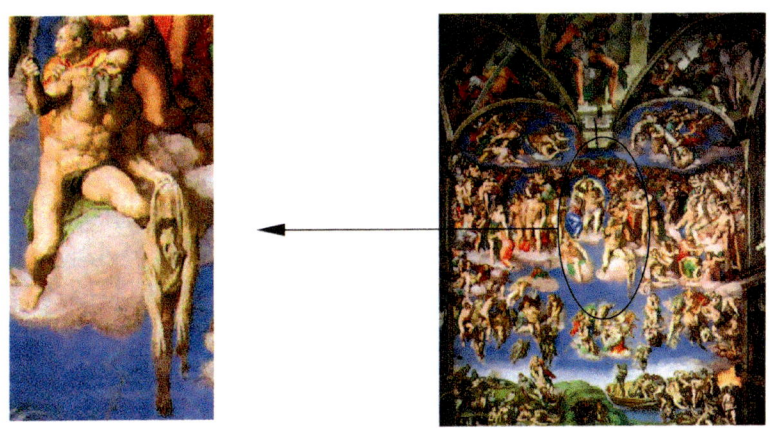

图12　《最后的审判》（米开朗基罗，1536～1541）
这是艺术之神晚年的杰作，艺术史上最伟大的作品之一。
这是米开朗基罗对在他看来已腐朽堕落得无可救药的世界的最后审判。他自己呢？

"事件"（比如生、死、爱等）的发生。米开朗基罗的一幅惊世之作《最后的审判》（图12），画面人物三百多个，覆盖了西斯廷教堂东侧整个壁面，表现了世界末日骇人的光景。在圣人和圣母的簇拥之下，耶稣以充满魅力之姿，威风凛凛地坐在死者审判席上，似雷神高举右臂判罪，以温柔的左臂欢迎受祝福而上天堂的人们。这幅画可怕的震撼力正在于画家充满悲剧色彩的绝望，对属于人的时间不再存在的绝望。画家本人变成了一张被剥的人皮，但却在圣巴多罗买手中。这一点意味深长，因为这位殉教者发愿普渡众生。在此，我们感受到了画家心中还是热爱属于人的，螺旋、均匀而又平滑流失的时间。

但凡和各类宗教相联系的空间概念，肯定不再是各向同性的、各点同等的。否则，神与人就平等了。在基督教中，空间被分解为天堂、地狱和人间。天堂的空间在上方，地狱的空间在下界，而二者都不与人间相连接。即使是天界，也被分成了三六九等，最外边一层最最纯净，被称之为"七重天"。世界图景是这样的：在巨大的苍穹之下，是大地这块平整的地界；而在苍穹的中心，则是天界的所在。至于天界的上方是什么，或者，在地界的下方又是什么，则没有人能够回答，自然也不是欧几里得平面几何学公设的领地。米开朗基罗《最后的审判》展示的人类丰富的想像力，也只是想像出世界末日的人间图景。上方的天使正在搬运耶稣殉教使用的刑具——绑住他的架子和钉住他的十字架，飞向天堂；下方的守卫正把被判罪者运往地狱。天堂和地狱是什么样子的，是和我们同质的空间吗？人类无从知晓，甚至无法想像。

基督教时期最伟大的视觉艺术形式是镶嵌画，它属于拜占廷艺术的辉煌。有人认为，镶嵌画创作和表现形式与基督教教义中空间概念相和谐。因为镶嵌画中

图13　镶嵌画《查尔丁尼皇帝及其随从》（约526～547）
居于画面中央位置的东罗马（首都是君士坦丁堡）皇帝查尔丁尼，在他左边的是两名文官和六名武将；右边是一名贵族、大主教和两名助祭者，计13人。但愿这不是"最后的演出"。

的空间是不连续的，而每一个不连续的部分的组合，在更高层次上，或者说在精神上形成了一个统一的连续体，它不属于人类。在最精美的镶嵌画《查尔丁尼皇帝及其随从》（图13）中，所有人物都成正面排成横列，个个都那么肃穆、威严。色彩和明暗变化被提炼到最纯粹、最简单的地步，绝对不给人以日常三度空间的暗示。华丽服饰中，珠光宝气下的人物，以及他们与地面的垂直悬浮关系，仿佛宣称这凝结在金色闪光中的一切，是一个折射的天堂而不是人间的景象。我们欣赏到的不是活生生的人，而是精神符号。所有人物既没有动作，也没有变化，时间和空间被升华成一种永恒的存在。在镶嵌画中，画面上梦幻般的神秘感和失谐的立体感，使得人物与画面之间从来没有逻辑上的依赖关系，而这也正是基督教教义所要求的。

中世纪的基督教是不需要科学的，唯一用来粉饰门面的科学大概就是宇宙的结构，因为宇宙毕竟是上帝创造的。古希腊时期最伟大的天文学家，公元150年前后的托勒密（C.Ptolemy，90~168）把当时已发展得异常之好的天文学知识总结成宇宙的地心体系。这一构想和亚里士多德的宇宙观，都符合基督教的教义，于是教会的权威人士接受了这一思想。托勒密和亚里士多德不幸地被中世纪的基督教奉若科学的神明。

光的意义

古希腊哲学家在发展了有关空间和时间的新观念之后，又试图去理解光的本性。希腊人在亚里士多德之前是不区分"眼"和"光"的，这两者都可用来形容某种可爱的、值得赞美的东西。他们认为眼睛会发光，而真正会发光的光源，看上去又像是大眼睛。太阳就可以称为眼睛，提到眼睛的场合又可以同光联系到一起。后来，希腊人开始将光看作信息的载体，而把它与接受它的感觉器官区别开来。亚里士多德称眼睛为"智慧的大门"。没有光就无法看到像。没有光就无法看到世界的本体。

由于没有科学仪器，古希腊人无法开展对光的研究，但是，他们仍然理解到光应当具有若干属性。空间是虚空的，那么，光必须是某种东西，才能够在这虚空之中趱行。柏拉图曾设想光是从头脑中放射出来的。根据他的理论，光从眼睛射出，若包络住某个物体，这个物体就是可见的。亚里士多德的设想则恰恰相反，他认为光是从太阳发出的，在外部世界上遇到物体而被弹射开来，进入我们的眼睛。但柏拉图和亚里士多德关于光的观点有一个共同处，即都暗示光是某种客观实在，这是了不起的。他们都认为光能由此到彼地在空间穿行，但也都无法断言光进行这种神秘旅行，究竟是需要花费一定的时间还是瞬时便能完成。欧几里得也在他的著作中第一个指出光的直线传播原理。因此，从古希腊起，人类就认为空间和时间都是实在的、绝对的存在，而光则在由这二者形成的框架内到处运动。

这一信条错误地占据人类头脑2500年，直到爱因斯坦揭示出光是绝对的存在，时间和空间是相对的。

如前所述，从公元初开始的中世纪，是科学与艺术的黑暗时期。《圣经》中说："太初，宇宙一片黑暗，无天地、江河、日月、星辰之分，水与地混杂，水面上空虚混沌，只有上帝的灵在水面上运行。上帝开始了创造天地的工作。上帝说：'要有光！'光便立即出现。上帝看光很美好，便把光和暗隔开，称光为白昼，称暗为夜晚，这样便有了昼夜之分。夜幕退去、清晨来临，世界迎来了第一天。"所以，按照基督教的教义，光不再是源于客观实体，穿越空间和时间的自然现象，而是圣灵的外在表现。上帝以光显示自己。因此，基督教认为光来自灵魂与心灵，并被灵魂用做从一个空间进入另一个空间、从一种时间进入另一种时间的载体。受这个观念的影响，这个时期的壁画和镶嵌画中神灵的头顶上总有光环笼罩，代表神圣的气氛。这种曲解了的光的含义，即使到文艺复兴的鼎盛时期，还有广泛的影响。就连达·芬奇，也被迫不得不在为教堂绘制的《岩窟圣母》中，在圣母头顶上加上不伦不类的光环。不过，这倒使我们今天有幸能够欣赏到大师的两幅几乎相同的佳作。

基督教教义中光的意义更突出表现在教堂建筑艺术中。在这巨大的石头交响乐中，光是不可缺少的旋律。我们注意到，尽管玻璃制作技术在中世纪被再度发现，在教堂建筑中却基本上没有被用来制造向外观望的窗户。在教堂中，和人齐目的高度上一概都没有开设窗口，只在墙壁高处安设了彩色玻璃窗，使光线得以高高地射进来，似乎来自神灵，又弱化了你所能感触到的物质世界。教堂建筑里程碑式的作品是君士坦丁堡的圣索菲亚教堂和巴黎圣母院，前者代表了拜占廷建筑艺术的最高成就；后者是哥特式建筑艺术的顶峰。

图14 《圣索菲亚教堂》（土耳其，6世纪）
石头是凝固的音乐，光是主旋律。谁是首席指挥师？

圣索菲亚教堂（图14）建于公元6世纪，坐落在君士坦丁堡（现为土耳其的伊斯坦布尔）的高地上，好似这座城市的头上戴着的一顶桂冠。巨大的穹顶，遥遥可见。不过这座教堂引人入胜之处，还不在它的外表，而是其光怪陆离的内部。据说，早年穹窿镀满纯金，当阳光从穹围40个小天窗射进时，整个大厅阳光灿烂，金碧辉煌，其神秘豪华气氛可以想像是何等壮观。巨大的穹窿因四周布满天窗，阳光普照时，沉闷的穹顶似乎飘浮在半空。置身此，面对这些极尽能事的华丽装饰，闪闪发光的玻璃镶嵌画，以及一道道迷人的光束，仿佛尘世污浊荡涤一空。当年一位历史学家曾描述过他走进教堂的印象："人们觉得自己好像来到一个百花盛开的花园，欣赏着闪着紫色、绿色、红色和白色的绚丽花朵。当一个人在这里祈祷时，立即会相信这不是人力，也不是艺术，而是上帝的恩惠造成的奇迹。他们的心飞向上帝，飘飘荡荡，觉得离上帝不远了……"。

这就是光的魅力，虽然它被曲解了。

中世纪艺术的顶点是所谓的哥特式艺术，它随着12世纪建筑而生，强调严谨的几何形造型和对于明亮光线的追求。似乎寄托着人们对人的智慧和创造才能的肯定，标识着欧氏几何学的理性回归和人文主义的兴起。建筑艺术需要科学的指导和精妙的人工技能，所以对神的热情的冷却、对人的尊严和力量的肯定、对科学理念的重新追求首先表现在建筑艺术上。巴黎圣母院上一个个飞向天空的箭头（矢状尖塔），都以直线形式上升，时刻提醒人们"直线构筑空间"的伟大意义，也预示着一场喧闹的、波澜壮阔的文艺复兴运动即将到来。

自然是客观存在，人类认识自然的好奇心和抒发情感的想像力是任何力量都阻挡不住的。黑暗中世纪即将过去，一抹绯红的朝霞冲破重重夜幕放射出强烈的光芒，新时代的日轮就要升起来了。印刷术在欧洲兴起，知识和文化的传播已不是宗教的专利，有文化的人越来越多，昏睡了1000年的人类终于苏醒了。意大利人在欢呼：文艺复兴的时代来了；科学的春天来了……

第三章 学会看风景

对自然的判断是一个透视问题;对运动的观察是一个参考系的问题。透视法则是西方美术的基础,参考系的概念是物理学发展的里程碑。美术之父乔托感悟出透视原理;物理学之父伽利略引入了参考系,从此人类才学会看"风景"。

文艺复兴

14世纪到16世纪的文艺复兴诞生于一种新的迅速演进的文明,它标志着由中世纪到现代世界的转变,也为现代西方的价值观和社会机制奠定了基础。"文艺复兴"的原义是在古典规范的影响下,艺术、文学和科学的复兴,其变化的思想精髓和精神基础有两点:科学精神和人文思想。因此,文艺复兴建立了以人为本位和以科学为理念的世界观。这个世界观是在14世纪通过科学家、思想家和文学家重新对古代文化的发掘而得以建立的。

第一个人文思想的哲学家是古希腊普罗塔哥拉(Protagoras,前500?~前411?),他说:"人是万物的尺度。"文艺复兴赋予这一信条以新的意义,相信人能够靠自己做出判断,这给人带来一种新的自信心。每一个人都是自然的人,每一个人都有自身的价值,我们所需要的就是我们人类自己,这就是人文主义。达·芬奇画笔下一个裸体男人伸出双臂撑着一个方形和一个圆形(图15),象征着人类的觉醒,正如建筑家兼画家阿尔贝提(L.B. Alberti,1404~1472)给同代人文主义者的劝诫词:"尔等被赋予以比别的动物更为优美的躯体、更灵活而多样化的能力、更为敏锐和复杂的感官,而在智慧、推理和记忆方面更不朽的神明。"

雕塑《大卫》(图16)更是人文主义精神的里程碑式的作品。米开朗基罗剔除了基督教附加在大卫身上的神性品质,而只是把他看作一个活生生的人,我们自己的人间英雄。后来的文学大师莎士比亚(W. Shakespeare,1564~1616)曾写道:"人是一件多么了不起的杰作!多么高贵的理性!多么伟大的力量!多么优美的仪表!多么文雅的举动!在行为上多么像一个天使!在智慧上多么像一个天神!宇宙的精华!万物的灵长!"这是人文主义思想的精彩概括。

从文艺复兴起,英雄不再是上帝,而是自然的人,是这个时代中勤奋而富创造性的人。人是最伟大的。

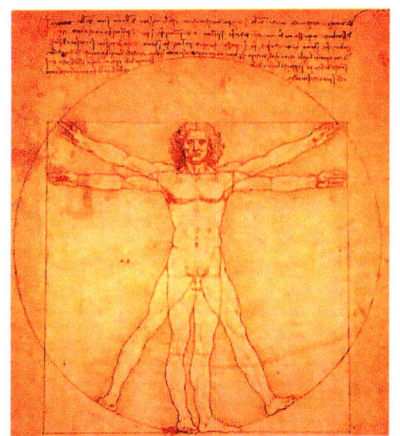

图15 《人体比例》(达·芬奇,1501)
傲视宇宙,谁能如我?

图16 《大卫》(米开朗基罗,1501)

巨人时代,巨人的风范;巨人就是我们自己。

乔托——西方美术之父

文艺复兴时期的艺术家和科学家,可谓群星璀璨,但第一个启迪人类心智与精神的人物,就是画家乔托。他的艺术被认为是中世纪和文艺复兴的分水岭,因此他是"巨人横跨两个时代"。

乔托,1267年生于佛罗伦萨附近韦斯巴那塔村一个农户之家,他自小就喜欢画画,常在田间以大地为纸、木石为笔,描绘自然。一天,佛罗伦萨名画家契马布埃(G. Cimabue,1240~1300)在前往韦斯巴那塔途中,发现这位在石板上画羊的牧童很有天赋,便收他为徒。在画家的工作室里,这位自然之子一有机会就挣脱呆滞死板的中古绘画束缚,回到自然,以纯朴的心灵观察自然,感受和表现自然。他很快就以"青出于蓝胜于蓝"的美誉,超过了自己的老师。

美术评论家和历史学家大多首先从人文的角度对乔托不惜溢美之词。他们认为乔托发现了人,把人从神学的桎梏中解救出来,并请入了艺术的殿堂。他奠定了文艺复兴现实主义艺术的基础。其次,他们认为乔托在绘画技法方面最伟大的贡献,就是在绘画这一平面艺术上,第一次按照自然的法则拉开了人物之间和人物与背景之间的距离,竭力用线条透射原则结构起一个确切的三维空间,在扁平的画面上得到深度这个第三个维度。这就是现在人们熟知的,所谓的"透视画法"。在这种画法中,观画者应位于画布前方的画外之处,所有视线会聚到观画者的眼睛所在处,由此形成一个优于其他地点的静止观察点。透视画法产生了景物由近至远,按比例后缩到"没影点"消失的视觉效果。乔托的这一表现手法可以从其作品《金门相遇》、《犹大之吻》中看出来,虽然还不成熟,但至少在技法上,为绘画艺术的发展指明了方向。经过后来的艺术家,如马萨乔(Masaccio,1401~1428),乌切洛(P. Uccello,1397~1475)、弗兰西斯加(Francesca,1410~1492)和阿尔贝提等总结、归纳和完善,逐渐成为西方绘画艺术的基本准则之一。

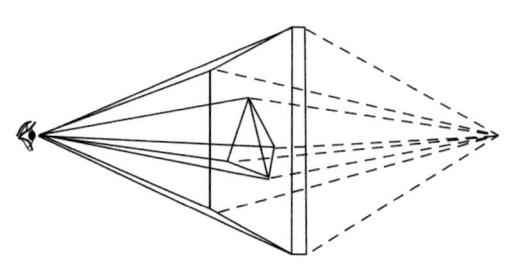

图17 作画的透视法
世界从此变得可丈量了。

透视原理,是艺术史上一个革命性的里程碑(图17)。从字面上解释,透视的意思就是"清楚地观察"。要达到这一目的,对观赏者来说,必须找到一个优先的、最佳的观赏点,称之为优先点。对艺术家来说,必须本着这个优先的静止点作画。于是,平的画布变成了一扇开向立体视界的窗户。由此可见,这一"点"的发现是何等之重要,无论是画家还是观众,都把这唯一的一个视点作为第一要素,才能使视觉体验建立在稳定的基础上,使画面与观赏者之间,画面景物之间相互参照,彼此和谐和系统化。学习过物理学的人可以理解,这一绘画艺术中"优先点"的意义,相当于300多年以后才发展起来的物理学中的"绝对参考系"的意义。

《基督下十字架》(图18)是乔托调动自己全部技艺表现基督事迹的重要作品。巨大的方形画幅情节充实、生动活跃。露出的灰色岩石的斜线和众人的同方向的视线,引导观者视线落在死亡基督和悲伤的母亲头部,表现出乔托把握空间方向感的独到匠心。圣母把基督的尸体搂在胸前,克制着悲切。摩大那的玛利亚虔诚地托着基督的双脚,透过迷离的泪水凝视着钉透的伤口。圣徒约翰以粗放的姿势表达着内心的绝望和悲伤:两条胳臂甩向背后,俯身面对这可怕的现实。天使们发现这块浸透了鲜血的土地不是可以驻足的地方,便在天空盘旋、翻飞,哭喊着发泄心中的悲伤。画中空间结构运用了透视法,人像具有正确的结构比例,人物之间(比如画面前方的背影人物立体感十分强烈)和人物与背景之间(例如,寸草

图18 《基督下十字架》(乔托，1305~1306)
艺术从天上回到了人间，空间的舞台是不可缺少的。它能告诉我们，背对我们的老妇的那张悲痛的脸。

不生的山坡上有一棵孤零零的秃树，暗示死亡的恐怖)有了能够活动的距离空间。恰如其分的色彩，清晰合理的空间安排，直截了当的故事情节，不仅找回了在平面上造成景物错觉的绘画手法，并成就了一出人情味十足的恸人的"戏剧"。

被美术家们经常忽视的一点是乔托在艺术上对时间的理解。我们现在已经知道，在牛顿力学中，时间是绝对的，因此"瞬时"和"同时性"也必然是绝对的。时间和空间的绝对性，是经典物理学的基础。早在牛顿力学建立之前300年时期，乔托已经定义了艺术中的时间框架。他把视觉中的瞬间体验固定在画布上，作品中表达的一个被凝滞的瞬间，似乎对全世界观赏者来说都是绝对的。《犹大之吻》(图19)是另一幅著名的壁画。内容是在一次逾越节的晚上，耶稣与12门徒共进晚餐，席间耶稣对门徒们说："你们之中有人要出卖我。"门徒之一犹大听后十分惊恐，因为事先他已同敌人勾结，答应通风报信，抓捕耶稣，并得到了30块金币的赏钱。耶稣未卜先知，犹大提前离席，溜出去送情报，并领来一队兵丁，他们打着灯笼、火把，带着武器，冲进客西马尼园。犹大直奔耶稣，按约好的逮捕暗号,上前与耶稣亲吻。当犹大搂住耶稣,噘起嘴巴要与耶稣亲吻时,耶稣早已识破犹大的诡计,以意味深长的目光逼视犹大的眼睛。这是一个被乔托理解和凝固了的时间,耶稣和犹大处于"静止"状态。四目凝视,一个心如止水,一个神情慌乱,仿佛时间是独立于我们之外的绝对存在,仿佛全世界的人都在用同一只钟记载了这一悲剧性时刻。这种瞬时的绝对性的强大震撼力,与每一个观赏者的心灵产生了绝对的共鸣。这种在每一幅作品中只表达一个被凝滞的、瞬间的、舞台式的艺术表现手法一直是西方作画的样板。因此,在艺术上,乔托不仅首先创造了一个对待和组织空间的新方式,也同时树立了绝对静止时间的框架,无愧于西方美术之父的盛誉。

图19 《犹大之吻》(乔托,1305~1306)
人间的舞台剧,不仅要有空间的维度,还要有时间的流动和凝滞。艺术中的时间维度是不可缺少的,它有点(零维),也有线(一维)。

　　如何在画面中表达光的意义,对乔托来说似乎是一个难题,也是乔托没有解决的问题。在他的壁画中,圣徒们的头顶上都带有光环,画面中从来没有出现光与影的表现。他感悟了空间,但没有理解光照于物体之上和光穿过大气所产生的效果。他是个革新者,但没有理解光的意义和感悟出光的直线传播原理,所以在乔托的作品中没有阴影的存在。

　　由乔托向文艺复兴的过渡自然不是一夜之间的事情,几乎一个世纪之后,才诞生了佛罗伦萨的第二个伟大画家马萨乔(Masaccio,1401~1428)。他是文艺复兴绘画的奠基人,是他真正认识到乔托艺术的开拓性意义,并搭起了其与所有追随者之间的桥梁。他永远年轻,辞世时仅27岁。他不像乔托出于直觉来感悟空间和时间的意义,而是有意的把新兴科学的认识手段——三维空间的透视法则、人体解剖学、数学以及哲学等引入绘画艺术,赋予绘画以新的表现手法。

　　《逐出伊甸园》(图20)是马萨乔的一幅作品,主人公出于下意识的恐惧痛哭着,悲伤使他们目无所视。但从科学的意义上来说,这幅作品一改中世纪中亚当和夏娃形象肌肉萎缩、瘦骨嶙峋的造型模式，而赋予人物正确的解剖结构和健壮的身体形态。更伟大之处是马萨乔把阴影引进了绘画，把自然光照于物体之上和光穿过大气所产生的效果运用于绘画，超越了乔托对世界的理解。他对阴影的表现显得特别胸有成竹，用右前方投射过来的光线强烈地映照着亚当和夏娃的裸体，并在地下留下阴影，突出了人物的立体感。在此之前，画家在表现物体时，一般不表现阴影，或者说描绘阴影的技巧还没有获得发展。因此，可以认为，从马萨乔开始，艺术家们开始探究光的直线传播原理。另外，在这幅作品的空间处理上，画家把两人安排在不同的平面上，从而形成了强烈的景深感觉。形象地说，在二维平面上，上演了"立体电影"。这必须基于对欧几里得空间的正确理解。

《圣三位一体》（图21）是一幅气宇轩昂又充满人性的作品，它的人文主义价值可以在很多艺术评论中读到。我们特别强调，在这幅画中，马萨乔对透视理论的理解、运用和阐释达到了完美的境地。按照透视法画成的筒状拱顶，被分割成许多方块，每个方块里镶嵌着一个圆花饰，这些圆花饰精确地按照透视法缩短，看起来好像墙上开了一个洞，美妙无比。

图20 《逐出伊甸园》（马萨乔，1427）
千万别走远，阳光还普照着我们。

图21 《圣三位一体》（马萨乔，1426）
唯一有动作的圣母似乎在问：这是平面画布吗？

透视画法还遵循这样一条法则：向前方延伸的所有线条都在某一点汇合，这一点叫"没影点"或"灭点"。它也许是可见的，如林荫道的尽头；也许只是我们虚拟的，如一间屋子的几条聚拢的结构线在想像中越过后墙延伸而去。我们可在后来的达·芬奇《最后的晚餐》（图22）中看到"没影点"的精妙运用。达·芬奇是一位精通自然科学的大师，对透视法则当然能运用自如。这幅画利用餐厅壁画的有限空间，用透视法画出画面的深远感，画面上餐厅的两面墙壁及窗户严格按照焦点透视的法则，所有的透视线集中于中间的耶稣，"没影点"形成一种向心力。耶稣背后是敞开着的三扇窗户，这不仅用自然光来代替圣光，而且把室内和外面的大自然联系起来。在明暗处理上，让左上方的窗子投射进来的光线，把所有的人都笼罩在阳光之中，惟独犹大的脸和一部分身体仍处在黑暗的阴影里。这种美与丑、美与恶的对比象征手法，也是从达·芬奇开始的。

图22　《最后的晚餐》（达·芬奇，1495～1498）

空间之外又构筑了空间；秩序之上衬托了变化；和谐与平衡之中增加了激动和戏剧；想像力之下创造了真实。

透视与数学

透视原理是艺术与几何的结合。最早系统地研究透视法的艺术家，如阿尔贝提于1435年在一篇论文中首先提出"没影点"，所做的都是关于如何把有关建筑的应用数学与几何结构结合起来的研究。而最早讨论如何在油画中应用透视法的专著是弗兰西斯加的《绘画透视学》。

弗兰西斯加也是佛罗伦萨人，自小聪明又勤奋，首先就读于一所应用数学学校，完全有理由按照其父亲的意愿，成为一个数学家。但是他决定改变自己的生活，开始给一位当地画师当学徒。他熟练地掌握了数学和绘画两项技能，这使他成为能安然入座于数学和艺术两个编年史上仅有的几个人之一。《绘画透视学》是按欧几里得的风格写成，并参照《几何原理》的格式安排定理和证明。弗兰西斯加首先给出了一些把实在规则图形影射到画面的方法，以生成所谓的"退化"图形。他从一个方形物体出发，展示了人与地面的距离和"退化"图形之间的关系。然后又考察其他多边形和人体头部，给出了它们的形状以及从某一角度观察时的投影图。在弗兰西斯加那里，绘画似乎变成了一个数学家在做各种几何证明。弗兰西斯加艺术的最高成就是他的一系列宗教画，其中之一的《鞭打基督》（图23）是他的数学论述的实际体现，展示了他的《绘画透视学》中的许多特色，包括了棋盘布局及建筑学中的要素。因此，弗兰西斯加在人们的记忆中与其说是一位艺术家还不如说是一位数学家。

图23　《鞭打基督》（弗兰西斯加，1455）
这幅画仿佛经过了精确的数学计算，我们甚至可以感觉到构图背后的数学智慧。

　　比弗兰西斯加稍后一点的数学家兼艺术家是文艺复兴时期德国最重要的画家丢勒（A. Durer, 1471～1528）。丢勒不仅追求非凡的绘画技艺，更追求基于数学的新的艺术原理。与其说他是一位画师，不如说他是一位研究者，并同时从事艺术和数学的研究。由于透视原理在测绘、制图、建筑、绘画等方面的广泛运用，人们对观测仪器越来越感兴趣，因为它们可以帮助艺术家们用透视法描绘物体。在《圆规直尺测量法》（1525）一书中，丢勒通过他超凡的绘画技艺，向人们展示了一些这样的仪器。比如，艺术家通过一个四方的格子看景象，这个格子起到了类似于坐标系的作用。这样的装置可以被用于放大图像（图24）。1523年，丢勒完成了他的《比例论》，并于1525年出版。除了早期的贸易算术外，这是第一本用德语写成的数学书，它使丢勒成为文艺复兴时期最重要的数学家之一。这本著作的一个重要部分是关于立体图形的平面图和正视图的论述，开辟了画法几何这一数学新分支。在《测量的艺术》中，丢勒写道："没有几何知识，任何人都不可能成为真正的艺术家。这些人的错误应该归罪于他们的老师，这些老师自身对绘画这一艺术一无所知。"

图 24 《圆规直尺测量法》书中的插图：艺术家使用纱布栅格用透视法作画
艺术的中心不再是神，而是处于超级地位"优先点"上的艺术家。

丢勒在其艺术作品中实验各种比例规则，他有意把人体画得过长或过宽，以便去发现正确的均匀性和和谐性。第一批研究成果中有一幅画的是亚当和夏娃，体现了他对于美与和谐的全部新观点。但是，经过他用圆规和直尺度量和平衡后所取得的和谐形状，并不像他的意大利同行画笔下模特儿那么真实和美丽。不仅在它们的形状和姿势上，而且在构图的对称性上，也有一些造作的痕迹。不知是否正是对艺术和数学的共同追求，还是德国人严谨、理性的传统，造就了丢勒的艺术具有精确、内省的品格。这种品格特别适用于肖像画，代表了德国肖像画的一种面貌。

丢勒的时代，德国人还保持着中世纪的传统观点，把美术家看作匠人。这种偏见是丢勒绝对无法忍受的。他的《自画像》（图25）显示他是一位修长、高傲、颇有贵族气派，还有几分造作的青年。下垂的卷发、冷漠的神情、时髦的装束，传达着这样一种情绪：我不是一名工匠，而是艺术家兼数学家。

图 25 《自画像》（丢勒，1498）
丢勒在《人体比例四卷》中写道："我坚持认为就整体而言，'人'体现了形式与美的完美结合。"

伽利略——自然科学之父

星星最先邀请你访问科学。关于宇宙结构的地心说最早由亚里士多德明确提出，公元150年前后托勒密把当时的天文学观测结果加以推演和论证，使之系统化，总结成宇宙的地心体系。基督教接受这一学说，并且奉为经典。且不管人们的宇宙观如何，但就对日、月、恒星等的所有观测而言，地球确是中心。但站在地球上观测行星的运动，情况似乎变得有点复杂，最引人注目的特征是，相对于恒星，火星一般由西向东以变化的速率运动。偶尔，火星也改变方向，相对于恒星由东向西运动一段时期，这种现象被称为逆行（图26）。为了解释这个现象，托勒密体系把每个行星的运动描绘成沿一个称为本轮的小圆回转，而本轮的中心又循着以地球为中心的一个称为均轮的大圆运行。因此，每个行星产生出一个套圈的轨道，能解释了行星的逆行问题，不失为一个好理论（图27）。但问题在于，为了和越来越多的天文观测数据吻合，每个行星需要大量本轮——事实上，总共需要80多个"轮上轮"。很显然，这个宇宙模型在整体结构上极其复杂，令人不快。

作为一个牧师，波兰的哥白尼没有把全部精力放在宗教职位上，而是倾注于天文学的研究和观测方面。开始时，他对托勒密的理论感到不舒服。为了得到第一手资料，哥白尼就在教堂附近一座高塔的塔顶上进行天文观察。他的天文观察的条件和技术比不上古代的托勒密那么专业和优越。但是，哥白尼与前人所不同的伟大之处在于，他将天文观察和逻辑演绎方法相结合去探索秘密。文艺

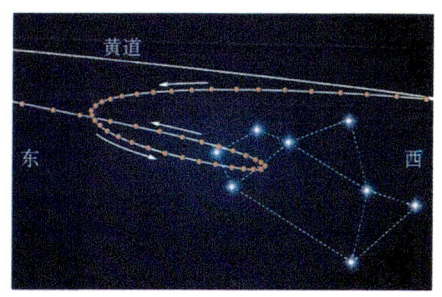

图26　火星退行示意图

复兴破除迷信、解放思想的潮流使他敢于提出疑虑："托勒密体系本身并不尽如人意，而且也没有充分理由认为是绝对正确的。"在大量数据的基础上，他大胆地问自己："倘若把观察行星轨道的视点从地球转为太阳，结果又该如何呢？"这一闪念与艺术家选择一个最佳观察点如出一辙。在这一闪念间，"日心地动说"诞生了。可以说，乔托的眼光超越了平面；哥伦布的脚步跨出了欧洲；哥白尼的心飞向了太阳。

在这一闪念之下，哥白尼不久就发现了一个关于天体运动的"更合理的圆的安排"（图28）。在他的"日心说"理论中，太阳被认为是宇宙的中心，居于中

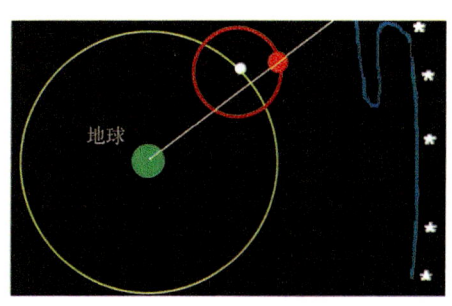

图27　本轮和均轮示意图

间，可见的行星和地球环绕太阳做匀速圆周运动，只有月亮环绕地球运行。在这样的秩序安排下，宇宙间有一种奇妙的对称，轨道的运动和大小都有一定的和谐关系，特别是火星逆行问题自然而解（图29）。这是一种简明而又肯定的描绘，但为了精确和实验观测相符，仍旧需要充塞本轮（比托勒密体系需要的本轮要少得多）和偏心点等概念。

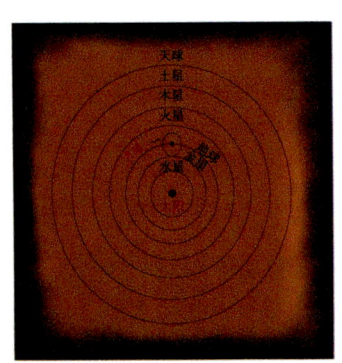

图28　和谐的太阳系

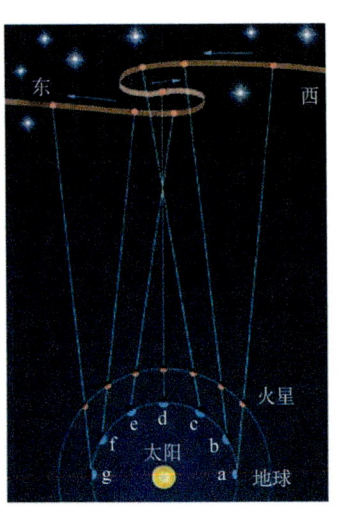

图29　火星退行问题自然而解

　　1543年3月，凝聚着哥白尼毕生心血的《天体运行论》在纽伦堡出版。因患脑溢血而几个月卧床不起的哥白尼终于在弥留之际用他那无力的手痉挛地抓住了书本。这位"叛逆的宇宙设计师"发动了一场宇宙结构观念的革命，变革了人们对自然的根本理解，变革了人类的价值观。这场革命成为人类知识发展的划时代的转折点，标志着中世纪的终结。笔者特别想指出，哥白尼的学说在科学上的功绩，并不在于用这个体系指导观察和计算天象比托勒密体系准确了多少，而在于他的革命性思想和对自然全新的认知方式，导致了人类认识了天体运动的真实结构。

　　哥白尼的日心说抵触了亚里士多德的宇宙观和基督教义，遭到教会的强烈反对。历史上第一次用观测和实验决定性地驳倒亚里士多德观点的，就是16世纪自然科学的创始人，被称为自然科学之父的伽利略。他出生在意大利比萨城一个没落贵族家庭。17岁受父母命进入比萨大学学习医学，后来转而醉心于数学、力学的研究。1589年，受聘为比萨大学的数学教授，但是由于他对亚里士多德思想的批判而受到校方和教授们的敌视，1591年，他被排挤出比萨大学。1592年受聘到具有自由思想气氛的帕多瓦大学任教，直到1610年。伽利略在这里持续深入地开展了他的科学研究工作，而这些工作为他科学世界观的形成和新宇宙观的确立起了重大作用。在这里伽利略还积极为"日心说"寻求观测证据和做出理论论证。比如，在这期间，他发现了摆的等时性。他用自制的望远镜发现月球上的山脉、太阳的黑子、木星的卫星以及金星和自转现象，并以这些发现支持哥白尼的太阳中心说，批判地球中心说。他用五年时间写了一本《关于两种世界体系的对话》，坚持宣传日心说。该书1632年2月出版，惹怒了教会，一年后被罗马宗教法庭传讯，宣布该书为禁书，并将他永远监禁在家里。风烛残年的伽利略，在家里又写了《关于力学和局部运动的两种新科学的对话和数学证明》，简称《两种新科学的对话》。不幸的是该书1638年在荷兰出版时，伽利略已双目失明。

首先，荷兰人发明了望远镜用于军事，特别是海上的军事竞争。伽利略将望远镜不是对准大地和海洋，而是指向太空。望远镜帮助伽利略开拓了视野，使人类第一次跨越地球来观察和思考空间，来理解星体的运行。他的主要发现有：(1) 天空中的星星数目比我们看到的要多得多，这说明宇宙是无限的；(2) 银河系包含了无数的恒星，这标志亚里士多德的关于宇宙的"55个晶球"模型是错误的，从而说明亚里士多德并不是绝对的科学权威；(3) 月亮表面不是光滑平坦的，而是凹凸起伏的，这让我们相信所有的天体都是相似的，地球不是一个独占优势地位的天体；(4) 木星有四个卫星，这间接验证哥白尼的学说是正确的——宇宙中存在许多行星系统，地球是其中之一。

其次，在伽利略时代，用来测量时间的时钟是基于太阳光的移动（日晷）、物体（水或沙砾）的流动、物体的燃烧速率（熏烟时钟）等。伽利略根据单摆振动原理制造了时钟，以此提高了时间测量的精确性，这使得他能精确地研究物体在时空中的表现形式——运动。伽利略否定了亚里士多德把运动分为自然运动和强迫运动的分类，而从运动的基本特征出发，把运动分为匀速运动和变速运动两种，引入了速度和加速度的概念。加速度，这是人类认识史上最难建立的概念之一，也是每个初学物理的人最不易真正掌握的概念。在人们的日常生活中，对于运动的物体可以问他走了多远，这是距离的概念（空间）；可以问他走得多快，这是速度（空间与时间）的概念。然而，在各国的生活语言中都没有与加速度对应的词儿。它是描述速度变化快慢的物理量，形象地说，是一个运动物体空间变化率的变化，属于人类思维的更深层次。

最后，伽利略最重大的贡献就是在物理学中引入参考系。要描述一个物体的运动总得选择另一个物体作为参考，这种作为参考的物体，称做参考系。用通俗语言说，参考系就是你所选择的观察物体运动的"落脚点"。同一物体的运动，参考系不同，对它的运动的描述就会不同，这叫做运动描述的相对性。例如在做匀速直线运动的车厢中，有一个自由下落的物体，以车厢为参考系（你站在车厢内观察），物体做直线运动；以地面为参考系（你站在站台上观察），物体做抛物线运动。又如地球卫星的运动，如以地心为参考系时，它的轨道为平面椭圆曲线；如以太阳为参考系，由于地球本身绕太阳公转，卫星的轨道将成为一个以地球公转轨道为轴线的螺旋曲线(图30)。现在,我们把与太阳相联系的参考系称为伽利略系。

伽利略确定了这样一个事实:任何一个相对于伽利略系处于匀速直线运动的参考系,在描述力学过程方面同伽利略系完全等效。我们可以这样来理解:假如有一艘完全封闭的大船,称之为伽利略大船,在河面上相对于河岸做匀速直线运动或和河岸保持静止。由于船是封闭的,因此在船上的人看不到外面的世界。在《两大世界体系的对话》中伽利略给出一段精彩的论证并指出:依据船中发生的任何一种现象,人们都无法判断船究竟是在运动还是在停止不动。这一论断称为伽利略相对性原理或者经典相对性原理。可以说,没有这个原理,物理学的任何重大进展都是不可能的。

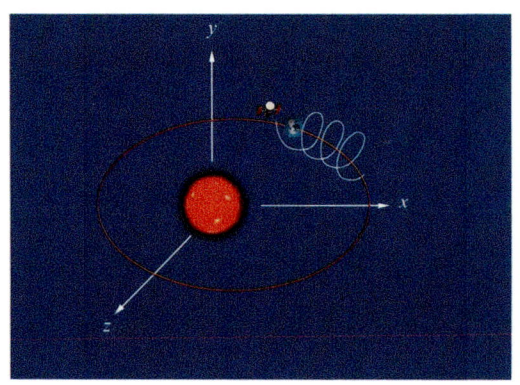

图30 伽利略系中卫星的轨道示意图

根据伽利略的运动相对性原理,物理学家总结出四个简单的变换关系,即伽利略时空变换关系,来表达当时的人们对时空的理解(图31)。伽利略变换自然地包含了绝对空间和绝对时间的概念。牛顿正是依此权威地判定:空间和时间都是绝对的,独立于一切物体之外。我们可以想像,既然存在一个容纳万事万物的绝对空间,那么当我们观察宇宙运动图像时,在可被选择的无数个惯性参考系中,必然有一个参考系和绝对空间保持静止,称之为绝对系,具有优先地位。形象地说,如果把自然比作一幅美丽的长卷,选择一个静止的、有利的"基准点"来欣赏它是最重要的,这个具有超级地位的基准点就是观察宇宙行为的最佳视点。这一作为物理学生命前提的思想,与绘画之父乔托在伽利略之前200年,在艺术方面奠定的透视学原理中存在的"优先点"如出一辙。另外一方面,既然时间是独立于一切事物的绝对存在,那么同时性和凝滞的瞬间都是绝对的。

观察一幅根据透视原理创作的绘画,观众需要在无数个参考点中选择一个最具优势的位置,并处于静止状态。这一位置从根本上不同于其他位置,升格到了超级地位上,就如同牛顿力学中的绝对参考系,在人们认识宇宙图像时处于超级地位上一样。在物理和艺术两个领域内,出现如此并行又深刻的思想,充分说明了物理与艺术之间密切的联系。实际上,艺术家(如乔托等)一定从自然哲学家

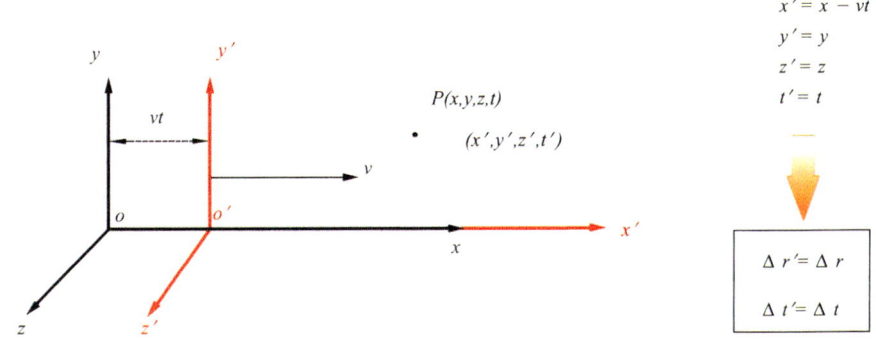

图 31　伽利略坐标变换示意图

P 是空间中的任意一点。可以用两个参考系：S (x, y, z) 和 S' (x', y', z') 来测量 P 点的时空坐标，S' 参考系相对于 S 系沿 x 方向上做匀速直线运动。伽利略变换是显然的，根据它的推论，牛顿说："绝对的真实的数学时间，就其本质而言，是永远均匀地流逝着，与任何外界事物无关；绝对空间就其本质而言是与任何外界事物无关，它从不运动，并且永远不变。"这两句话有如科学界上帝的纶音，在科学界的圣山上隆隆鸣响，一直萦绕到爱因斯坦的出现。

（欧几里得、亚里士多德等）那里继承了关于对自然认识的思想，以艺术的语言表达了他们对自然的思考和理解，又潜移默化地影响了下一代科学家和公众。这也许是文艺复兴时期无论是有头脑的学者，还是普通民众，都认为伽利略的理论是不难接受的原因之一吧。尽管人们后来发现，时空的绝对性使科学思维的大厦建立在错误的根基上，但随着技术的进步（人们认识自然手段的提高），仍然是科学家和艺术家不约而同地发现了这一错误。

光的第一次解放

前面说过，乔托没有理解光的意义，或者说没有感悟出光的直线传播原理。他的继承者马萨乔第一次在作品中表达阴影，开始了艺术家探索光的奥妙的旅程。比马萨乔稍后一点的艺术家兼数学家弗兰西斯加明确地、科学地和有意识地将阴影引进了绘画。他清楚地表明在运用透视原理的空间里，阴影起着组织画面的作用，更加强烈地给出空间的层次感。对马萨乔和弗兰西斯加的贡献，最恰如其分的评价来自当代著名绘画评论家冈布里希："马萨乔在这方面是一位先驱，但要说到能清楚地意识到阴影所能带来的巨大新作用，那是非弗兰西斯加莫属的。"弗兰西斯加的《君士坦丁大帝之梦》（图32）是关于梦的一个著名传说，在与敌人决战之前，君士坦丁大帝梦见天使给他看十字架并且说："你将在这一标志下获胜。"从此他接受了基督教。在这幅画中，光线不仅有助于塑造人物形象，而且对于透视法造成景深错觉也同样有重大的作用。前面的士兵像一个黑色的剪影站在闪光所照亮的营帐入口，于是我们感觉到在士兵跟卫兵坐着的台阶之间隔着一段距离，而卫兵的形象又在天使发出的闪光中突现出来。在这闪光中，我们就觉得营帐是

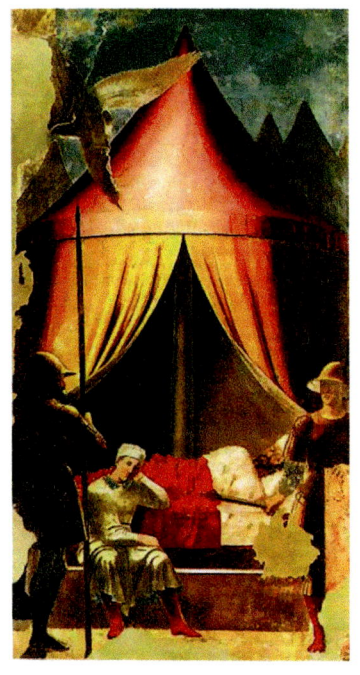

图32 《君士坦丁大帝之梦》（弗兰西斯加，1460）

《圣经》中说，上帝首先创造了光。神奇的光联系着空间和时间，创造了时间和空间的幻象。君士坦丁大帝梦见这个幻象了吗？

圆的，包围着一片空间。可见，在这里光线手段的作用不亚于透视技巧的作用。

将光与影引入绘画的第二个意义在于，在绘画艺术中，除了乔托开创的瞬间效果的时间意义之外，艺术家又增加了表达时间的手段，即记时效果。人类的最早记时器就是日晷，它的工作原理就是阴影。自弗兰西斯加开始，艺术作品中阴影所表达的时间必须与其内容相和谐，带来的效果是每个观赏者都体会着一个相同的时间，这正是后来的牛顿力学中时间的绝对性所要求的。现代超现实主义画家契里柯（G. de. Chirico，1888~1978）违背阴影与时间相和谐的原则，他的作品往往给观赏者造成一种错误的时间感觉，令我们不知道作品表达的究竟是早晨还是傍晚。时间似乎是属于每个人去体味的。这是相对论的时间观，在后面章节中我们将有详细论述。

必须指出，光的本性是客观的自然，但光与影的外在表现都是主观的。例如一个光强均匀的线条，在不同的光强背景中可表现出不同的明暗对比度，可能是清晰的，也可能是朦胧的，是人们的主观感受。所以，光与影的画面表现形式和效果是主观和客观的结合物，是理性和感性的共同体。自然之光在每个艺术家的心中都留下属于艺术家自己的光与影。

由于认识到阴影的重要性，后来的文艺复兴时期的画家便致力于完善表现阴影的技巧，并发明了一系列有关表现光与阴影的新美术技巧和专有名词。绘画中所用的"明暗法"一词，其意大利文为chiaroscuro，原意为"亮－暗"，意指当某个物体或人站到强光中时所造成的光线突然由明转暗的现象。绘画中明暗法的运用，虽然在文艺复兴时期不占主流地位，但在文艺复兴后期，16世纪开始的巴洛克艺术中达到顶峰。

卡拉瓦乔是16、17世纪之交，文艺复兴之后意大利卓越的现实主义画家，巴洛克艺术派大师。他所生活的年代，正值意大利面临经济衰退、内忧外患。这位画家本人的生活经历也充满苦难和失望。1606年5月，卡拉瓦乔参加了一次斗剑游戏，因发生口角，引起决斗，不慎把对方打死了。身负重伤的卡拉瓦乔只好离开罗马，成了一名逃犯。他从此浪迹天涯，生活穷愁潦倒，仅活了37岁，最后客死他乡。但在卡拉瓦乔短暂的一生中却创作了一系列不朽的作品。去世后，他的风格被各国现实主义画家所继承,人们把这种画风称为"卡拉瓦乔主义",被认为是巴洛克艺术的开端。卡拉瓦乔画风的最大特点是戏剧性的光线使其作品充满迷惑众人的神奇力量,舞台式、强烈的明暗法是他的"注册商标"。他的最杰出代表作《以马忤斯的晚餐》(图33)是绘画史上划时代的、充分利用阴影效果的作品。画面所描绘的场所是耶路撒冷附近的小旅馆,内容是基督的两位门徒恍然大悟,与他们共餐的男子正是复活的救世主。他们无法言喻的惊喜跃然纸上:一个伸开双臂暗喻基督在十字架上受难;一个怦然跃起,难掩内心激动心情;小店主则陷入沉思。全部人物安排在前景中,背景则是大面积的阴影。光线从左上方打下,在基督身上四散开来,影子自基督的头部的周围形成所谓的"后光",使基督手臂的影子无所不在。这是光与影的杰作。评论家常说,卡拉瓦乔对光暗关系的重视,把明暗对照法引入欧洲绘画,其影响无论怎样估量也不过分。

图33　《以马忤斯的晚餐》(卡拉瓦乔,1601)
巴洛克艺术风格既诉诸真情实感,又具有很强的观赏性。通常以极具表现力的夸张动态、敷以强烈的明暗对比和绚丽的色彩达到这一效果。卡拉瓦乔"惊现"了这一艺术风格,光是它永恒的语言。

另外一方面,卡拉瓦乔之前的文艺复兴时期的主流画家(如达·芬奇)认为明暗法在描绘近处物体时,即阴影清晰的对象,具有一定的优势,但远观物体,阴影模糊,轮廓也不那么清楚。同时明确的阴影会弄乱构图的调和,而画面和谐的构图在当时被认为是最重要的。为了表达自然景象与人物肖像的真实效果和保持画面的和谐,达·芬奇发展了另外一种光与影的表现形式,即将颜色混合画出阴影,色调上以非常细微的变化渐次融合,避免了有截然的分界线。这就是"晕涂法"(sfumato)(意为"没有线条和界限,就像烟雾一般的手法")。

我们总是可以从头发的精致、优雅的圣洁感和不采用清晰的轮廓线这些特点辨认出达·芬奇的作品。一个形象在不知不觉中过渡到另外一个形象,画面整体有了丰富的层次,像烟雾一样朦胧生动。《蒙娜丽莎》太高贵,我们还是先来看看《岩窟圣母》(图34)。这是一幅背景、人物和画面结构结合得相当完美的作品。圣

图34　《岩窟圣母》（达·芬奇，1483）
这是美术史上谜团最多的作品之一，收藏于罗浮宫。伦敦国家画廊也有一件稍晚时完成的，几乎一模一样的作品。当初，这幅画被订画人拒绝，达·芬奇只得再画了一幅，并被迫在圣母头上加上光环。天才也有被拒绝和被迫妥协的时候。

母、圣婴和天使构成一个等腰三角形，在神秘的背景下保持一种稳定、和谐和静谧的气氛。圣母玛利亚的眼、鼻、嘴的下方，以及左侧的脸腮，都运用晕涂法使光与影微妙的融合，成功地创造出立体效果。从圣母身后阴暗的岩洞向外望去，可看到远方缥缈如幻景般的山石，画家依据前、中、远景的距离不同，慢慢地增加油料的比例，颜料也越涂越薄，独特的大气透视效果表现得淋漓尽致。

　　清晰的阴影是一种美，朦胧的阴影也是一种美，问题的关键在于画家如何去感悟光的奥秘。人类首先要学会看风景，然后尝试去描绘风景，进而去思考风景。

第四章 缪斯的使者

一个人如果不知道牛顿（图35），那一定没有知识；如果不知道达·芬奇（图36），那一定既没有知识，也没有文化。他们是艺术与科学的保护神缪斯的孪生子。

图35　17世纪的天才

图36　15世纪的天才

牛顿

介绍牛顿生平和贡献的文章到处可寻，毫无疑问，他被公认为有史以来最伟大的科学家，但同时他又是一个令人厌恶的小人。牛顿"作为巨人无与伦比；作为凡人无甚可取"。这一点，也可从《时间简史》的作者霍金（S. Hawking，1942~　）在书末附录中对牛顿的评价中看到。当然，作为后人，我们还是更关注他伟大的一面。

伊萨克·牛顿，1642年12月25日（新历1643年1月4日）出生于英格兰的一个农户家里。少年时喜欢摆弄机械手工制作。传说他做过一架磨坊的模型，动力是小老鼠；他在风筝的绳子上悬挂着小灯笼，夜间村人远望，惊疑是彗星出现。他还制作测量时间的水钟；试图用跳跃一步的距离来测量大风的风力等。年幼时的牛顿爱好读书、沉思、喜欢做小实验。12岁那年他进入格兰瑟姆中学，在毕业前获得优秀学生荣誉。1661年6月，他以"减费生"身份考上剑桥大学三一学院，于1665年获学士学位。17世纪中叶，剑桥大学的教育制度还渗透着浓厚的中世纪经院哲学的传统，当牛顿刚进入剑桥大学时，那里还讲授一些经院式课程，如逻辑、古文、语法、古代史、神学等等。牛顿在这时学习了亚里士多德的运动论。两年之后，三一学院出现了新气象，创设了一个别辟蹊径的讲座，规定讲授自然科学知识，如地理、物理、天文和数学课程。第一任数学讲座教授巴洛（I. Barrow，1630～1677）是一位博学的科学家，正是他把牛顿引向自然科学，特别是数学和物理学的研究。

1665年，牛顿从剑桥大学毕业。这一年英国发生了瘟疫，在故乡躲避瘟疫的18个月时间内，他在力学、天文学、数学和光学方面进行了伟大的基础性研究，发现了万有引力的平方反比律。1667年牛顿返回剑桥大学当研究生，次年获得硕士学位。1669年，由于巴洛的推荐，他接替了卢卡斯数学讲座教授的职务。1672年，他被接纳为伦敦皇家学会会员。1687年，发表了他的代表作《自然哲学的数学原理》。全书共有两大部分，第一部分包括"定义和注释"和"运动的基本定理和定律"。第二部分是基本定律的应用。这部伟大著作的出版，标志着经典力学体系的建立，物理学发展的第一个里程碑，因此它也被称为自然科学的圣经。

牛顿是伟大的，被公认为有史以来最伟大的科学家。后人利用不同的艺术表现形式来评价牛顿，甚至出于反面的动机，也被赋予正面的理解。例如理性主义的反对者、诗人、画家和神秘主义者布莱克（W. Blake，1757～1827）有一幅作品是以牛顿为主题的（图37）。画家在作品里让牛顿全身赤露，蜷缩在海底，为自己所试图认识的的空间和时间的大海淹没。布莱克的原意是嘲讽牛顿沉溺于对自然现象的浓缩，竟然把无垠的世界纳入薄薄的纸页，试图以数字和方程来描述世界。但是，当我第一次看到这幅作品时，就情不自禁地联想到英国诗人蒲伯（A. Pope，1688～1744）的一首赞美牛顿的诗：

图37 《牛顿》（布莱克，1795）
科学的摩西在寻求自然的出路（奥秘）。

"自然及其规律隐藏在黑暗中，
　上帝说：
　'让牛顿去吧。'
　于是一切都豁然明朗！"

　　牛顿也有遗憾。中年以后，他转而致力于神学和炼金术方面的研究，科学上再无重要建树。牛顿去世后被安葬在著名的威明斯特大教堂，他的墓碑以雕塑形式记录了他一生最重要的经历，包括他的辉煌和我们所认为的失败。无论后人如何评价这位巨人或者小人，我们都必须记住拉丁碑铭的最后这句话："他是人类真正的骄傲，让我们为之欢呼吧！"

达·芬奇

　　人们对达·芬奇的评价从来不惜溢美之词。他被称为"全能天才"、"大师中的大师"。可以这样说，不论过去还是现在，人类从不曾发掘出如此丰富多彩的才艺。这位文艺复兴时期的画家，在绘画史上留下了最伟大的杰作，同时也是一位雕塑家、建筑家和科学家。由于对知识的强烈渴求，除了艺术之外，他对当时所有的学识领域也都有所涉猎，预测出时代发展的潮流，甚至领先几个世纪。在他潦草的笔记中，后人还能经常读到这样惊世骇俗的论断："那太阳是不动的"，这说明他比哥白尼更早提出了"日心说"。这位不折不扣的博学者简直有太多的天赋和人格魅力：歌喉出众、体魄健壮、俊美绝伦、数学优异、富于科学探究的胆识……不胜枚举。仅从绘画而言，他的画作充分显示出对大自然敏锐的观察力，对人物内在细微情感的刻画，以及表现光与影的种种变化，将绘画的写实主义推向了不可企及的高峰。

　　列奥纳多·达·芬奇1452年4月15日出生于佛罗伦萨西面的芬奇镇，比牛顿早两个世纪。父亲是当地一位公证人，一生曾四度结婚，生有十男二女。达·芬奇是父亲早年与一个农家女所生的私生子，排行老大。出世不久，生母出嫁了，父亲把他送到有钱的祖父那里，在祖父的农庄上度过了童年。14岁时，全家迁到佛罗伦萨。父亲把他送到一位颇有名望的画家兼雕刻家韦罗其奥（A. Verrocchio，1435~1488）的画室学艺，在这里达·芬奇接受了启蒙的艺术教育。一次老师赶制《基督受洗》，领他到郊外写生，回来后，因淋雨病倒，便嘱达·芬奇用老师的画稿把背景和左下角一个小天使画完。达·芬奇别出心裁，以镜中自己为模特儿，写生素材为背景，完成了这幅画。老师病愈后，大吃一惊，虽然达·芬奇没有按他的画稿去创作，但画面上的自然景物真实、生动。特别是左边的小天使，流露出儿童特有的天真。据说其他前来观画的人，也都把眼睛只盯在这个小天使身上。老师自叹弗如，从此永远地放下画笔，专注于雕刻。

达·芬奇在这个工作室的时间大约有10年。1476年他离开这里，潜心研究自然科学和其他艺术、数学、音乐、植物学、人体解剖学，等等。面对眼前那大片的处女地，他在如饥似渴地探索着自然与人生的奥秘。此人心智极高，精力过人，为了能施展自己才华，1482年他应米兰大公的邀请，来到米兰，担任米兰公国的军事工程师、建筑师、画家、雕刻家、宫廷乐师。完成了米兰大教堂的设计与建筑，主持了运河的开凿，设计组合式桥梁，试验了飞弹、飞机、战车、机枪、降落伞、升降机，等等。这些设计手稿多达六七千页，后来散落在世界各地的美术馆中。他绘制的人体解剖素描出现在后世医学课本里；他对植物的组织结构与分类的研究，成了植物学的先导。但是，达·芬奇多方面的才华也正是他最大的缺点，他本人晚年也有深切的醒悟。晚年时，他把多年积累的大量手稿整理得井井有条。当他看到往往在一张手稿中画着或写着一些题材完全不相干的素描及文章，也不禁摇头叹息："思索的东西太多太杂了，难怪一事无成。"不过，尽管他不知疲倦地工作，其结果，他的努力与他的希望背道而驰，当时的意大利内忧外患，动荡不安，达·芬奇只好四处漂泊。1500年，他回到阔别18年的故乡佛罗伦萨，其后又辗转于米兰、罗马。1517年应法国国王之邀去法国，时年65岁。在人生的最后几年，达·芬奇住在安布瓦市郊，为国王设计行宫与水利工程，不幸中风，右手瘫痪。1519年5月2日，这颗巨星陨落在异国的土地上。他给法国人的回报就是他一直带在身边的《蒙娜丽萨》，虽经辗转，终留在卢浮宫接受参观者的膜拜。19世纪的古典主义大师安格尔曾有一幅巨作（图38），生动地描绘出老年的达·芬奇在年轻的赞助人的手臂中迎向死亡（其实达·芬奇死在他的学生麦尔奇的怀中），以及法王流露的敬爱之情。这是全人类的惜别、敬爱之情。同时，这幅画也以视觉艺术形式表达了这位大师在临终之前写下的一段极为精彩的人生格言："丰富多彩的一天会带来酣睡；丰富多彩的一生会带来幸福的死亡。"

图38 《达·芬奇之死》（安格尔，1821）
安格尔（1780~1867）是古典主义的最后一位大师，他的创作虽然没有他所处的时代精神，但体现了古典美的价值。比如，谁不知他的《泉》？

达·芬奇和牛顿

达·芬奇和牛顿，一个是15世纪最杰出的人物，一个是17世纪的天才；一个是最伟大的艺术家，一个是最伟大的科学家，我们十分有兴趣比较一下两人在生平、思想、性格、信念和成就上的共同和不同之处。

两人都成长在单亲家庭中。牛顿的父亲是个不识字的农夫，在儿子出生的前几个月死去。母亲不久后再婚，将年幼的牛顿送到外祖母那里抚养。小小孩子不得不同继父争夺母爱。他得益于舅舅的支持而来到剑桥大学读书。达·芬奇则是私生子，母亲是大字不识的农家女。他也同牛顿一样，由母亲及其祖父抚养。牛顿和达·芬奇在童年时代都没有什么朋友，且都养成了高度敏感和喜好冥想的性格。他们都孤独并愿意孤独，都把书本看得比友情重要。

牛顿和达·芬奇都有丰富的想像力，从而为他们二人带来了一个接一个的科学发现、艺术创造、工程奇迹、在实践中影响深远的发明和大大小小的机关装置。牛顿发明了反射望远镜，达·芬奇则设计了直升飞机；牛顿发现了二项式定理和微积分，达·芬奇造出了降落伞，又提出了潜水艇和坦克的构想；牛顿为打击伪币绞尽脑汁，达·芬奇为保卫米兰鞠躬尽瘁。牛顿对自然规律的总结是用方程和数字进行表述的，达·芬奇则用绘画解读世界和人类情感的奥秘。但有所不同的是，牛顿是一个科学天才，在其他方面则全无是处：对音乐是充耳不闻；认绘画为雕虫小技；视雕塑为金石玩偶；说诗章是"优美的胡扯"。达·芬奇则是文艺复兴时期的全才，几乎涉及了他那个时代艺术与科学的所有领域。据报道，他500年前设计的一座桥梁，不久前刚在欧洲落成。

牛顿和达·芬奇都相信纯数学是人类思维的最高形式。达·芬奇本人数学优异，并且这样说过："谁也不能断言说，有什么东西既不会用到任何数学，也不会用到任何建立在数学基础上的知识。"牛顿是物理学家，也是一位伟大的数学家，他和莱布尼茨争夺微积分的发明权，至今仍是科学史专家津津乐道的话题。他在《自然哲学的数学原理》的引言中写道："我将自己的这一工作题名为'数学原理'，是因为我认为哲学的所有重担都落在数学肩上……"

两位都是光的研究先驱者，而且都对光的本性提出了开创性的睿见。达·芬奇提出视网膜成像应是倒立的。他也是针孔相机的发明人，这是发明史上的普遍看法。他也研究过种种光学错觉，而且给出的解释今天还在被引用。他画了一张记录光强度仪器的设计图，过了300年后，图纸才变成实物。达·芬奇对阴影也极有兴趣，并搞出了本影和半影的几何学细节，今天的天文学家仍在沿用他的有关结果。对于眼镜，达·芬奇也很有研究，提出了(在15世纪！)隐形眼镜的设想。他还探讨过孔雀毛羽上的华彩及水上油膜虹彩的成因。在历史记载上，达·芬奇是推想光以波的形式在空间和时间中传播的第一人。他以水波和声波为出发点进行类推，认为"石块投进水中，就会以自己为中心，形成一个个圆圈；声音在空气中以圆形传播。同样地，位于光气中的任何物体也会形成一个个圆，并使周围的空间充满无数自己的类似体，如是进行下去，进入各个地方"。

不过，达·芬奇最终要以绘画来表达他的发现。他有关光的最影响深远的贡献，不是他写成的文字，而是画出的图画。他能用生花妙笔，制造出罕见的光影效果（前文讲过的"晕涂法"）。就以表现空气在远处呈现乳白状这一现象而言，达·芬奇可真是前无古人、后无来者。远山在他的画笔下有难以言传的效果；缥缈的光投射在女人的面庞上，会同微笑结合出无法诉诸文字的视感；奔马在他笔下，鬃毛一束束好像要摆动起来；所有这些呈现在光线下的景和物，都成了视在世界的真实代表，也都带上了一种晕染效果，令人有"此画只应天上有"之感。

牛顿在1704年发表了《光学》，比《原理》迟30多年，这是一部关于光的权威性论著。对于光，牛顿也同对待其他事物一样，感兴趣的是其本性而不是其效果。他让阳光射入一间暗室，令其射过一系列棱镜，得到了七色彩虹，并解释了白光为什么会因折射而分成不同的色光。达·芬奇在牛顿之前，也曾研究过棱镜产生的彩色光带现象。达·芬奇的结果体现在简单而明白的素描上，牛顿的结果则体现在通过反复钻研最终得出的，具有精确数学内容的结论上。从此，艺术家和物理学家在科学和艺术这两个领域内不仅要探索光的本性，还要关注色的奥秘。在对光的本性认识上，牛顿坚持光是粒子的学说，不赞成惠更斯（C. Huygens, 1629~1695, 牛顿同时代的物理学家）的光是波动的说法，这是关于光的本性这一难题的科学探索的开始。1801年托马斯·杨（Thomas Young, 1773~1829, 他是一个医生兼物理学家，也是一个神童，4岁时就读完《圣经》两次；14岁时通晓八种语言，后来还成为辨认埃及象形文字的专家）以双缝实验的确凿证据，给出了光具有波动性的肯定结论。50多年之后，麦克斯韦集天地之灵气，挥经纶之巨手，天才地写出麦克斯韦方程组，并预言光就是电磁波。

牛顿和达·芬奇都对自然界的"运动"现象感兴趣。牛顿运动三大定律奠定了经典力学的基础，它实质上给出了关于"力"的完整定义。可以说，目前在我们的感官系统所能接受的范围内，准确地说，在经典力学框架下，自然界的一切运动现象，从航天飞机的宇宙航行到人们的日常起居，都遵循牛顿三大运动定律。自然现象缤纷多彩，自然规律简洁、普适，这就是物理学所具有的，深邃而含蓄的内在美。在历史上，伽利略首先注意到，一辆正在运动的马车，即使马停止用力拉车，也要运动一段距离后，马车才能停下来。于是他逻辑推论：如果一个物体能够没有摩擦地在一个水平面上滑动的话，它将能保持自己的运动速度不变。牛顿接受并发展了伽利略的见解，第一次用概括性的语言把惯性定律表达了出来：任何物体都要保持其静止或匀速直线运动状态，直到外力迫使它改变运动状态为止。这就是牛顿运动第一定律。

达·芬奇也曾努力去理解"运动与惯性"、"作用与反作用"这些关键性的力学概念，而且离科学意义上的成功仅有一步之遥。他有这样的话："所有运动都倾向于保持下去，或者不如这样说，所有被弄得运动起来的物体，只要驱动它们进入运动状态的作用的影响依然存在，运动就会继续下去。"在达·芬奇1486年关于鸟飞行的笔记中。我们可以看到其中一段的第一句话："身体对空气施加的巨大压力就像空气对身体施加的压力一样。"这真是令人惊奇，这一论断比牛顿第三定律早了几乎整整200年。当然，达·芬奇没有将这一概念应用于更广泛的场合，而且也没有建立起相应的数学公式来支持它，而牛顿却出色地完成了这些工作。达·芬奇对包括人在内的动物肌肉运动也进行了精细的研究，从而诞生了处于运动状态的人与动物解剖学。他对技术方面的发明草图，如飞机、坦克、机枪、降落伞、升降机等，至今令工程设计人员叹为观止。

牛顿和达·芬奇还有一个共同点，就是各自都具有和自己同时代的，旗鼓相当的竞争对手。牛顿必须和莱布尼茨争夺微积分的发明权，和胡克（R. Hooke, 1635~1703）争夺万有引力的发明权。为此，牛顿搞中伤，耍诡计，一直折腾到英国皇家学会正式承认他的发现为止。达·芬奇和米开朗基罗有两次正面交锋的机会，但均没有结果。一次是达·芬奇接受米兰统治者的委任，铸造一尊骑马雕像——这本是米开朗基罗的特长。米开朗基罗轻蔑地嘲讽说：一个拿画笔的玩票者一定搞不成雕塑。结果不幸言中，由于达·芬奇设计的雕塑需要大量的青铜，加之法国军队入侵，所以达·芬奇最终没有实现夙愿，这当然不是他的无能。另一次是1503年佛罗伦萨当局分别委托达·芬奇和米开朗基罗绘制《昂加里之战役》和《卡西那之战役》两幅壁画，可以说为两位劲敌安排了一个擂台赛。因为达·芬奇使用了实验性技法，结果颜料无法附着在墙上，在1506年放弃绘制。至于米开朗基罗，则在刚绘制好画稿时，罗马方面召他返回，而工作也在稍早于1505年就搁置下来。两者都给后人留下了千古遗憾。与牛顿不同的是，在达·芬奇留下的大量手稿的著作中，即使在米开朗基罗当街羞辱他之后，也没有发现贬低或攻击米开朗基罗本人的文字。

两位巨人，分属不同时代；他们所留下的东西，改变了历史。

万有引力

科学的序幕是这样拉开的：哥白尼率先否定了地心说，把宇宙的中心移到太阳上。为宣传和捍卫这个学说，布鲁诺（G. Bruno, 1548？~1600）被宗教裁判所活活烧死，伽利略遭到迫害。后人把历史上这桩勇敢的壮举，豪迈地形容为"哥白尼拦住了太阳，推动了地球"。

比布鲁诺大两岁的第谷(Tycho Brahe,1546~1601)是16世纪大天文学家。他的一生是幸运的。因为是丹麦贵族出身，所以拥有受到王室保护的最大天文台和最好的观测设备。他又是一个性格化的人物，年轻时的一场决斗，被对手削掉鼻尖，因此一直戴着一个金光闪闪的金鼻子。第谷是托勒密的忠实信徒，至死都反对哥白尼的日心说，但他在天文观测上取得了辉煌成就。从1576年起，他和助手们20年如一日，进行了大量的天文观测工作，完成了750个星的记录，观测结果比前人准确50倍，成为天文学的奠基者，也为后来的开普勒和牛顿的科学业绩奠定了基础。1601年他辞世时还叨念着："我不负此生就好了！"

1600年2月4日，在布鲁诺为科学就义的13天前，第谷和开普勒相识了。两者的科学作风大不相同，然而，共同的事业和目标使他们紧密地结合在一起。他俩一见如故，成了一对好朋友。第谷不相信哥白尼学说，目光锐利，身体健壮，生活奢侈，情绪暴躁，一副权威相，他善于精确观察，但缺乏想像力。开普勒则相信哥白尼学说，眼睛近视，身体虚弱，待人和蔼，但意志坚强，富于想像力，特别是数学分析能力很强。第谷死后，开普勒深知自己在天文观测上的缺陷，便把自己全部精力投在整理第谷的观测数据上，企图求得行星运行轨道的最简单描述。他以火星为主攻目标，开始以正圆编制火星运行表，但发现火星老是出轨，经过大约70多次试探，开普勒的计算与第谷的观察之间仍有8弧分之差。要么是第谷观测错了，要么是理论基础有问题。开普勒坚信第谷一丝不苟的工作态度，于是大胆地更新理论，放弃了"圆是最美的形式，天体一定做圆周运动"这个希腊人留下的信念，推测火星的轨道不是正圆，而是椭圆形。正是在这闪念之间，"冬眠"了一千多年的圆锥曲线苏醒了。

根据这个推测，经过近10年努力，开普勒成功地算出了地球和火星的运行轨道，它们都是椭圆形。同时在对行星运行轨道的探索过程中，发现了今天称之为"开普勒三定律"的重要定律。内容主要包括确定行星的运动轨道是以太阳为一个焦点的椭圆，并指出行星公转周期的平方跟它们轨道的长轴的立方成正比。

至此，火星的逆行问题，哥白尼也无法解决的、复杂的托勒密本轮和均轮体系，统统消失了。20余年里观测的几千个数据归纳成简洁的三条规律，开普勒赢得了"天空律师"的美誉。只是开普勒尚不理解，他所发现的三条规律已传达了重大"天机"，蕴涵着更为简洁、更为普遍的万有引力定律，其中的奥秘直到牛顿才被破译出来。

《自然哲学的数学原理》是人类科学认识史上第一次大综合，给出了宇宙的力学图像。它是以毕达哥拉斯的大自然可以还原为数学关系这一设定开篇。牛顿对欧几里得《几何原本》一书的结构极为欣赏，致使他自己也采用了相类的格局，即以定义开始，然后在其基础上归纳出一条又一条定律来。定律的推导过程则沿着亚里士多德的逻辑学一步步前进。牛顿又加上了伽利略的实验方法，即永远用观察事实来检验理论。这样，牛顿在最后给出了自己有关力学、重力和微积分的研究结果。通过明晰的方程式与数字，浩瀚星汉的运行得到了揭示，无垠的世界被纳入了薄薄的纸页。这个以彻底而讲求实际的方法来研究和表述宇宙中物理现象的思想体系，就是后世人们所称的牛顿力学。毫无疑问，牛顿力学中最精彩的乐章就是其万有引力理论。

根据牛顿力学，如果物体做圆周运动，就需要有个向心力。将向心力公式与开普勒三定律结合起来，通过简单的代数推导自然地得出，一个行星所受到的向心力与其质量成正比，与它到太阳距离的平方成反比。必须指出，平方反比的思想在牛顿之前就有，不过在没有牛顿创立的力和质量概念之前，这种思想是含糊不清的。

牛顿"苹果落地"的故事广泛流传。这故事最生动的记载出自牛顿的亲友对他晚年谈话的回忆。故事的大意是说，1665年至1666年间因瘟疫流行，牛顿从剑桥退职回家乡。当时他正在思考月球绕地球运行的问题，一日他在花园中苦思重力的问题时，看到苹果偶然落地，引起他的遐想：在我们能够攀登的最远距离上，在最高建筑物的顶上和最高的山巅上，都未发现重力的明显地减弱，这个力必定延伸到比通常想像的远得多的地方。为什么不会高到月球上？或许月球就是由于这个原因，才保持在她的轨道上的。如果是这样，月球围绕地球的运动和苹果落地都是遵循一个同样的力学原理。真是妙不可言。姑且不必在乎这个故事的真伪，但是，苹果落地的确可以引发一个常人的思考，但从"苹果"推广到月球，认为苹果落地和月亮的阴晴圆缺遵循同一个科学定则，则是前无古人的大师所为。为了验证万有引力的严格平方关系，牛顿推迟了20年才发表他这个最伟大的发现。

不论是在牛顿之前，还是牛顿之后；在东方，还是西方，文学和艺术家从不掩饰对月亮的热爱。北宋大词人辛弃疾（1140~1207）曾有一首别具一格的吟月名词：

可怜今夕月，向何处、去悠悠？是别有人间，那边才见，光影东头？是天外，空汗漫，但长风浩浩送中秋？飞镜无根谁系？嫦娥不嫁谁留？
谓经海底问无由，恍惚使人愁。怕万里长鲸，纵横触破，玉殿琼楼。虾蟆故堪浴水，问云何玉兔解沉浮？若道都齐无恙，云何渐渐如钩？

笔者在此只想借用王国维先生《人间词话》中对该词的点评："词人想像，直悟月轮绕地之理，与科学家密合，可谓神悟！"400年以后的牛顿告诉你：飞镜无根"引力"系，嫦娥不嫁"速度"留。在本书的第十一章中，爱因斯坦会告诉你：飞镜"本"无根，嫦娥"空"自留。

预见并发现从未想到过的行星，也许是引力理论的威力最生动的例证。自从1781年发现天王星之后，大量的观测数据表明它的运动有某些小的不规则性，而且这些不规则性不能归因于当时已知的力学知识(星体产生的摄动效应)。这种反常使人们怀疑，在天王星之外，还有一颗未知的行星。英国的亚当斯（J.C. Adams，1819~1892）和法国的勒夫里艾（U. Leverrier，1811~1877）各自独立地利用牛顿引力理论，在1846年前后计算了这颗新行星在什么时日出现在什么方位。德国天文学家戈勒(J.C. Galle，1812~1910)根据理论计算进行天文观测，第一次就认出了那颗新行星，它与牛顿力学预计的位置只差1度。所以，人们常说，海王星是在笔尖下被发现的，成为牛顿力学和万有引力定律最成功的例证。1930年汤姆波夫(C.W. Tombaugh，1906~)根据海王星自身运动不规则性的记载发现了冥王星，可以说是前一成就的历史回声（图39）。

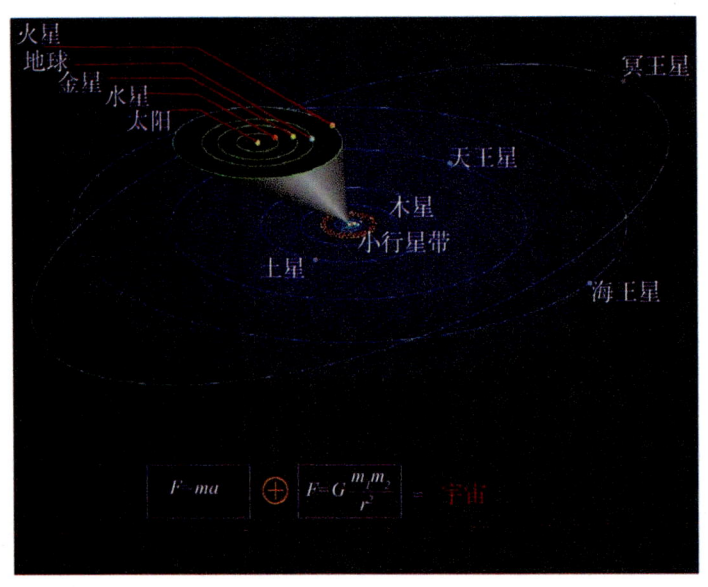

图39　太阳系家族成员合影
宇宙在我笔尖上。

我们看到，万有引力理论在太阳系内获得极大的成功，那么，它的威力究竟能够延伸到多远？当今万有引力理论的新版本——广义相对论已成为现代天体物理学的宇宙学分析的基础，万有引力理论的普适性超越了宇宙的边缘！就这样，从苹果到月亮，从太阳到宇宙，上穷碧落下黄泉，天上人间，凡有引力参与的一切复杂现象，无不归结到一条简洁的定律中，堪称是物理学中普适性的经典楷模。还有什么比这更美妙的吗？

我们对宇宙中各个星系的认识无非通过两种方法，其一是某星系对一个物体的万有引力；其二是星系发射出光的信息。但很多迹象表明，远非宇宙间的物质都发光，星系中存在大量的暗物质。暗物质是什么？这被认为是当代物理学四大谜团之一。显然，能够给我们提供暗物质信息的是它的引力效应。一个星系外物体在万有引力作用下的运动速度，应该反比于距星系中心距离的二分之一方，即随距离的增加而下降，称之为旋转曲线的开普勒特征（图40 (a)）。但我们实际的观测结果表明，直到最远的观测点，观测曲线没有显现按距离的负二分之一方下降的开普勒特征（图40(b)）。另外一方面，按照光度分布推算出来的旋转曲线，明显比实测曲线低得很多。这说明，星系中存在大量的永不发光的暗物质，而且暗物质延伸得很

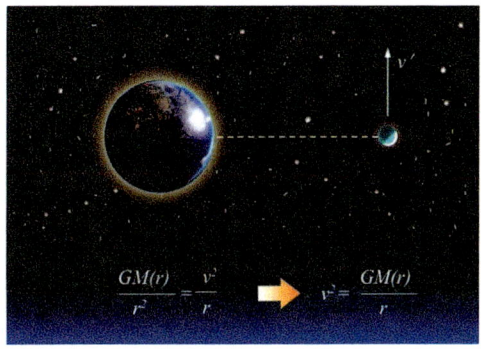 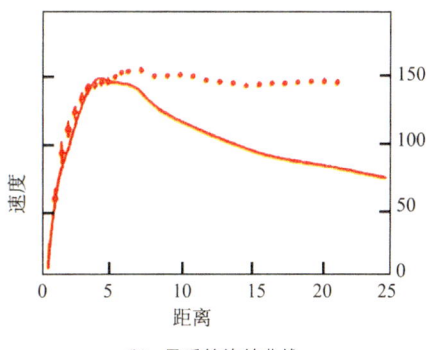

(a) 万有引力定律示意图　　　　　　　(b) 星系的旋转曲线

图 40

远。我们尚没有办法估计，暗物质的质量在星系中占多少比例，人们的普遍看法是，星系中 90% 到 99% 的物质是暗的。我们可以想像一下，如果星系中的所有物质都发光，明亮的星系晕要比现在看到的星系大几十倍，用肉眼看去，将有上千个冕光大如明月的星系浮现在璀璨的星空。荷兰后印象派画家凡·高 1889 年所作幻觉式的狂乱油画《星夜》（图 41）倒正好描绘出这一假想的壮观景色。

图 41　《星夜》（凡·高，1889）
宇宙的蓝色狂想曲：爱、生命、永恒！

这幅著名的油画，堪称是凡·高最富幻想力的作品之一。凡·高作品的特征，是对自己周围所见之物全部投入感情，并把感觉到的自然事物加以独到的诠释。荷兰自古以来即有画月光风景的题材，但是能够像凡·高般，把对宇宙庄严与神秘的敬畏之心表现在夜空的画家，却前所未有。结合星、空、月三者的旋涡节奏，令观者屏息凝神。一方面表达高亢压抑的感情，另一方面画面构图又经过精确的计算。画中以树木衬托天空，以获得构图上微妙的平衡，从这点来看，就可明白绝非是光靠激情即可画出来的。我们看到，螺旋状的光环在画面中央席卷整个天空；银河的表现极具形式感；扩大的星星被光圈包围着；月亮像太阳般耀眼。这一切，真宛如巡绕天空的暗物质突然被点亮，凡·高面对这一个人幻觉式的自然奥秘，不禁感到战战兢兢。艺术评论家往往评论说，他怀着绝望的恐怖，暗示了自己的悲剧人生。作为一个物理学专业人士，我在这幅画中读到了生命在宇宙中再生和永恒。

蒙娜丽莎

图42 《蒙娜丽莎》（达·芬奇，1505）
性灵出万象，
风骨超常伦。

达·芬奇一生创作过的作品不计其数，但留下来的只有十余件，我们前面已经简单介绍了其三大代表作的两部，即《最后的晚餐》和《岩窟圣母》。现在让我们来看看绘画史上声名显赫的作品《蒙娜丽莎》(图42)。这部作品太出名了，在法国巴黎的卢浮宫，满怀敬畏的观光者在攒动的人头中透过玻璃欣赏她的尊容，都试图去理解这"注入了生命"的艺术极品。但是，理解她的全部的企图似乎都是徒劳的，这是一幅只能默默凝视的作品。

《蒙娜丽莎》创作于1503～1506年，画中人物静坐在安乐椅上，姿态优雅，衣着朴素，处于风景构成的背景之前。画家以极为柔和细腻的笔触刻画了人物的脸部(在面孔上按照当时的风尚眉毛是拔掉了的，这是后来修复者所为)、胸部和两手，使肉体给人以强烈的活生生的感觉。特别是双手和手臂，姿势十分优雅使身体形成一个稳定的三角形构图，引导观者的眼光随着她的姿态而转动，在静止中显示动感。

在这幅画中，达·芬奇采用了他独创的晕涂法，使人像的轮廓和阴影显得模糊而柔和，形象就有着丰富的层次，像烟雾一样朦胧生动。"烟笼寒水月笼沙"，正是这种扑朔迷离的朦胧美使观赏者浑然忘我。每一个观赏者都知道，这幅画的最神秘之处在于蒙娜丽莎的表情，在于她那若有似无的微笑。当你注视她的面容时，先是看到微笑，继而似乎隐去，然后微笑重新出现，过了一会儿，再次神秘地隐去。她的"变脸"术让你有时觉得她笑得舒畅温柔，有时又显得严肃冷漠，有时似含哀伤忧郁，有时又显出讥嘲揶揄。

2000年，哈佛大学脑神经科学家列文斯通（M. Livingstone）从科学的角度揭示了"微笑的忽隐忽现是由于观赏者眼睛注意的部位不同所造成的"。人们早就知道，人的表情主要表现在两个地方，即嘴角和眼角。在这幅画里，达·芬奇恰恰在这些地方审慎而又高妙地使用了晕涂法，有意识地让它们显得模糊而不确定，嘴角左右不太匀称均衡。列文斯通解释说：人眼的视网膜具有两个不同的区域，中心的小凹区善于分辨彩色和细节，环绕小凹区的外围区对彩色和细节不敏感，却善于辨别运动和阴影。人们在欣赏蒙娜丽莎时专注于她的美目，因而视网膜的外围区恰好落在她的嘴部和面腮部。由于外围区善于辨别阴影，将蒙娜丽莎嘴角的曲线突出了，从而显示出笑容。观赏者发现蒙娜丽莎在微笑，很自然地将视线移到她的嘴部。由于视网膜的中心小凹区对阴影不敏感，列文斯通说："在看她的嘴时，你发现笑容消失了。"因此，微笑的时隐时现，是人们的视线在画面上游离所致（图43）。

图43 科学揭示了蒙娜丽莎的变脸术

为了证实这一论断，我们不妨用电脑对蒙娜丽莎的面部进行图像处理。图43中最右图所示是面部阴影完全消除的形象，笑容也随之消失了，中图和左图是面部阴影逐渐加强的形象，笑容就出现了。更有甚者，美国电脑艺术家、贝尔实验室的施瓦茨（L. Schwartz）女士，将《蒙娜丽莎》和达·芬奇的自画像分别数字化，各取一半再拼合起来，于是得到一个惊人的结果：原来达·芬奇画的蒙娜丽莎就是自己（图44）。

蒙娜丽莎的神秘表情，作为一个永恒之谜，被世人津津乐道。今天，科学揭示了谜底。有人批判说，这是以世俗之物亵渎艺术杰作。艺术评论家一直认为，蒙娜丽莎的微笑之所以神秘，是由于达·芬奇要在一个个性非常具体的人物身上，创造出他理想化了的美的典型；要使一刹那的面部表情，成为一种喜悦的永恒象征；要在达到形似的同时，力求揭示出画中人物的灵魂。达·芬奇本人也被他所创造的艺术形象吸引得如醉如痴，作品完成以后，他竟然没有交给订画人，一直带在

图44 《蒙娜·列奥纳多》
蒙娜丽莎的主人公是当时一个富商的妻子,叫丽莎·安东尼奥·格尔拉狄尼。因为称呼上流社会的夫人要尊称"蒙娜",所以就成了蒙娜丽莎。科学使我们知道这实际是《蒙娜·列奥纳多》。神秘是科学的开始,也是艺术的结尾。是吗?

身边,并随他共赴法国。

这幅画的另一个奇妙之处在于其背景。首先,背景采用的"空气透视法(用晕涂法表现空气中的光影效果)",山峦、小径、潺潺流水被笼罩在薄雾中,散发神秘而动人的气息。这既是人的精神与自然的完美结合,也反映了达·芬奇探索自然的欲望。其次,精通透视学的达·芬奇给这个坐在阳台上的少妇创造了一个透视不一致的背景——左边的地平线低,而右边的地平线高。当观者注视画面左边时,觉得背景下降而人物上升;注视右边时,感到背景上升而人物下降,而且她的面部两侧也随之变化不定。在这里,达·芬奇已经开始探索绘画中"多重视点"(见后面章节的讨论)的魔力。

《蒙娜丽莎》是达·芬奇这位艺术巨匠创造力的结晶。蒙娜丽莎的微笑被誉为文艺复兴自信与气度从容的时代精神的标志。

第五章 持久的革命

　　19世纪开始，西方的工业革命使牛顿力学的概念变成了社会发展的动力，抽象的方程变成了实用的机器。而在艺术领域内，当时对艺术作品评价的诸多标准中，最重要的一条就是：艺术品一定是可以被理解的。因此，以透视原理为基础的写实主义成为风行的艺术时尚。

　　科学和艺术的发展改变着人们的思维方式和传统的理念，同时也促进应用型科学，即人类观察和改造客观自然的技术水平的提高。技术的发展，不仅会拓宽人们认识自然的视野，也会带动科学和艺术向更深层次跃进。从19世纪后期开始，持续到20世纪初的现代艺术革命和现代科学革命正说明了这个历史发展的客观规律。

摄影术与幻象

　　摄影术所需的机器是摄影机，它是人们对光、机械运动和物质化学反应认识的集合体。如果和牛顿时代的望远镜等仪器相比，摄影机也是测量空间和时间的机器。在有阳光的晴天，如果进入一间只在一堵墙上开着一个小孔的黑屋子，这时，屋外世界的图形，如树木、车辆和行人等，统统都会被投射到小孔对面的墙壁上，而且和实物一模一样，只是一切都是倒立的。下一步，把小孔换成透镜，图形就更清晰了。屋子本身就像个盒子，如果弄小到可以随身携带的程度，就成了一件器具，叫做暗箱。画家可借此得到准确的透视关系，画出想要表现的景物。所以，暗箱加上底片曝光技术就是摄影机，它可以用来对空间进行精确的度量。

同样，摄影机对时间的瞬态描述也是画家所不能比拟的。在绘画历史上，有两幅作品曾被冠以"有史以来最伟大的作品"之誉。一幅是弗兰西斯加的《基督复活》，创作于15世纪50年代；另一幅是委拉斯贵之（西班牙巴洛克艺术的天才，继承了卡拉瓦乔又超越之）的《宫娥》（图45），表达了国王和王后走进房间时，众人被其吸引的那一瞬间。这两幅作品的共同特点就是表达了生活中瞬间的庄严感和纯粹美。在没有摄影和写真的年代，画家对时间的瞬时意义的理解，与我们的情感产生了共鸣。但是，摄影机的出现，使绘画大师相形见绌，它能阻断时间的流逝，能冻结住某个时刻，从而供观察者从容审视。例如，在画家和大众中争论多年的一个命题，疾速的奔马是否会有四蹄都不着地的时刻，最终是以摄影机来给出答案的。总之，摄影机拍出来的照片，其模拟三维空间的效果不仅比绘画作品更真实，而且速度快捷千万倍；它对画面所表达的瞬态扑捉效果，更加准确和淋漓尽致。因此，这一魔术般的发明，迫使艺术家重新思考自己的创作理念——绘画必须区别于照片，否则绘画艺术就将寿终正寝了。当然，第一个吃螃蟹的人，总是要有勇气被保守者攻击并与之抗争的。在这样的背景下，近代美术之父马奈在1863年徐徐拉开近代绘画伟大变革的序幕。

图45　《宫娥》（委拉斯贵之，1656）
是否可以理解为，对国王巧妙的恭维需要通过时空来传递。

前面我们谈到过,自马萨乔以来,画家已经知道阴影和画面的明暗对比关系在作品中起着重要的作用。暗箱(可以说是最早的摄影机)的出现不仅使艺术家以精确的透视关系来组织画面,而且能以更准确的明暗对比关系和色彩来表达景物和阴影。荷兰画家维米尔(J. Vermeer,1632~1675)就是光与色彩的大师,擅长用暗箱画内景,作品具有一种静默感和真实感。他的独到之处在于专注观察客观世界的每一个细枝末节,以绘画形式将所有的特征完整地、精确地表现出来。可以说他是暗箱成就了的大画家。在他的代表作《持水壶的少女》(图46)中,维米尔让祥和之光充满画面,少女对窗外世界的关注有一种透明的寂静感;一种时间的流畅感;一种身体融入灵魂的空灵感。同时维米尔理解了阴影并非无色的和黑暗的,周围的色彩影响着阴影的外在表现。桌面上蓝色窗帘的映像的颜色在铜水壶表面显得更深些;桌面上台布的红色在水盆上的阴影,被水盆的金色所抑制,显得更加柔和。这些自然现象,仅靠我们的眼睛都难以观察到。

图46　《持水壶的少女》(维米尔,1665)
画家对物质世界真实和完整的感觉,使他成为最为人所理解的画家之一。这种品质也可以造就一位最伟大的实验物理学家,正如他有另外一幅绘画《天文学家》。

2001年12月份,一个名叫大卫·霍克尼(D. Hockney)的美国画家出版名为《隐秘的知识》一书,给出了一个惊世骇俗的观点:人类对暗箱技术的掌握远远早于17世纪。文艺复兴时期那些神秘的绘画大师如我们已经知道的丢勒、拉斐尔、卡拉瓦乔、委拉斯贵之等,可能都使用了当时最先进的透镜来帮助自己绘画。同时帮霍克尼引爆这个轰动性的文化新闻,还有一个人,他就是查尔斯·法尔克(C. Falco),美国亚利桑那州立大学的光学教授,一位在物理学界享有盛名的科学家。

霍克尼查阅了从13世纪到18世纪印象派画家再到21世纪的几千幅绘画，认为越来越多的证据表明那些被赋予了神秘主义色彩的古典主义大师们使用了当时最科学的玩意儿——"透镜"。霍克尼小心求证自己的猜想，让他的朋友坐在一旁作自己的模特，同时调整他的姿势。随后霍克尼拿起一盒铅笔，借助法尔克设置的投影器，在两三分钟内便以惊人的自信，快速将对方腿、衣袖、头部的轮廓大致地画了下来。随后他对瞳孔、眼角、嘴角等部位进行细致的加工，朋友的肖像素描就这样被"速成"了，几乎可以和大师们的作品媲美。

霍克尼的"猜想"如果能够成立，那么整个西方绘画史恐怕将要改写，那么多的西方古典主义绘画大师的神圣权威将被颠覆。如霍克尼在接受采访时所言："绘画的历史其实是光学的历史"。于是很多西方艺术理论家认为霍克尼是一个疯子，一个十足的文化"阴谋家"，认为他在诋毁西方最伟大的艺术家。或许霍克尼本想揭去大师们的神秘面纱，但经过这番折腾，那些大师们反而更加神秘了。

总之，写实主义艺术的核心是"眼见为实"。其实物理学的发展早就冲击着这一艺术理念，比如，我们看到的是太阳围绕地球在转动，可是实际上是地球在动，只不过艺术家没有认真地思考它，或者说，革命性的艺术大师始终没有在18世纪出现。暗箱的出现逼迫艺术家思考：我们所感觉到的（或者说，我们认为我们所看到的）总是真实的存在吗？我们所感觉不到的难道就不是真实的存在吗？

非欧几何与空间的意义

把话题再转移到科学的层面上来，还是从对空间的认识上开始。不难理解，欧氏几何完成了对空间平坦的构筑方式，表现在归纳出的5条明显正确，而无需证明的公设。在这5条公设中，头4条是明显成立的。但对于第5公设：平行线永不相交，数学家一直企图给出证明，均未成功。反之，如果这条公设并不能成立，便意味着空间不是平坦的，欧氏几何的基础就不复存在了。然而，直到19世纪，也没有人能证明这条公设是错误的。所以，2000多年来，人们在自觉或不自觉中接受了欧几里得在几何意义上的空间观和牛顿在物理学意义上的绝对空间的概念，并且根深蒂固地留存在我们的脑海中。在19世纪中叶之前，由于18世纪德国哲学家康德的推波助澜，欧氏几何曾被视为描述世界的绝对真理，但后来发展的非欧几何证实这个观点是错误的。现在可以准确地说，欧氏几何只是对一个可能存在的领域的一种数学推理，它显示的是人在现实中，或者说，是我们当时的感官范围的真实情况。在数学上，我们可以想像一切可能的几何，在物理上，我们需要靠实验来确定哪种特殊的几何适合于真实的自然。

我们可以从一个故事开始，来想像一种新的几何学。

让我们来看看膨胀的三角形，它曾震惊斯菲儿王国(Sphereyland，这是文字游戏，Sphereyland是sphere(球)+land(土地)构成的"生字"，就是球面的世界)。王国的居民叫斯菲儿，生活在一个建在理想球面上的二维世界里。他们的许多经验跟我们是一样的，因为我们也生活在一个球面上。不同的是，他们不知道上下的第三维。长期以来，斯菲儿民族生活在有限的区域内上，他们完全相信自己世界的几何是欧几里得的，比如，三角形有预料中的性质：三角形内角之和为180°。"我们生活在平坦的世界里"，他们这么说，也这么想。

一天，一个斯菲儿物理学家闲得无聊，就想到了那些平直的东西：如果三角形再大些，还会是欧几里得的吗？他得到基金资助，开始研究。很快他发现，随着三角形长大，三个角的和也在增加。他把这些惊人的结果发表出来，却遭到了"斯菲儿王国平直几何协会"的迫害。

凭着我们生活在三维空间的优越的地位，我们能看出这个奇异的结果是怎么产生的。在我们看来，斯菲儿的直线是圆心在球心的大圆弧，三角形由三个大圆相交而构成。一个顶点在北极、底边在赤道线上延伸四分之一的三角形，是个最大的三角形，每个角都等于90°(图47)。我们能在三维欧几里得空间里消化这些事实，但二维的斯菲儿们却没有这点好处，他们不能离开球面，无法直观地区分直线和圆弧，只能在二维弯曲空间内部去研究其性质。

图 47
斯菲儿们永远"看不到"这两个三角形的区别，只能通过实验来证实它们的区别。

另一种非欧几何是在马鞍面发现的，那面上的直线在我们看来像双曲线。在前一种球面空间中，如果一个人沿直线走得太远，他会又回到起点，从这个意义说，第一种球面型的非欧空间是闭合的：三角形内角之和大于180°，不存在平行线，且两点之间最短距离不是直线而是弧线。这种非欧几何是较晚时候（大约1860年前后），由德国数学家黎曼（B.Riemann，1826～1866）独立建立的。第二种马鞍面型的非欧空间是开放的，马鞍面上的大三角形内角之和小于180°。它是较早时候（19世纪30年代）由三位数学大师，高斯（J.K.F.Gauss，1777～1855）、罗巴切夫斯基（N.I.Lobachevsky，1793～1856）和鲍耶（J.Bolyai，1802～1860），各自独立地建立起来（图48）。

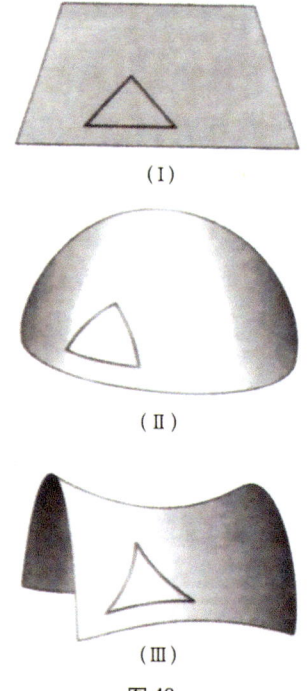

图 48

第一种几何是我们直观的几何;第二种几何是我们宇宙的几何;第三种几何,按照现代量子宇宙学,是"时空隧道"存在的必要条件,因此可以认为,是离开我们这个宇宙的几何。这仅代表个人的评论。

非欧几何的建立,标志着人们的认识已从空间的平坦性构筑原则过渡到弯曲性构筑原则;从直观空间上升到抽象空间。人类对自然的认识在从现实的观察走向抽象的思考。

很显然,人类首先创立欧氏几何这样的概念是不可避免的,因为我们的感官决定我们不仅无法轻松地构想出非欧几何,而且正如爱因斯坦最先指出,而后为观察所证实的那样,我们也无法想到宇宙几何学的基础是非欧几何。非欧几何与欧氏几何定理的区别,只有在天文距离中才能显现出来。所有曲面都有这样一个特性,当我们在十分小的一个区域内看曲面时,它看上去往往像平面。地球的表面是曲面,但是当我们航行的距离很短时,它看上去像是平面。只有当我们精确地观察很长的距离,才会发现地平面呈弧形。马奈在1873年所作的海景画《船》(图49)中,第一个将弯曲的水平线送上画面。在马奈之前,无论什么人,只要是用透视原理作画,第一步便是确定水平的直线在画布上的位置。马奈在艺术上向欧氏空间提出了挑战,他的视觉高于他同时代的所有艺术家。当然,这种创作灵感并非来自非欧几何,只是来自艺术大师对自然的感悟。

其实,非欧几何的意义一直存在于我们身边,只不过我们没有抽象地思考它,而且在数学家发现它之前,已受到艺术家们的青睐。15世纪的现实主义大画家扬·

第五章 持久的革命 65

图49 《船》（马奈，1873）
必须离开地球，才能看清地球。

凡·艾克(Jan van Eyck，1385~1441)创作于1434年的作品《阿尔诺芬尼的婚礼》（图50）就可说明这一点。从人文意义上讲，这幅画是颂扬人类结合的伟大作品之一，唯一能和它媲美的是荷兰画家伦勃朗的《犹太新娘》。床，燃烧的孤烛，庄严

图50 《阿尔诺芬尼的婚礼》（扬·凡·艾克，1434）
这是凡·艾克最伟大的作品，似乎要描绘出世界的每一个微末细节，这是有别于意大利艺术的北方艺术的风格。在每一本艺术评论书，都能找到关于墙上凸面镜意义的阐述。可能还需要加上一点，它似乎启迪我们思考，看待世界图景的方式为什么只可能有欧氏几何一种呢？另外，霍克尼和法尔克曾仔细分析此画，认为它肯定是借助透镜完成的。果真如此的话，这幅画的价值就只剩下其科学意义了。

的时刻，水果，忠实的小狗，念珠，没有穿鞋的双脚，甚至新郎和新娘相敬如宾的距离——画面上的一切都同时反映在墙上的凸面镜子里。这个镜子显现出画家精湛得近乎神奇的技艺，特别绝妙的是，凸面镜里能看到的形象同样可以在逻辑上无懈可击的欧氏几何体系中体现出来，反之亦然。这一事实告诉我们，扭曲的画面同样可以和以公理为定理的几何学和谐一致，并可以通过运用各种"扭曲"规则，在一个曲面上独特地表现出来。

马奈与近代艺术革命

简观西方绘画发展的历史，我们看到，中世纪的西方艺术十分强调宗教的象征性，只有精于此道的人才能解读此画所传递的信息。文艺复兴后西方艺术开始追求写实主义的手法，不再将画布上的图像画成象征性的东西，而将视线转向表现人们所见形象的完美性上，建立了一个以模仿自然真实为标准的绘画传统。这个传统的核心就是以焦点透视法则在二维平面的画布上建立起模拟三维空间的真实感。一方面写实主义画家需要掌握几何学、透视学、物理学和光线运用等先进科学知识，而另一方面，其创作理念又要求画家对所画的东西不能有自己的理解，不能把自己的主观思考带到作品中。因此，从16世纪到19世纪中叶，西方艺术家们把精力逐渐放到创作现实主义作品所需要的技巧上，主要是提高巧妙地运用透视和阴影的技巧。正在艺术家们为自己的技巧而沾沾自喜的时候，摄影术使他们丧失了自信。从更高的层次上讲，艺术家假如知道数学家的非欧几何，也一定会问自己：如果没有理由去相信数学对世界的描述是绝对正确和唯一的，那么还有什么理由说世界的绘画方式只有一种呢？物理学家也更早地告诉你：眼见可能非实也。

在19世纪中期，法国成为艺术的中心，所谓的学院派决定了艺术品的基本构架。一个艺术家的作品能否被接受在官方沙龙展出，完全由他们决定，而这又决定了艺术家的经济收入。学院派评价艺术品的基本标准之一就是该艺术品必须是容易被理解的。这种对待艺术品的形而上学的态度遭到一些前卫艺术家的反抗，1863年他们组织了自己的展览，称为"落选者沙龙"。众多艺术史学家认为这一事件标志着近代艺术的开始，因为正是在这个沙龙上，温文而练达的马奈展出了他的大幅油画作品《草地上的午餐》（图51）。这幅离经叛道的作品，当时被批判说生硬而缺少基本的规范，引起社会的愤怒，并使马奈恶名远扬。但后来他被看作近代美术的亲生父母，受到了前卫画家的极端称赞，其中的印象主义团体也被称为"马奈的一派"，虽然马奈极力否认自己属于印象派。这位"近代美术之父"以他的作品和影响力，真正引领了绘画革命。

这是一幅没有逻辑一致性、没有情节、没有神话故事背景、风景也不"优美"的作品。画面上的四个人之间没有关联，甚至并不相互注视。一个裸体女人向正

第五章　持久的革命　67

图51　《草地上的午餐》(马奈，1863)
违反透视画法；无明确"灭点"；无中景区；违反光与影的原理；无逻辑自洽性；无传奇故事；无别致景象；无神话背景；无明确解释；挑战欧氏空间。

前方凝视，旁边有两个衣冠楚楚的男人则在谈论着什么，全然不理会这个女人。画的表现方式使巴黎的艺术评论家很难理解，他们认为这幅画画得没道理，而且不道德。甚至有人相信，马奈要么是个疯子，要么是个傻子，要么就是拿这幅画来捉弄人。

　　除了没有明显的主题外，《草地上的午餐》还有其他更微妙、更富革命性的特色。马奈有意违背了透视原理的一系列具体定则：这幅画中没有中景部分，从而前景和背景失去了联结；位于画面后部在池塘里洗浴的女子，如果按透视原理校正一下，会是3米多高的巨人。以往的画家也有违背透视原理的时候，但目的是增强构图的整体感，而马奈这里弄进来一个洗浴的巨人，只会起到搅扰观画者的作用。此外，马奈对阴影的处理也不一致。他故意难为评论家，让光从两个方向来到画布上：一是聚光灯从前方打到景物上，一是自然光透过树木射进画面(即便在这一点上，马奈也有非正规化的处理，林木的阴影看上去是太阳由几个不同的方向同时投下的)。这幅画的刺激性内容，再加上陌生的构图方式，对亚里士多德的逻辑和欧几里得的空间提出了无声的挑战，也对建立在理性和透视原理之上的整个美术范式提出了质疑。

　　按照古典美术的原则，这幅作品一无是处。当时的艺术评论家不能理解，这个本来很有前途的青年艺术家，居然会在运用透视原理时如此笨拙、如此无能。其实，马奈是一位出色的画师，稍微有点美术知识的人都可以看出，这幅作品是以文艺复兴时期乔尔乔内(Giorgione，1476～1510)《田园和奏》为蓝本，构图和人物姿势的安排是从拉斐尔的版画《帕里斯的审判》之局部移植过来,所以其题材并没有违反所谓的道德规范。实际上,问题的实质在于,马奈的违背透视原理的画法试验动摇了欧洲绘画数百年的传统支柱,触及了画家们最敏感的神经,所以才遭此非难。四十年后,爱因斯坦以优美的数字和方程,在科学上为马奈正名。今天的美术史学家们将这幅画看成近代美术的开端,认为"整个画面在保持画布原有平面性的同时,暗示一种全新的三维(视觉)空间的存在"。下面我们将会谈到,这个全新的三度视觉空间就是相对论的时空效应。

莫奈与时间

　　印象派最伟大的大师莫奈1840年出生于巴黎,少年时就展露出绘画才华,讽刺漫画尤其拿手。由于得不到父亲的认同,直到19岁才开始到画室接受正规绘画训练,但不久便与学院派艺术趣味难投,开始独立创作。1872年,莫奈回故乡期间,在晨雾中以极其简单、迅速而奔放的笔触,描绘出当时法国第二大港日出时的景象,创造了他的著名作品《日出·印象》(图52)。毫无疑问,这是幅一挥而就的作品,成功地将日出时眼睛瞬间所看到的景致留在画布上,让人觉得深受吸引并表现出大气特点,名副其实便是话题所揭示的"印象"。所谓印象,就是某一个场景在一瞬间给你的视觉冲击。对印象派画家来说,艺术的最大目的,就在于捕捉时间流逝中的某个瞬间,并把它描绘到画布上,成为在时间意义上来说"永恒"的欣赏。莫奈说:"不要把你所看到的当作树、房子、原野,或任何东西,试着用这种方式去思考,眼睛所见的可能是一个蓝色的小正方形,或是粉红色的长方形,只要考虑颜色和形状,直到你眼前所看到的画面,成为一个属于自己的纯粹的印象。"在当时这是一种革命性的观点。两年后的1874年,莫奈以此画参加画家联展,被当时的评论家勒华(Louis Leroy)讥讽,并以此为题,将这批参与联展画家冠以"印象派画展"。任谁也无法想象,不久后,印象派成为西方艺术的主要流派,这个词汇在世间广为流传,莫奈也名副其实被尊称为"印象派之父"。

图52 《日出·印象》(莫奈,1872)
日出是自然的、瞬间的;
印象是自我的、永恒的。
这是新艺术和新科学红日初生的时代。

把瞬时的自然作为画家自己永恒的印象，这是艺术领域内全新的创作思想，在对时间的理解上，这具有革命性的科学意义，即可以把"现在（瞬时）"放大到"永恒"。一个合理的理解是，瞬时属于自然，永恒属于自己。莫奈用他的创作理念告诉我们：时间不是绝对的，时间是相对的。

不仅如此，莫奈进一步看出，对物体若只是再现其在某个凝滞时刻的状态，是不足以从本质上真正把它表现出来。以往的艺术家忘记了时间不只是一点，而是一个维度。为此，莫奈在艺术上，不仅把转瞬即逝的现在作为印象捕捉住并加以放大，而且他需要表现出物体随时间的变化，这就是他的组画。

1891 年，莫奈开始再三地从空间的同一地方，但在不同的时刻，画同样一个场景。像干草垛、白杨树、卢昂大教堂，到最后集大成的睡莲，都是莫奈相当有名的组画。例如，他先后在 40 幅画中表现法国卢昂市同一座教堂的出口处。按时间顺序观看这些画，一座既存在于时间内，又存在三维空间内的教堂便出现了。莫奈认为，大自然每一刻都在变化，但也是永远不变的东西，而组画则是近乎科学的追求。卢昂大教堂看似一个不变的存在，可是当莫奈描绘它配有高耸的尖塔与拱形的大门的西侧面时（视角始终保持不变），他发现光线在不断改变它的形状：时而壮丽无比，厚厚的颜料涂层和粗糙的石头建筑相得益彰，友善的大门清晰可见，巨大的落地窗充满神秘的吸引力；时而颜色变浅，微光闪烁，流动迷离，耀眼的阳光下几乎看不清教堂的细部。莫奈似乎通过绘画语言说："要想知道主题的整个情况，就必须不但经历空间，还必须经历时间。"

"步步生莲"是东方佛教的神话传说，讲述了梵豫王因外出打猎，见一鹿女举足之处皆生莲花，于是娶为王妃，并莲花产子、生下千佛的故事。这是一个何等美妙神奇的仙境！莫奈在他晚年的绝唱，集大成的组画《睡莲》中，艺术地再现了这种奇妙的景象，其科学含义也十分深远。《睡莲》的画面具有巨大的张力，使观者无不凝神冥想。同时，莫奈将观者的视角一再抬高，最后，水平线完全从他的画布上消失，只有水面的景色，没有焦点，取消了空间的取向，这是空间构图上的革新。另外，他的笔触愈来愈弥散，水、波、倒影和莲花交融，两者的结合，给人一种超越现实的纯粹美，一种自然的和谐精神。如果有机会参观纽约现代艺术博物馆，当置身于《睡莲》的专展区，观者会感到空间、时间、物质交融在一起，我们的视觉感受在帮助我们理解现代的宇宙观。

和莫奈同时期的文学家也在文艺作品中表达了对时空的同样观点。威尔斯(H. G. Wells, 1866~1946)在小说《时间机器》中告诉人们：从空间上说，无宽度的线在抽象意义上是存在的，但在现实中并不"真的"存在。数学意义上的面也是如此。如果加上时间这个维度，瞬间的立方也非真实地存在着。"显然，任何真实的物体都必须沿四个方向演示，即它必须有长度、宽度、厚度和存在时期……这是一个真实的维度，前三者我们称之为空间的三个面，第四者就是时间。"画家和作家在并行地理解时间的意义，科学意义上的时间概念的革命不远了。

爱因斯坦与相对论时空观

现代物理学革命是从著名物理学家开尔文勋爵(Lord Kelvin，1824~1907)在1900年的一次演讲开始的。在迎接新世纪到来的盛会上，这位德高望重的物理学家踌躇满志地告诉世人，物理学大厦已经建立，基本的原则性问题已经解决，标志性建筑就是牛顿力学和麦克斯韦电磁理论。他为20世纪的年轻物理学家感到惋惜，因为今后的任务就是一些零星的修补工作而已，如在"已知的自然规律的公式中的小数点后面加上几位数字就行了"。但开尔文毕竟是老马识途，他同时指出，在这座大厦的上空还存在"两朵小小的乌云"，迈克耳孙（A.A. Michelson，1852~1931）-莫雷（E.W. Morley，1836~1923）实验的零结果和黑体辐射实验。不过，在开尔文心中，这两朵乌云迟早要烟消云散的。但是，他万万没有想到，正是这两朵乌云降下了20世纪物理学的暴风骤雨，冲垮了经典物理学大厦的根基，促成了相对论和量子论的诞生。

牛顿力学认为空间和时间都是绝对的，自然界存在一个绝对的、永恒不变的空间框架，万事万物都处在这个框架中运动。描述物体运动需要参考系，和这个绝对空间保持静止的参考系就是绝对坐标系，其他惯性坐标系则相对于该绝对坐标系做匀速直线运动。联系任意两个惯性坐标系时空关系的是伽利略变换。在一个封闭了的参考系中，要想测量出该参考系相对于其他参考系的运动速度，做任何力学实验都是无能为力的，因为伽利略的力学相对性原理告诉我们，一切力学定律在所有惯性系中都是等价的。正如中国古人所言："舟行而不觉也。"

19世纪中叶发展起来的麦克斯韦电磁理论给我们的物理图景是，光是电磁波，在绝对空间的传播速度是真空光速，它的传播介质是"以太"。因此，"以太"，这个亚里士多德引进哲学的神奇又虚无的东西，科学家为它在绝对参考系中找到了住所，认为它和绝对系保持静止。因此，光在绝对系（又可称为以太系）中沿任何一个方向的传播速度都是$c=300\,000$公里/秒（图53）。地球，我们的家所和自然界的一员，当然也毫不例外地在绝对空间框架中运动，赤道上的运动速度是每秒30公里。显然，按照牛顿力学，站在赤道上的一个观察者，能够感受到以太风迎面吹来。从测量角度上说，在经度和纬度两个方向上测量光的速度，结果应该是不同的。如果我们测量到这个差异，就找到了地球相对于绝对空间的运动速度，也就是找到了绝对空间，牛顿力学就可以终得正果了。迈克耳孙-莫雷实验就是企图利用光的干涉原理来达到这个目的。

为了测量以太的存在，设计了一种精密的光学仪器，即迈克耳孙干涉仪，来测量光沿着地球运动方向的速度和垂直于此方向的运动速度的差异。按照迈克耳孙的设计原理，他的干涉仪测量是极其灵敏的，甚至可以测出植物每一秒的生长量。根据地球的运动速度而安排的实验方案，迈克耳孙确信他能够证实绝对空间的存在。但是，他们在一年四季的所有日子，一天的白昼和夜晚都进行观测，结

第五章 持久的革命　71

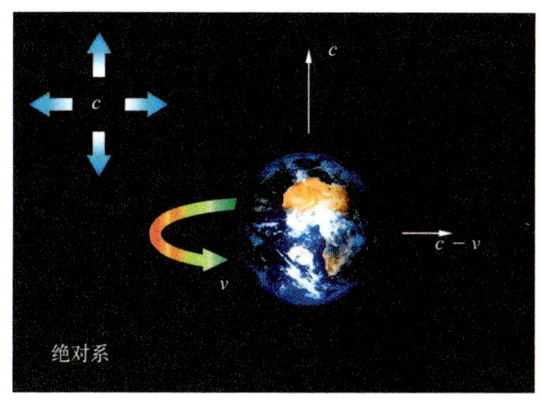

图53　测量"以太"坐标系示意图
坐地日行八万里，
未觅以太芳踪迹。

果都没有观测到光在经度和纬度两个方向上运动速度的差异，即根本找不到"以太系"。上穷碧落下黄泉，两处茫茫皆不见。迈克耳孙实验虽以"零"结果告终，却使他名扬天下，成为美国第一个诺贝尔物理学奖的获得者（当然，物理学只承认他对精密测量的贡献）。

迈克耳孙-莫雷实验在物理学领域引起了轩然大波。因为，作为绝对参考系的以太一旦被否定，牛顿力学绝对时空观的根基就被震动了，麦克斯韦电磁理论的基础也被动摇了，整个经典物理学大厦有倒塌的危险。于是，当时的科学家们，如荷兰的洛伦兹（H.A. Lorentz，1853～1928，世纪之交最有影响的物理学家）、法国的庞加莱（H. Poincare，1854～1912，数学兼物理学家，被评价为爱因斯坦之前的爱因斯坦）等人，先后提出了拯救以太，维护经典物理学的种种方案。然而，这一切都是徒劳的。

1905年，一颗灿烂的明星从瑞士伯尔尼上空升起，震惊了整个科学界，他就是阿尔伯特·爱因斯坦。一年内连续三篇重要论文，使他在科学发展史上永久定格，成为相对论、量子力学和非平衡态统计物理三个不同领域的奠基人，堪称前无古人的伟大奇迹。

相对论一点都不神秘，它建立在爱因斯坦的两个基本假设基础上。第一个假设是：在所有惯性参考系中，物理学定律都是等价的。这个假设看似伽利略力学相对性原理的简单推广，但其潜台词就是告诉我们，根本不存在一个所谓的占有优势地位的、处于绝对静止的绝对坐标系，进而否定牛顿的绝对空间的观点。换句话说，根本不存在一个观察宇宙的最佳视点。第二个基本假设就是：光的速度在所有参考系中是不变的，与观察者是否运动或沿什么方向运动无关。这个假设迎合了实验结果，但显然同牛顿的绝对时空观和它的数学表达——伽利略变换矛盾，动摇了经典物理学的根基。因此，我们需要寻找一个，与爱因斯坦两个基本假设相一致，联系两个相对运动惯性参考系的时空关系的新的变换，这就是著名的洛伦兹变换（图54）。洛伦兹变换的一个显著特点就是，时间和空间不再是互相独立的，而是相互联系，可以相互转化。一个参考系中观察到的时间（空间）间隔，在另外一个参考系中可以表现为空间（时间）效应。狭义相对论关于时间、空间、能量和质量的一切运动学和动力学结论都由此洛伦兹变换决定。避免使用数学公式来理解相对论的时空效应是困难的，这就好像剥夺了画家的画笔而令其创作出赏心悦目的画作一样。

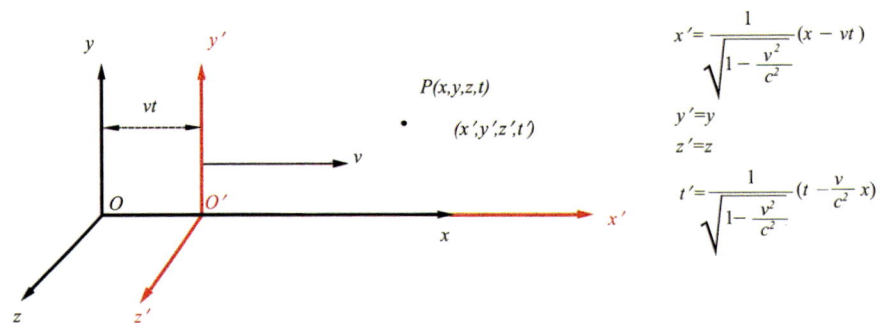

图 54 时空变换示意图

P 是空间中的任意一点。可以用两个参考系：S (x, y, z) 和 S' (x', y', z') 来测量 P 点的时空坐标，S' 参考系相对于 S 系沿 x 方向上做匀速直线运动。满足爱因斯坦两个基本假设的两组时空坐标之间的变换就是洛伦兹变换。只要理解并承认两个基本假设，数学上论证出这四个变换关系只需要用到高中的数学知识。

(1) 同时性的相对性。在牛顿力学中，空间是绝对的，两个事件发生的同时性也一定是绝对的。在相对论中，我们将看到，同时性是相对的，即两个事件在一个参考系中被认为是同时发生的，在另外一个参考系中可能会被认为不是同时发生的，而这正是由于光速不变造成的。爱因斯坦提出一个想像中的实验说明这个问题。设想有一列火车相对于站台以匀速 v 向右运动，如图 55 所示。当列车的首、尾两点 A'、B' 与站台上的 A、B 两点重合时，站台上同时在这两点发出闪光；所谓"同时"，就是两闪光同时传到站台的中点，被站在此处的汤姆收到。但对于列车来说，由于它向右行驶，而光速又是不变的（注意：在牛顿力学中，两束光的速度是不同的，迎面而来的是 $c + v$，后面追来的是 $c - v$），站在车上的中点玛丽必然先接到来自车头 A 点的闪光，后接到来自车尾 B 点的闪光。于是，对于玛丽来说，A 的闪光早于 B。这就是说，汤姆（站台参考系中）认为是同时发生的事件，对玛丽（列车参考系）来说不是同时的。这就是同时性的相对性。

(2) 时间的相对性。我们一直自以为了解什么是"时间"，其实都是出于一种对时间的直觉，它深深地隐藏在我们心底，并可能被证明实际上是错误的。爱因斯坦对时间的基本洞察是，时间是物理的，是要被测量的。我们测量时间的唯一方法是用真实的、物理的时钟。所以研究时间的目标是，根据狭义相对论的两条基本原理，来预言时钟的性质。

第五章　持久的革命　73

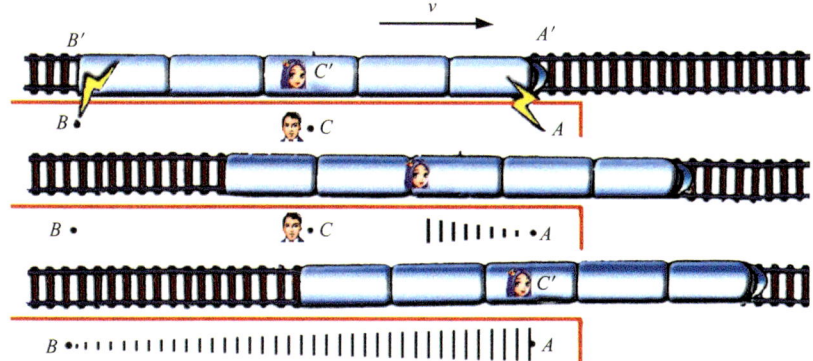

图 55
站台上的汤姆说，两盏灯同时闪亮；车上的玛丽说，前面的灯先闪亮。这就是同时性的相对性。

一个最简单的时钟就是爱因斯坦给出的"光钟"，因为它不涉及任何机械运动（图 56）。两面平行的镜子面对面放着，相距 150 000 公里，一束光在它们之间跳上跳下，显然，来回一次的时间（周期）是 1 秒。我们想像汤姆在地球上，玛丽在高速的飞船里经过地球向东飞行，各带有一个相同的光钟。在玛丽看来，她的光束直上直下地来回跳，150 000 公里向上，150 000 公里向下，每隔 1 秒，滴答一声，很简单。

但是，在地球上汤姆看来，玛丽的光束不是向上和向下运动，而是沿着如图所示的一条对角线路径运动。一条对角线的距离显然大于 150 000 公里，这没有什么奇怪的。但是，考虑到光速不变原理，那么在汤姆看来，玛丽的光束来回一次所需的时间就大于 1 秒！因此，汤姆用他的钟测量出，玛丽的钟的两次滴答之间流失的时间多于 1 秒。汤姆认为，玛丽的钟走得太慢。如果我们反过来看，玛丽认为，汤姆在向西高速运动，因此她必定观察到，汤姆的钟走慢了。

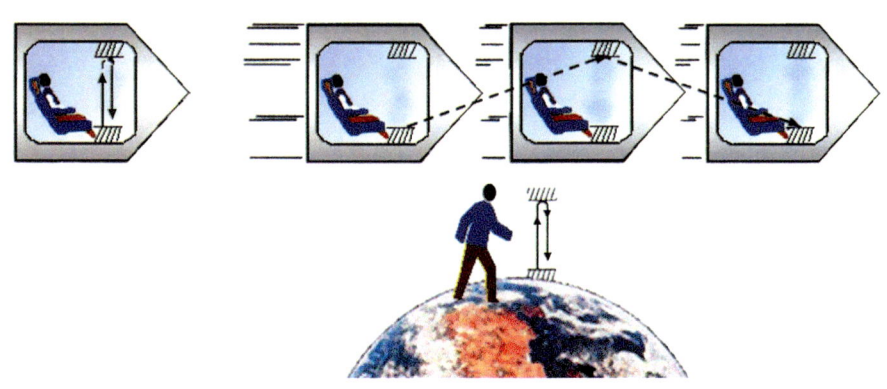

图 56
汤姆和玛丽都没有错，是牛顿错了。

这就提出了一个有趣的问题：谁的钟真正准确？回答是，两个观察结果都准确！这种情况不是由不准确观察或不准确的钟引起的，它是时间本身的一种属性。宇宙中并没有一个单一的"真实"时间，并没有"普适时间"；只有玛丽的时间、汤姆的时间和其他一切可能的被某个观察者观察到的时间。普遍性的法则是：运动使时间延缓。因此，地球上一个短暂的时间间隔，在一个相对于地球以接近光速运动的观察者看来，可以接近永恒。时间是相对的，我们允许到未来的时间旅行。比如，你的一个孪生兄弟离开地球以接近光速去旅行，50个地球年后，他依然很年轻地回到地球，而迎接他的你已经是古稀老人了（图57）。但是，如果你离开地球高速去旅行，无论如何，你不可能在自己出生之前回来。也就是说，我们不能旅行到过去的时间里。这与我们的生活格格不入的结论，已经在高能粒子实验中得到证实，不过，现在把个人加速到0.99c这样的速度有许多实际困难，但也许有一天这将是可能的。

图57
一对恋人千万不能如此旅行，否则，回来迎娶的新娘看上去像你的祖母。

（3）空间的相对性。什么是空间？空间是用尺子测量出来的"东西"。例如一个物体的长度定义为：物体相对于观察者静止时，物体两端之间的距离；物体相对于观察者运动时，同时记录下的物体两个端点之间的距离。一张桌子，随玛丽一起运动，玛丽在运动方向上测出它的长度为1米，这个长度叫桌子的固有长度。桌子相对于汤姆是运动的，那么重要的是，汤姆对桌子两端的测量必须是在他看来是同时的，当然在玛丽看来不是同时的。为了保证这一点，汤姆必须用两个钟，每个端点上一个。这意味着，一个运动物体长度测量的问题与时间测量问题搅在一起：时间和空间是彼此纠缠在一起的！既然时间是相对的，空间也必然是相对的了。因此汤姆测量出来桌子的长度不是1米，而是要比和桌子一起运动的玛丽测量到的长度短，这个效应叫长度收缩。收缩的程度决定于桌子相对于汤姆的运动速度，并且这个收缩仅发生在运动方向上，在垂直于桌子运动方向的方向上没有长度收缩。

与时间延缓一样，长度的收缩也是双向的。在玛丽看来，汤姆所在的地球上的一切物体沿运动方向缩短，也就是说，玛丽的飞船外面的世界变得扁平了。

时间的延缓不只是时钟的某种性质，是时间本身在延缓。同样，长度的缩短不只是发生在测量工具（米尺）上的某种事件，是空间本身在缩短。玛丽的空间不同于汤姆的空间，正如玛丽的时间流逝不同于汤姆的时间流逝一样。自然界不存在一个单一的、普适的空间，只有"玛丽的空间"、"汤姆的空间"，等等。

因此，爱因斯坦对空间和时间的基本洞识是：空间和时间不是独立于观察者而存在的抽象，它们是物理的，只是由于物理的物体（像观察者、桌子、钟和米尺等）存在才存在。牛顿的绝对时空观和在此基础上的经典物理学大厦坍塌了。

成名后的爱因斯坦曾多次提到，少年时候的他就幻想，如果自己骑上光束旅行时，世界看上去将是什么样子？现在让我们和爱因斯坦一起，乘上一枚想像中的火箭，让它的速度逐渐增加到光速，同时我们邀上三位艺术家马奈、莫奈和新朋友毕加索，作为特约评论员，与我们同行。现在火车开始运动了，我们座椅是可以随意转动的，因而既可以看到火车的正前方，也可以看到火车侧面和正后方的景色。当火车运动速度较小时，相对论的效应是显现不出来的，周围的一切似乎没有什么奇异之处。当火车的速度大约达到光速的一半时，情况才开始改变，一些特殊的视觉扭曲引起了我们的注意。当我们向前看时，我们注意到火车外物体的外形奇怪地变得扁而平，远处的物体显得向我们靠近一些，这便使中景缩短，由此在我们的视界中造成了景观变扁的感觉。物体看上去"挤扁了"，它们之间的空间"压小了"，更加显现出二维形体的视觉效果。到了这个时候，学识丰富、温文尔雅的马奈的脸上露出了无法抑止的笑容，他轻轻地对我们说，这是他早就料到的，并已在1863年表达在画作《草地上的午餐》中。时间也发生了惊人的变化，火车之外的现在，在车厢内的观察者看来正在扩展，将越来越多的过去和将来都

图58　爱因斯坦70岁生日时的微笑
　　在相对论出现不久，不知是谁，在蒲伯赞美牛顿的诗的后面加上：
　　　可惜好景不长，
　　　魔鬼大喝一声，
　　　派爱因斯坦去，
　　　于是一切又恢复了原样！

包纳进来。瞬间的印象逐渐变成永恒，时间和空间相互依赖。莫奈说，这和我在艺术上对时间的理解如出一辙。火车继续加速，在车速达到光速的时候，我们看到了一个惊人的视觉景象，车后的景物与车前的景物融合到一起。这时，"前头"与"后面"都失去了意义，火车外的空间会极大地收缩，从而"前"与"后"这两个空间方向彼此接上了头。这一奇异效应会导致，人们在向前看视时，会同时看到车的后部景物！于是，前、后、侧三个方向上的景致，被挤入了一个无限扁平的二维竖直平面，同时地进入我们的视野。也就是说，长度这个欧几里得空间的必然维度，在这个极限速度下消失了。我们也看到，火车内一切物体的形状和景致都没有发生任何变化。这时，才华横溢、性情急躁的毕加索大笑起来，得意扬扬地说，看吧，外边的视觉就是我的立体主义作品，虽然它比相对论晚出世两年！

第六章 解放色彩

历史的车轮进入20世纪,科学上革命的最高成就是相对论和量子论,使我们重新认识时间、空间、光和物质运动。与此同时,艺术革命也在进一步发展。艺术家们在世纪之初各自独立地创立了现代艺术最初的三个流派,即野兽派、立体派和未来派。

在科学上,爱因斯坦赋予光以宇宙之灵的超级地位,凌驾于空间和时间之上;在艺术中,野兽画派则以色彩讴歌光。艺术家和科学家同时吹响解放色彩的号角,这是光的革命与色彩呐喊的时代。

光的科学简史

光是宗教、哲学、艺术和自然科学发展中的永恒话题。《圣经》开篇就告诉我们上帝首先创造了光,表现了人类对光的精神崇拜。千百年来,科学家们一直在探索光的本性,历史可以追溯二三千年前。中国的《墨经》对小孔成像的记载和希腊的欧几里得著作《反射光学》,是光的直线传播原理的实验总结。牛顿关于光的本性认识的"微粒说"和随之发展的几何光学时代,是人类关于光的本性认识的第一个里程碑。光的干涉现象和衍射现象使牛顿这位上帝之子蒙羞,光的波动学说经菲涅耳(A.J. Fresnel,1788~1827)等人之手在19世纪得到了确立。麦克斯韦天才地预言光就是电磁波,奠定了波动光学的基础,这是物理学发展史上的第二次飞跃。近代物理学的发展告诉我们,光是经典物理学的终结者,也是现代物理学的启蒙者。爱因斯坦毕生都在探索光的本性。为了解释光电效应实验,他认为光既具有粒子的属性，又具有波动的属性，这著名的"光的波粒二象性"，使得爱因斯坦在1921年摘取了科学的皇冠——诺贝尔物理学奖。在他更加著名的相对论理论中，空间和时间是一体的，质量和能量是等当的，质能和时空也是相互影响的，而它们之间的"介质"都是光。对光的辐射特征和原子光谱的探索，直接导致量子力学的诞生，这是今天的材料科学和信息时代的基础。光在社会发展和技术进步中也起着极其重要的作用：激光技术已介入了我们日常生活；光电技术改变了我们的生活方式；科学家已进入了"皮秒"（10^{-18}秒）光学时代，等等。对光的认识和运用还在继续……

光与色

自然界是光的盛筵，一道道主菜就是色彩。科学家不断揭示光与色的本性；艺术家永远在追逐色彩的魅力。

色散是一个古老的课题，最引人注目的是彩虹现象。早在13世纪，德国有一位传教士叫西奥多里克（Theodoric，卒于1311年），曾用阳光照射装满水的玻璃瓶，在实验中模仿天上的彩虹。他的观察创立了光的内部折射理论。大概出于对中世纪的厌恶，现在人们通常把这一功绩归结到笛卡儿身上。牛顿首先意识到，不同颜色的光具有不同的折射性能，也就是说，色散的原因是由于光的本身，而非棱镜或水滴。牛顿以确凿的实验终结了中世纪以来关于色散现象的本性的争论，但他倾向于光的本性是"微粒说"。和牛顿同时代的惠更斯一直坚持光是一种波动现象。因为当时的波动理论很不完善，缺乏数学基础，还没有建立起周期性和相位等概念，而牛顿力学在科学领域中正节节胜利。因此，用符合力学规律的粒子行为来描述光学现象，被认为是唯一合理的理论。

光谱学的历史从牛顿的色散实验开始。不过牛顿没有观察到光谱线，因为他的助手没有按照他的要求用狭缝，而用了圆孔作光阑。1800年和1801年红外光线和紫外光线的发现，使我们意识到在可见光之外还有"色"的存在。光谱学逐渐帮助人们在科学上揭示色彩的奥秘。

德国物理学家夫琅禾费(J. Fraunhofer，1797～1826)在光谱学上做过重大贡献。他对太阳光（自然光）进行了细心的检验，1815年在慕尼黑科学院展示了自己编绘的太阳光谱图，内有多条黑线，人称夫琅禾费黑线。这个工作当时没有受到重视，当然夫琅禾费本人也不太明白这些暗线的意义。

1859年，基尔霍夫 (G.R. Kirchhoff，1824～1887)解释了太阳光谱中黑线的意义。他发现每一种单纯的物质元素有一种特征光谱，光谱里面必有一条明亮的谱线正好表征该物质。这就是说，每种元素在光谱仪观察下都像留名一样显示出自己的特征光谱。但是，如果在足够强的自然光下观察这个特征光谱，由于该光谱被发射同波长的物质所吸收，其明亮的特征线就变成了明显的暗线。因此，太阳光谱中的夫琅禾费黑线正好就是太阳上各种物质的特征光谱。根据这个解释,基尔霍夫惊人地发现,这些特征光谱在地球上的物质发射的光谱中都可以找到,即在太阳这个遥远的物体上,没有任何特异的元素。也就是说,太阳是由同地球一样的化学元素构成的。英国富翁、住在英国伦敦的业余天文学家哈金斯(S.W. Huggins,1824~1910)得悉了基尔霍夫的发现,立即看出这种光谱分析方法也可以应用于恒星和星云。在分析了两颗亮星的光谱后,他得出明确的结论说,恒星的成分同太阳系是一样的,宇宙间的星体都有着共同的"血缘关系",这是科学发展史上伟大的胜利之一。色彩(也就是元素的光谱)的本性是导致这一辉煌胜利的关键(为了阅读兴趣,这里叙述的故事似乎戏剧化了,实际上,一直到1895年,科学家在地球上的结晶铀矿中发现氦元素,才是这一辉煌胜利结束的钟声)。

　　1801年,杨氏双缝实验虽已确凿的实验证据,给出了光是一种波动现象,但并没有说明光的本性。英国著名物理学家麦克斯韦在电磁学中的工作是19世纪物理学最伟大的成就,是继牛顿之后的历史上又一划时代的贡献。他15岁开始写文

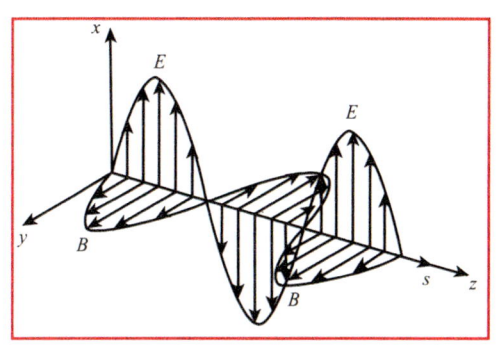

(a) 光的传播图像　　　　　　　　(b) 光的波动方程

图 59

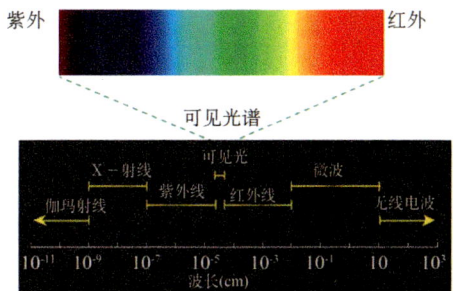

图 60　电磁波谱
我们所能看到的世界只是一段很小的区域。艺术和科学都要突破人的感知的限制,进入那无垠的领域。

章投稿，16岁进入剑桥大学，年轻有为，才华横溢。1873年，麦克斯韦出版了巨著《电磁学通论》，归纳出有关电磁场理论，统一了电学、磁学和光学，实现了物理学史上第二次大综合。同时，他预言光就是电场和磁场在空间以互相垂直的方式交替传播的波动行为，并满足图59（a）和图59(b)所示的传播图像和波动方程。根据波动方程，我们可以得到光在真空中的传播速度 c = 300 000 千米/秒，这是一个开启相对论大门的常数。同时光的频率或波长决定了光的颜色。麦克斯韦理论还表明，电磁波是一个极宽的连续波谱，可见光只是其中很窄的一段，其他部分都是眼睛无法感受到的（图60）。这些贡献是光的认识史上，乃至整个物理学发展史上的第二个里程碑。

　　正当人类对光的电磁波动图像沾沾自喜的时候，自然又向我们抛出了另一个"谜面"。前面谈过，在看待时间和空间的问题上，麦克斯韦方程组和牛顿力学是一脉相传的，因此它在解释世界时出现困难是不可避免的。一个重要的疑惑是，麦克斯韦电磁理论无法解释，物体的电磁辐射能量（也可以理解成一种"光谱"）随温度的升高而改变的实验事实。这个困难在物理学上得名"紫外灾难"，也就是开尔文所指出的"第二朵小小的乌云"。

　　1900年的12月14日，德国物理学家普朗克(M. Planck，1858～1947)首先揭开了谜底，他向德国物理学会提出报告，以一个简单的假定排除紫外灾难。这个假定就是物质在向外辐射能量（即电磁波）时，只能以分立的形式一块块进行，每一块只能是辐射能量的最小单元的整数倍，普朗克称之为"量子"。这个能量的最小单元决定于光波的频率，也就是光的色彩。这是一个了不起的壮举，因为自牛顿以来，自然运动图像及其规律的连续性原理已经根深蒂固的存在于人们的脑海中，如粒子运动轨道是连续的、波动传播是连续的、能量交换是连续的、辐射和吸收是连续的……普朗克本人都一直试图把他分立化的"量子"纳入经典物理学框架，当然以失败告终。5年之后，爱因斯坦在解释光电效应实验时提出，光不仅在辐射时具有量子性，而且在传播时也具有量子性，从而提出了"光子"的概念，并指出光子的能量与光波的频率成正比。因此，蓝色光比红色光具有更高的能量。光的量子性，也就是色彩的本性研究，为20世纪现代文明的第二根科学支柱——量子力学揭开了序幕。真是"无缘落木萧萧下，不尽长江滚滚来"。

　　自然界还有比光更重要、更神奇的东西吗？

　　红色和蓝色是自然界两种最重要，也是最受关注的颜色。从远古的绘画故事开始，最有生命力的色彩一直是红色，它代表生命、热情、力量、荣誉、勇气和快乐；反之，在另外一方面，蓝色总是和软弱、忧郁、约束和沉闷相联系。经典时期的科学家似乎也是这样来认识红与蓝的。比如，在牛顿的《光学》中，就明确说，最大力量的光颗粒带有红色；最小力量的光粒子是紫色（蓝色），等等。19世纪中叶，科学家在实验中发现，在红、橙、黄、蓝等色调的火苗中，蓝色的火苗是最灼热的，这恰恰与人们的普遍看法相反，令人不得其解。直到爱因斯坦光量子理论的出现，人们终于在科学上理解了蓝色光比红色光具有更高的能量。因此，当今工业时代的代表不再是19世纪时从炼钢炉内迸发出的红色火焰，而是从原子反应堆中辐射出无声的神秘蓝光。核能的蓝色表征图像美丽而带有更大的威慑力。

艺术家对红与蓝有怎样的理解呢？非常有意思的是，在19世纪中叶以前的作品，大抵是偏重红褐色，少用蓝紫色。甚至有的画家著文立说，来告诫同仁，

图61　《舞蹈》（马蒂斯，1909）
马蒂斯似乎已经发现原子和核的世界跳的是另一种舞步，即量子物理的吉特巴代替经典物理的平稳的华尔兹。

蓝色绝不可用在画的前景部分。后印象主义艺术家，特别是凡·高，最早意识到用蓝色来表达高能量状态，例如我们前面看到的作品《星夜》，可谓是宇宙的蓝色狂想曲。

最出色把握蓝色本质的是马蒂斯，这个野兽主义画派之王。在代表他艺术最高成就的名画《舞蹈》（图61）中，马蒂斯仅仅使用三种色彩，以天蓝色为单一背景的天空，以砖红色突出的人体和深绿色的草地。整个画面便是由这三种在量感和分布上平衡和谐的色彩，与构成人体的富有节奏韵律的线条浑成一体，从而发出奇妙的艺术魅力。色彩与线条既各自独立，又彼此和谐，两者同时并进，共同形成一个有机的统一体，使观赏者的视网膜在享受一种色彩的振动效应。舞蹈跳出我们人内在的激情，如火一般跃动（红色的人体）；宇宙是我们激情的源泉，是生命之能的更高状态（蓝色的天空）。画作表达对人的生命力的热烈赞颂，是生命的蓝色狂想曲。可以说，画家以宇宙之道表达了人性之浪漫情怀。

艺术中的色彩

巴洛克艺术虽然在艺术上成就了光的价值，但并没有释放色的魅力。文艺复兴时期及以后虽然出现了不少色彩明快的作品，但是总的说来，直到现代艺术时代来临之前，大多数画作的色调是幽暗的。综观文艺复兴时期以来的画作，除了有限的例外，色彩一直在画的评估中居次要地位，画家和评论家认为色彩不如构图、选题、线条和透视重要。要作一幅画，首先是对确定的选题拟定出构图的有关细节，接下来是选定物体的表现层次、视角和透视。随后的步骤一般是先画出草图，再完成黑白底稿，即用黑铅笔完成全图。在将底稿完成于空白画布上之后，如果经审视确定所有其他环节都已完成，这才轮到画家的最后一步，即拿起调色板给画着色。

人们对色彩的反应是主观和客观相互作用的结果。色彩既是主观感觉，又是

客观世界的性质；它既是一种能量，又是一种物质实体。它既与人的情感相关，又是一种真实的存在。毫无疑问，色彩是生活和艺术的重要组成部分，这是连不懂得色彩科学奥秘的人都回避不了的事实。

　　首先意识到色彩的潜在力量的大师是法国浪漫派画家德拉克洛瓦。他弱化线条，用色生动，富于个性。1830年7月28日，巴黎人民奋起推翻复辟的波旁王朝的革命斗争，给了一贯热爱自由与正义、反抗专制与压迫的德拉克洛瓦以巨大的震撼。于是，一件融幻想与现实于一体的浪漫主义作品《自由领导着人民》（图62）于当年产生了。此画描绘的是革命人民为推翻波旁王朝而与保皇军展开巷战的场面，画面以一个象征自由的半裸女性形象为主体，她头戴红帽，左手握枪，右手高举三色旗——法国国旗，蓝、白、红分别代表平等、自由、博爱，正领导着革命者奋勇杀敌。紧跟女神的有高举战刀的工人、紧握枪杆的学生和双枪在手的少年。在她的脚下横陈保皇军和革命者的尸体，远景是硝烟弥漫的巴黎圣母院。争取自由的主题，寓意深刻的形象，热烈激昂的气氛，强烈的光影造成的戏剧性效果，丰富而炽烈的色彩，奔放挥洒的笔触，富有动感的构图，所有这一切都证明这幅画是浪漫主义的典范之作。德拉克洛瓦也无愧于"浪漫主义雄狮"的称号。

图62　《自由领导着人民》（德拉克洛瓦，1830）
光与色的奥妙不仅引导艺术，而且引导科学。

　　与德拉克洛瓦同时代的英国画家透纳（参见第九章），也是色彩解放的先行者之一。在他的作品中，呈现在人们眼前的是各种并置的色彩——红色、橘红色、绿色、蓝色和黄色的闪烁和跳动。他发展了光与色彩远胜过造型的绘画风格，对大气和光线的探究预示印象主义革命的到来。事实上，莫奈1869年的伦敦之行，就对透纳的外光表现技法崇拜不已，直接导致了1872年《日出·印象》的诞生。

　　印象派在19世纪60年代出现后，画面的色彩变得越来越艳丽，越来越明亮。

马奈一反过去先涂敷浅色、一步步转暗的传统着色手法，他以色块为基础，并把浅色色块涂布到深色色块上面。莫奈将物体的边界表现得模糊不清，他在作画时并不勾勒轮廓，使用油彩也并不等到最后。特别是，莫奈开始作画后不久，就将绘画环境从画室移到户外，为的是当场捕捉住某个转瞬即逝的时刻上的色彩活力，而不是事过境迁后千方百计地回想。对于莫奈来说，一张画的结果取决于他眼睛最先产生感觉色彩。这样一来，在艺术史上第一次出现了将物体的色彩看得重于物体本身的艺术作品。

　　印象派主张绘画不仅是艺术，而且应该是科学的，要经受住光学原理的分析。雷诺阿让胭脂红、玫瑰红、蓝色与紫色和阳光一道在赤裸的肌肤上闪烁，没有人能如此得心应手地运用色彩和光来剖解、分析明暗关系，并兼顾色彩的写实效果。色彩（对应于科学中光的意义）已逐步变成绘画艺术重要之要素，至少与构图（科学中时空的意义）不分伯仲。

　　1890年前后，印象派不仅在法国取得了稳固的地位，而且在整个欧洲也呈繁荣昌盛之势。也正是在这个时候，印象派开始分化，一批更前卫的画家背离印象派的宗旨，走上了新的探索之路，这就是"新印象派"和"后印象派"，他们创作理念的核心就是色彩的进一步解放。

新印象派与修拉的点彩

　　乔治·修拉作为新印象主义的创始人为人们所熟悉。他赞同印象派用光谱色作画的革命性成果，但认为印象派的画家过于将绘画任凭于偶然性而无视构图。因此，他决心按照客观而科学性的原理，从每一个细节出发来组织作品，这一点与印象派是对立的。修拉把印象派推向了严谨的样式，而构成这一原理的核心就是色彩的科学性。

　　修拉的科学修养很好，了解当时最先进的科学成就，如麦克斯韦光学理论，并精通化学家谢弗雷（M. E. Chevruul，1786～1889）的色彩对比法则。按照这一法则，红与绿、黄与紫、青与橙等这些互补色的颜色被相邻放置时，其色彩显得最为鲜艳。但是，将这些颜料在调色板上混合后，其色彩便会暗淡。其实，在19世纪30年代，德拉克洛瓦就已经对这一构想进行了尝试，1834年首次表现在《阿尔及尔妇女》中。根据后来的科学家发展成熟的色彩对比法则，修拉及其追随者主张用未经调合的原色绘画，绝对避免在调色板上混合颜色。他们用细小的各原色色点来塑造形象，绘制画面，中间色留给观赏者在自己的眼中去调合。因此，新印象派又称"点彩派"。这种用色点排列而成的画不能精细地刻画物象的细节，但是各种颜色的并置，会因对比关系使画面显得更加明亮，产生出光的灿烂辉煌的效果，犹如微波一样铺满整个画面。所以又有人用"分色主义"一词来指代这种新印象主义的绘画技法。这是色彩魅力和奥秘的又一次释放，科学和艺术结合的典例。

虽然修拉作为画家所走过的岁月还不满10年，但在其短暂的画家生涯中，却创造出其独特的绘画手法，创作出令人惊叹的作品，其中人们所熟知的《大碗岛星期日的下午》（图63）是其永远的最高杰作。

图63　《大碗岛星期日的下午》（修拉，1884）
凝滞的时间；苗条的人体；鲜明的衣裙。修拉在相对论世界中乐不思蜀了。

杰作描绘的是在巴黎附近阿斯尼埃的大碗岛上，许多人于星期日下午在草地上游玩或在旁边的水中泛舟的情形。在画面的前景，突出地画了一个穿蓝衣、牵着一只小猴的妇女。整个画面由无数细小的色点拼凑而成，站在近处，观者看到的只是一种色彩笔触的图案；从稍远处看，物体的形状才能显示出来。由于视觉的混合作用，画面有一种与夏日炎炎的自然光线的闪烁颤动相似的、极为明亮灿烂的效果。

由于画家要使景物服从于光的表现，所以画中人物大都处于静止状态，只是由色点组成的形体，既分不清五官，更看不出其个性特征，宛如时间冻结了一样，产生了人为的寂静。景物的配置和人物的安排也都遵从一种严格的几何分割关系，整个画面通过色彩的量感达到了均衡与统一。特别值得指出的是，所有的人体也都被拉长了，这种奇特的变形和延缓的时间是画家眼睛看到的吗？不是，而是他抽象地思考自然的结果。据说，在创作此画的两年时间中，修拉每天在大碗岛写生后，便躲在画室中专注于这种以革命性的点描绘画方法。其结果，产生的是令人瞠目结舌的独特绘画风格。这幅画引起当时艺术评论界的热烈争论：有的人理解为是对过去失魂落魄的近代人的教训；有的人领会为是对当时徒有外表的虚荣习俗的强烈讽刺；有人断定这是一幅失败的作品，理由是"科学性太强，艺术性太少"。

高更、凡·高和塞尚的情感

高更、凡·高和塞尚一起被称为后印象派。这一画派的共同创作倾向，是认为绘画不能仅仅像印象派那样去刻意地模仿客观自然的瞬时变化，而应该更多地表现画家对客观事物的主观感受。色彩当然就成了他们的首选语言，因为色彩是具有一定波长的光这一客观存在，在人的头脑中形成的主观感觉，双方彼此缺一不可。

保罗·高更是一个富有传奇色彩的人，他本是一位成功的年薪高达四五万法郎的证券经纪人，本可以在安稳富足中度过一生，但在35岁时辞去工作，选择了画家的职业。从此，他陷入了贫困，美满的家庭也随之破裂。出于对现代文明的厌倦和对原始生活方式的热爱，43岁时不顾一切，独自一人远渡南太平洋的一个名叫塔希提的小岛，在那里生活多年，直至客死异乡。

高更受到印象主义、象征主义、日本版画，以及儿童文学等诸多因素的影响，他特别为原始的民族以及他们的文化所吸引。在他的作品中，特别是后期作品中，极少运用透视原理构筑空间，画面色彩绚丽而不羁。随着画家以探求表达观点和感情的手段，来代替再现眼前见到的现实，色彩的作用就更显突出。当然，构图的作用和阴影的作用也不容贬低。高更也是绘画领域里最早认识到色彩作为无声的语言，对人类有强烈情感作用的画家之一。色彩因此成为高更驾驭观画者情感的工具。高更在用色方面最大的成就有两点：一是客观上借鉴壁画和日本浮世绘版画的技法，而与用小笔触的色彩表现形状的印象主义技法诀别；用鲜明的轮廓线和纯色的平涂色块来描绘物象，增加作品的寓意性和装饰性。其二是主观上为色彩"重新定义"，以色彩抒情。自然界没有红色的草地，但高更的心中有。从科学意义上说，他感悟出物体的色彩是相对的而不是绝对的。

高更在1888年有一幅著名作品《布道后的幻影》(图64)，标志着他与印象主义的诀别。画面所描绘的完全是空想场面，虽然它来源于一个圣经的故事。画面上有一大片红色的草地，这一创新的手法要比将草地表现为任何一种绿色，都更能左右观画者的情感和使构图平衡。高更将现实和内在的幻象体验融合到一

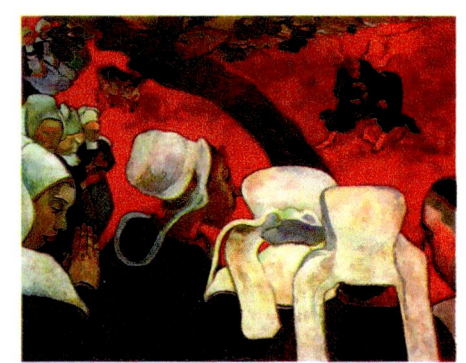

图64 《布道后的幻影》(高更，1888)
高更曾把此画送给一位牧师，但遭到拒绝。看来上帝也没有向他的仆人透露色彩的相对性。

起：鲜艳的红色和耀眼的白色；一大群妇人和唯一的男性；暴力和沉思；严密的衣服和袒露的脸。粗壮的树干呈对角线将画面一分为二：真实的世界在左边，有纯朴的妇女和迷途的牛犊；幻象在右边，天使正和人类搏斗。非属自然的红色，更强调这只是在农妇和说教完的牧师想像中发生的事情。它似乎在问观众，这一幻象是否也发生在我们的脑海中呢？

　　高更还有许多作品，其间我们可以看到粉红色的沙滩，黄色或黑色的山岭，绿色的瀑布和模糊的人体。总之，高更通过色彩来宣泄自己的情感，似乎还要带动观画者与他同行。有人评价，高更将自己内心感觉到的而非大自然赋予的色彩涂布到画面上之时，便是禁锢色彩力量的巴士底狱被攻陷之日。其实，如下一章所述，后来的爱因斯坦将声波中的多普勒（J.C. Doppler，1803~1853）效应推广到光波，从科学上揭示了在相对论情形下，人对色彩的视觉效应确实是相对的，可见艺术家对色彩相对性的感悟和科学家对色彩相对性的认识是一致的。

　　世界上有许多生前落魄、死后闻达的艺术家，而在这样的例子中，荷兰画家文森特·凡·高算得上是最突出的一个。他一生穷困潦倒，只活了37岁，最后在绝望中自杀身亡。不知是受到高更的影响，还是自身的天赋，凡·高也是对纯净的色彩情有独钟。他的风格是把鲜明的油彩直接从油彩管挤到画布上，然后在色点的周围很有节奏地转动画笔，颜料加厚，并形成动感，这在前文中谈到的作品《星夜》可看到。当然，谈到凡·高，我们脑海中就会浮现出眩目、镉黄的向日葵。其中的一幅目前价值5300万美元的作品，极刺人眼目，每朵向日葵就像一团火，细碎的花瓣和葵叶则像火苗，整幅画就像熊熊火焰。凡·高自己说："这是爱的最强光。"

　　多少年来太阳很少出现在西方的画布上，这主要原因可能是因为调色板很难孕育出太阳本来具有的力量。是凡·高重新给予太阳是万物之灵，光与色的使者的至高无上地位。1888年创作的名画《播种者》（图65）中以太阳为主题，巨大的黄色圆盘好像在对世人呐喊：你们的一切都沐浴在我的阳光下。结合作品《星夜》中对月亮和星星的描绘，可以说，自绘画历史以来，还没有一个艺术家对宇宙星辰注入如此夺人心魄的激情。凡·高把自己的生命赋予画上的一切，他的作品不再仅仅是色彩的组合，更是一颗伟大的心灵在颤动！

　　塞尚也投身到解放色彩的活动中，突出成就是发现了色彩的立体构成，给观者一种新的视觉体验。在他的创作中，直线构筑空间的概念再也不复存在了，取代以色彩构筑空间，创造出了一种通过色彩的排布表现出质感和体积感

图65　《播种者》（凡·高，1888）
传播者所需要传播的正是色彩的解放。

的方法。在他晚年创作的《圣维克多山》(图66)中,可以看出色彩冷暖并置的立体表现:暖色在前,构成画面前景;冷色在后,呈现后景的山脉。于是,整个画面无需通过线条和透视原理,而产生纵深效果和质感,形成物体存在于空间内的感觉。这意味着塞尚表达出光与色正是物质存在的重要成分这一重要的科学命题。

莫奈、修拉、高更、凡·高和塞尚都为解放色彩直接做出了贡献。莫

图66 《圣维克多山》(塞尚,1904)
我们看到了色彩,还是这个世界?

奈最先使观者从单纯的色彩本身感受到欢愉;修拉创造出以纯粹的色彩小点排布构图的手法;高更用色彩表现情绪;凡·高赋色彩以活力;塞尚用色彩取代了线条、阴影和透视原理等关键成分。至此,序曲已经结束,接下去该是色彩革命的高潮了,这就是20世纪伊始,野兽主义画派的诞生。

野兽主义画派

现代美术的三个新画派中,最早出现的是野兽派。1905年,也就是狭义相对论诞生的那一年,野兽派诞生于法国的巴黎。这是艺术领域内有关光的第二次革命,是有关色彩解放的"独立宣言"。据说,评论家沃塞列斯(L. Vauxcelles)有一次观看马蒂斯、弗拉芒克(M. Vlaminck,1876~1958)、德兰(A. Derain,1880~1954)等人的作品在一间屋子里展出,在那些色彩粗野的绘画中间,看到一尊文艺复兴时期雕塑家唐那太罗(Donatello,1386~1466,以古典雕塑著称)的雕塑,便叫道:"唐那太罗让野兽包围了!"不管这句话是在什么场合下讲的,反正"野兽"的名字是从此叫响了。因此,"野兽"这一词在这里特指色彩鲜明、随意涂抹。这种色彩比修拉的科学色彩,比高更、凡·高的非描绘性色彩,比那种直接调色、变形的画法更为强烈。

马蒂斯等人的原意是使用从颜料管里挤出来的强烈色彩直接作画,以实现色彩的真正解放。采用这种方法不仅是要引起视网膜的振动来强调浪漫或神秘的主题,更重要的是想树立起一种新的绘画准则:色彩在绘画的所有成分中是最重要的一项;物体的色彩完全是任意性的;色彩本身就是绘画的目的。野兽派甚至以激进的态度断言,就绘画而言,色彩就是画。在他们看来,画幅中物体的整体性、构图、主题和线条都是可以大大改变的;树木可以是红的;天空可以是紫的;人脸中间可以有宽宽的一道绿条。弗拉芒克这样说过:"我们摆弄色彩,就和摆弄火药一样,目的是让它们轰轰烈烈地发出光来。"

马蒂斯是野兽派的旗手,比爱因斯坦整整大十岁,和毕加索并列20世纪画坛

最伟大的艺术家，就如同物理学领域的爱因斯坦和玻尔。其实，马蒂斯一生的艺术风格都在变化中，但一条主线是追求"和谐、纯粹与平静的艺术"。早期他热衷点彩画法，但希望为自己的绘画注入活力，表现出动态、音乐性和节奏。他的最重要贡献是认为色彩的功能不仅在于对光线的模仿，而是在于创造出光线。他通过色彩的对比表现出光线；透过将明亮的色彩配置在一起放射出光线。在其野兽派的开山作《开着的窗户》（图67）中脱离了点彩的常规手法，画面自由奔放，潇洒自如，绚丽斑斓的色彩和自然固有色毫无关系。通过窗子可以看到阳台和浮于海上的小舟，马蒂斯用薄涂法平涂了一下围绕着窗子的墙壁、屏风及玻璃，而阳台上的花、大海和小舟是用有节奏的点面笔触画成。由于室内、外用两种方法，加上鲜艳的绿色、蓝色、紫色和橙色相互依衬，所以在色彩上巧妙地表现了内外明亮的差别。

图67　《开着的窗户》（马蒂斯，1905）
人的自然色。

图68　《马蒂斯夫人，有绿条的肖像》
（马蒂斯，1905）
自然色的人。

为妻子绘制的肖像《马蒂斯夫人，有绿条的肖像》（图68），激起社会的强烈愤慨，它决定了马蒂斯"野兽"的名称。画中只用大胆的色彩配置表现形象，占据整个画面的椭圆脸被一条绿色一分为二，紫色的头发在头顶挽成髻，衬在三块彼此冲击的颜色组成的背景前。人物右侧背景的绿色与肌肤的粉红色形成绝妙的对比，并重复了面部那一笔生动感；左侧的淡紫色与橙色则回应了衣裙的色彩。纯粹色彩的和谐构成了整幅画的统一性，表明这绝非随意之作，是经过周密思考后和谐的创造。

野兽派是一个短命但影响深远的运动，马蒂斯也不过只是在很短的几年时间内可以称为"野兽"。重要的是，他的一生都是一个老道的色彩迷，让色彩占据了至高的地位，在大刀阔斧地运用缤纷色彩中迸放光华；爱因斯坦执着于童年时代的追求，在满足有关光与色的好奇中永远地改变了人们的思维形式。在他们各自以自己的方式进行的大力辅助下，光终于以正统继承者的身份得到加冕，登上了实在的宝座，不仅统治着科学的疆界，而且主宰着艺术的殿堂。

第七章 重构空间观

透视是艺术和哲学家，乃至科学家在视觉艺术方面的里程碑，它神奇地召唤出一个可以度量的、准确的世界图像。这是一个让人们为之兴奋了几百年，魔术般地凝固自然物象、体现传统美学定律的绘画法则。

然而，透视法也有它自身的局限。它使我们观看自然的方法图示化，要求由一个固定不动的人，在一个超然的绝对静止点上，见到的一种孤立于观赏者之外的世界图景。从科学意义上说，它与牛顿的绝对时空观相一致。同时，这种局限性也把人的大脑同它所思考的世界分割开来。

马奈的《草地上的午餐》是在进行一种实验，是一种在艺术上对空间性质的感悟，也可以说是一种好奇心。但真正在艺术上进行一种有意识实验的艺术家是后印象派大师——塞尚和20世纪现代艺术的象征——毕加索。他们的实验很显然与当时迅猛发展的科学技术有着千丝万缕的联系，可以说，塞尚和毕加索的一生都致力于研究时间、空间、光与物质之间的关系。正如毕加索所言："绘画就是研究和实验。"

塞尚与空间

保罗·塞尚是个窝囊了一辈子的怪才，1870年为逃避普法战争的征兵，跑到南部家乡租了一间房子，由一位年轻女佣兼模特陪伴，为他料理生活。经济上靠身为银行家的父亲接济，但父亲一直反对他作画。后来他与这位女佣同居生了孩子，但不敢向父母公开，躲躲闪闪直到儿子十岁时才正式与女佣完婚。他贫穷了一辈子，金钱、名誉都与他无缘，直到他即将离世的时候，人们才发现他的超前意识和有意识的实验，给以后的绘画带来了多么巨大的影响。在创作理念上，塞尚认为不仅要用移动的眼睛看世界，还要用人的大脑去思考世界，而且眼睛、大脑与物体之间的关系是不可能分割开来的。他同时又是一个极端理性主义者，将情感排除在绘画艺术之外，而使绘画成为一种"科学研究"。从他开始，绘画不再仅仅是眺望世界的窗口，而是艺术家思考自然的结果。

　　正是在大自然面前，塞尚感到被世界的一种神秘感深深地震慑，其表达深度是他以前的美术家从未达到过的。他看出没有任何事物可以孤立地单独存在，空间也是如此。万物皆有颜色和重量；皆有实体和空间；它们的颜色和重量、实体和空间影响着其他物体的重量、颜色和体积。在他画的静物画《果篮》中，塞尚仔细安排了倾斜的苹果篮子和水罐，并把另外一些苹果随便散落在桌布形成的"山峰"之间，然后仔细观察，思考个不停，一直体会到所有这些要素相互之间开始形成某种关系为止。这些关系，包括空间与物体、物体与物体等，就是最后的绘画基础。一句话，<u>相关性成为一切</u>。

　　在《果篮》（图69）中，被写生的静物被放在桌上，桌子的边缘被下垂的桌布遮蔽着一部分。经验告诉我们，桌子的边缘应当是从一头直伸到另一头，在塞尚的笔下，它却是分断开来的。这种位错的视界，形成两个等价的，甚至更多的观察视点，这就是塞尚在艺术上对空间表现形式的一个新手法：多重视点。其基本思想是：舍弃传统透视法中的单一视点，试图从多视点来观察事物与空间的配置，将各种静物从不同的观察角度画到画布上。也就是说，塞尚画中的物体看上去不是视网膜焦点所得图像的精确复现，而是将环视结果放到一起。这样的作画方式影响了毕加索等下一代画家，使塞尚成为现代艺术革命的启蒙者。同时，塞

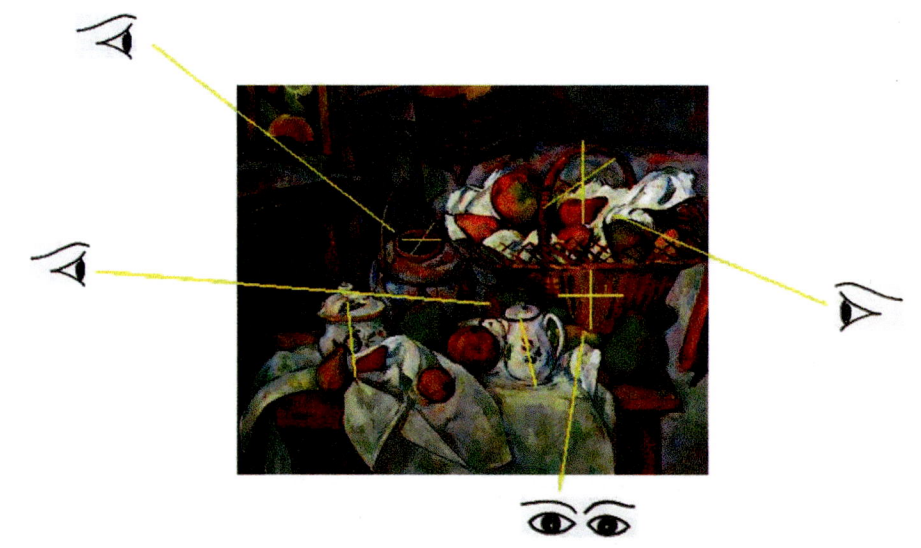

图69　《果篮》（塞尚，1895～1900）
这是对自然的思考：时间、空间和万物以及我们的认知方式。

尚的这一革新也将一个问题摆到科学家面前（当然，没有科学家认识到这一点）：观察世界是否需要一个优先的、具有超级地位的优势视点（绝对参考系）？

塞尚的绘画，冲击了传统的透视学观点和人们普遍接受的时空观，暗示了欧几里得的方法并不是我们观察自然的唯一途径，牛顿的绝对时空观不是绝对真理。他的艺术启发人们要以一种全新的方式来思考空间的意义，在传统和现代之间立起了一座界碑。

相对论的视觉效应

著名物理学家伽莫夫（G. Gamow，1904~1968）的著名科普读物《物理世界奇遇记》里，有一段关于空间收缩的描述，现改写如下：

为了验证前面汤姆和玛丽所做的假想实验，爱因斯坦让汤普金斯先生梦游到一座美丽的古城，它与我们这个宇宙不同之处在于，这里的速度极限（光速）很小。除了古城沿街矗立着许多中世纪的学院式建筑物，汤普金斯先生周围丝毫没有发生什么不寻常的事情。街上几乎已经没有车辆往来了，只有一辆孤零零的自行车从上方缓慢地驶来，当它来到近前的时候，汤普金斯先生惊呆了。原来，自行车和车上的年轻人在运动方向上都难以置信地缩扁了，就像是通过一个柱形透镜看到的那样（图70）。钟楼上的时钟敲响了，那个骑自行车的人显然有点着急了，更加使劲地蹬着踏板。汤普金斯先生发现骑车人的速度并没有增大多少，然而，由于他这样努力的结果，他变得更扁了，好像是用硬纸板剪成的扁人那样，向前驶去。这时汤普金斯先生感到非常自豪，因为他刚刚学习过相对论，能够理解那个骑车人是怎么回事，只不过是运动物体的收缩罢了。"在这个地方，天然的速度极限（相当于我们这个世界中的光速）不会超过每秒10米，"他下结论说。汤普金斯先生决定追上那个骑车人，问问他这一切是怎么回事。但是，怎样才能赶上他呢？这时，汤普金斯先生发现有辆自行车停靠在街边，他想，即使借用一下，也谈不上道德问题。于是，他看准旁边没有人注意他，便偷偷骑了上去，拼命朝着前面那辆自行车赶去。他猜想自己马上就会缩扁，并且很为此而感到高兴，因为他不断发福的体型近来已成为他的一桩心事了。然而，出他意料之外，不管是他自己还是他的车子，都没有发生任何变化。相反的，他周围的景象完全改变了：街道缩短了，商店的橱窗变得像一条条狭缝，而在人行道上步行的人则变成他有生以来第一次见到的细高条（图71）。汤普金斯情不自禁地想到了修拉画中伫立的人体和莫迪里阿尼（A. Modigliani，1884~1920，毁灭性艺术天才）笔下的妇女，脑海中更浮现出瑞士雕塑家吉亚柯梅蒂（A. Giacometti，1901~1966，超现实主义雕塑家）在1947年创作的《指指点点的人》（图72）。

还是回到我们自己的世界中来，利用我们抽象思考的才智来想象一下，如果坐上一列公元3000年生产的火车，以接近光速运动，你所看到的视觉空间是什么

图70
"他的身材怎么保持得这样好？"

图71
原来吉亚柯梅蒂是这样创作的呀！

图72 《指指点点的人》
（吉亚柯梅蒂，1947）

样子的？根据爱因斯坦相对论原理，显然的一个结论是：相对于你运动的物体，在你看来都缩扁了，不管你是汤姆、玛丽，还是这个傻乎乎的汤普金斯先生。

由于空间收缩仅发生在相对运动方向上，这就引起附带的一个视觉效应：高速运动的观察者能同时地看到火车外运动物体的不同侧面。在我们的日常经验中，当我们处在静止的优先视点观察到物体的正面后，得经过一段时间，等到我们的空间位置有所改变，才能看到它的侧面，而从高速运动的火车上，观察者能同时看到外面物体的正面和侧面。

如果物体处在我们运动方向的正前方，在日常的低速世界中，我们永远看不到物体的背面。随着火车的速度的不断增加，空间会变得越来越窄，当最后达到光速时，沿火车行进方向的空间便收缩到零，即无限薄，这就是说，空间成了只有高度与宽度而没有长度的面。长度这个欧几里得空间的必然维度、一个我们认为是根本存在的维度、一个在透视法则中被艺术家奉为法理的维度，在这个极限速度下消失了。这个时候，物体的正、侧、背面都将同时地映入观察者的视野，这就是空间的同时可观睹性。

在高速状态下，阴影也发生了变化。在日常生活中，人们一直认为物体背着光源的一面永远是阴影。但是随着速度接近光速，阴影会变得越来越暗淡模糊，明与暗之间的差别会越来越不明显。例如：如果我们能同时看到个物体的两个面，其中一个位于阴影下，另一个则在光照下，那么，同时看到这两个面的结果，必然是明与暗的界限变得不甚了然。明暗对比就此一团模糊。相对于景物的运动速度越大，这一效应便越明显。当速度接近光速时，便是阴影消失之时。在塞尚的组画《圣维克多山》(图73)中，天和远处的山峦混为一体，远物好像极近。于是天变成了一面大墙，墙上群集物体，画面扁平如巴洛克式浮雕。同时，几乎没有表现光与影，光似乎弥散于整个画面中，一笔笔并置的色彩组合没有明确告诉我们，什么是物？什么是影？

图 73　《圣维克多山》(塞尚，1895)
光源和方向都是不可辨别的。光充满 (suffuse) 了整个画面，而不是照亮 (shine across) 它。
我们不知是在远处看山，还是在近处看石？不知丛林是近在咫尺，还是远在数里之外。

艺术家评论说，塞尚是一位"以远似近"的画家。在他的时代里，骑脚踏车已经是特技。塞尚大概只知道火车是最快的交通工具，他肯定从未驾驶过摩托车。然而他所见到的事物，毋宁是一位高速运动者对自然的感觉，即狭义相对论的时空图像。在本书的第十章中，我们将讨论塞尚的空间观点也是"现代的"，与爱因斯坦的广义相对论的图像不谋而合。

塞尚曾自语："像我这样的画家，每隔一个世纪才会出现一人！"事实上，他谦虚了，因为像他这样的画家，两个世纪以来也没有再出现一位。

物体呈现的色彩与物体本身相对于观察者的运动速度有关，这就是相对论性的多普勒效应。我们在日常生活经验中只能感受到声波的多普勒效应。例如，从我们身边驶过的救护车或火车，它们的警号或汽笛发出的鸣叫声在我们听来会发生音高的变化，原因在于波源和观察者保持相对运动时，观察者测量到（听到）的频率不同于波源发出的振动频率。这一现象是多普勒在1842年第一个提出的，称之为多普勒效应。光波也同样遵从多普勒效应，从而在相对于它运动着的观测者看来会呈现出不同的颜色。1905年，爱因斯坦通过一系列公式将多普勒效应和相对论理论结合在一起，给出了光的波长或频率随速度变化的关系：当物体与观察者相互远离时，光线发生"红移"，即测量到的光波的波长增加；反之，当物体与观察者相互接近时，光线发生"蓝移"，即测量到的光波的波长减小。请看图74，与你保持相对静止时呈黄色的火车，当高速接近时，你不仅看到它长度收缩了，而且颜色也变成绿色；当高速远离时，颜色又变成红色。必须指出，光在色彩上的变化，只有在观测者的运动速度达到相对论范围内才成为可明显观测到的现象。

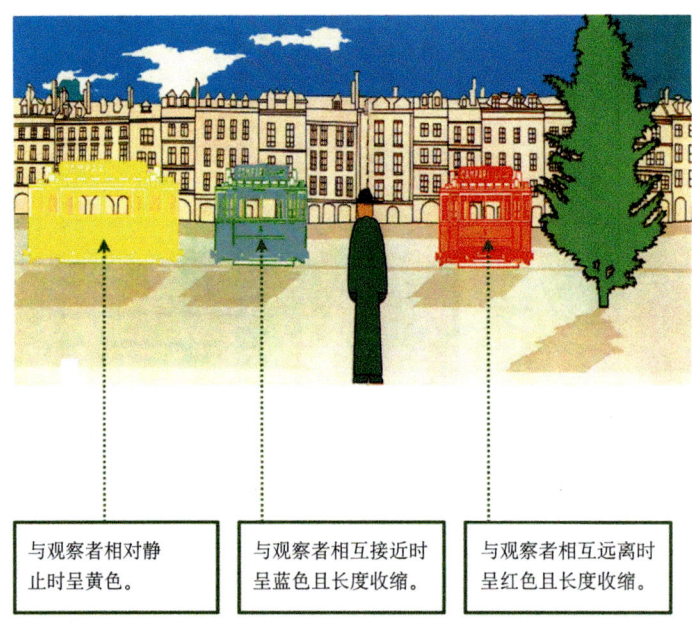

图 74　相对论情形下的多普勒效应

这里有一个明确的结论，在高速世界中，和信号灯保持静止的交通警察或者行人看来是红色的信号灯，对于急驰而来的汽车上的司机看来可能呈现绿色。他一定会呼啸而过。因此，公元 3000 年的时候，人类如果造出了接近光速的交通工具，指挥交通信号的红绿灯将毫无用处。

尽管科学家已建立了完整的相对论时空理论，并在实验室中得到大量的验证，但今天的人类还没有可能亲身经历相对论的视觉效应。科学和艺术都在启迪我们理解它。在一列高速运动的火车上的观察者向火车的后方看去时，窗外的树木、房屋和人都带上了红色，而位于火车前方的则带上了蓝色。位于侧方的物体也有颜色上的改变：整个外侧的景物都发生了色彩改变；刚从车窗掠过的物体会泛红，正向车窗掠过来的则带上蓝紫色，而恰好位于正侧方的，则会带上或橙、或黄、或绿的色调。奇妙啊！由此，我们不再怀疑高更心中的红色草地和我们现在所看到的绿色草坪，其实都是这个大千世界自然的表现。

毕加索与立体主义画派

1905 年，爱因斯坦提出狭义相对论，对空间和时间进行了科学上的革命。但对于广大民众来说，他的貌似简单的数学公式，也似乎太深奥和晦涩了。大多数科学家们也都沦为牛顿的保皇派,所以相对论在相当长的时间内都没能引起世界的注意。

艺术也在新世纪爆发了革命。19世纪后叶的印象派已经使得艺术家和民众感到耳目一新,因此有人认为,所有能表现的都已得到表现,艺术革命已经结束,好戏也该收场了。艺术会不会从此走向低谷,走向平庸?科学和艺术难道真的终结于19世纪吗?时代呼唤出一个科学天才——爱因斯坦;时代同时呼唤出一个艺术天才,他就是毕加索。他的名字俨然已成为"现代艺术"的代名词,其出现改写了20世纪的美术史;其独具魅力的风格贯穿20世纪,时至今日仍令人着迷。

西班牙裔的毕加索出身绘画世家,自幼学画,具有超人的才华。15岁时的作品《科学与慈爱》相当成功,是一幅极其成熟的学院派传统绘画。16岁入西班牙最高美术学院,但开始对传统绘画失去信心。印象派的革命,将他吸引到世界前卫艺术的中心巴黎,1904年定居于此。此时他已被承认为年轻的画家新星,并已经历了粉红色和蓝色两种不同风格的创作时期。1905年前后,爱因斯坦在瑞士同朋友一起在咖啡馆里长坐,努力思考如果自己骑乘光束旅行,看到的世界图景该是什么样子的等问题。与此同时,毕加索在巴黎进行了构筑空间新概念的艺术尝试,并于1907年具体在画面上体现了出来。这就是毕加索划时代的、立体主义的

图75 《阿维农少女》(毕加索,1907)
视觉艺术中的相对论革命的开始。

开山作《阿维农少女》(图75)。

画面上表现了五个委婉动人的少女,出现在地平线上。她们是风尘女子,因此这幅画的主题并不高尚。不过这幅画的激动人心之处不是它的主题,而是它那激烈的形式错位。它彻底否定了自文艺复兴以来表现三度空间为主要目的传统绘画,断然抛弃了对人体的真实描写,把整个人利用各种几何化的平面装配而成。同时它废除表现空间的焦点透视法则,舍弃画面的深度感,而把量感或立体要素全部转化为平面性。观众的视线不能超越画面进入背景,因为画上根本就不存在背景。这幅画,既受到塞尚的影响,又明显地吸取了黑人雕刻艺术的表现特色。画面上,画家随心所欲地改变视点,使少女的头、鼻子、眼睛同时以侧面和正面的形象出现,让观者的视觉扩大到了包括许多不同视点,好像正在从一个点转移到另一个点:时而朝上看,时而又朝下看。这其实就是实际上看东西的方式——不是位置固定的晃眼一瞥,而是无数个瞬间的一瞥。

现在,但凡知道一点美术史的人,都了解立体派。所谓立体派,其画面是由众多的"面"(小立方块)所构成。之所以称之为划时代的风格,是因为它首先舍弃了欧洲传统中单一视点的手法,而使一件画作中可以呈现多视点,在物理学上等价于摈弃占有优先地位的绝对参考系,代之以自然界的一切惯性系都是等价的观点。立体派所产生的效果,并不是取自某个主体在特定时间内的单一面貌,它可以让不同时间、空间或各种角度所呈现出来的多样面貌,全部集中在同一个画面上,即物体的各个视觉小块——前面的、后面的、顶上的、底下的,还有侧面的,都跳将出来同时扑向观众的眼帘。因此,立体派艺术的核心就是"空间的同

图76 《女人肖像》(毕加索,1937)

时可观睹性"。图76是毕加索的一幅女人肖像，这是他永爱的主题。虽然并不是以光速运动的观察者看到的空间所有视点都得到完整地表达，但重要的是毕加索的立体主义创作思想与狭义相对论的时空性质是不谋而合的。毕加索说过："我并非看着物体在绘画，而是按照自己的思想在绘画。"这句话为"绘画"这个名词注入了一个全新的观念，也是立体派的精髓所在。美术评论家往往以"打破了空间，又重构了空间"来概括立体派作品的特点，笔者认为，一个学习过相对论的欣赏者才会真正理解这句话，并能将其补充完整为"打破了（低速运动时的视觉）空间，又重构了（光速情形下的视觉）空间"。

立体派的得名源自另一主将布拉克（J. Braque，1882~1963）在1908年的一次个人画展。评论家沃塞列斯在杂志上发表文章为展览会作评，这位稍早时候为野兽画派起名的评论家写到："布拉克轻视形象，将一切风景、物体、人物和房屋都变成了几何图形和立方体……"于是，一个称作"立体主义"的新的艺术流派宣告诞生。这是一种惊人的绘画新形式；一种要求人们以新角度设想空间和时间的方式；一种使观画者重新思考有关实在本性的方式。它的出现堪与文艺复兴时期透视原理的发现相提并论，后者经历了200年的时间臻于完美，立体主义的发展时期只有区区数年。它是艺术史上的一个极为独特的事件，可以说是整个艺术史上最富震撼力量的变革。

爱因斯坦的公式是"洛书"，立体派的绘画是"河图"，它们两者都表述同一观念，就是所有的参考系都是彼此相对的。科学上，唯一能对客观自然提供一统图景的地点只在理论上存在，那就是骑乘上光束；艺术上，真能让观察者看到立体派画家表现在自己作品中的那种情景也只有同样这个办法。当从光束上观察时，前与后都不再有任何意义，过去与未来也不复存在。如果你相对于我以光速迎面扑来，看到的我和我看到的你就如同超现实主义画家马格里特（R. Magritte, 1898~1967）的作品《温室》（图77）。

乘火车以接近光的速度行进的旅客所能看到外部世界的色彩，与立体派的表现惊人地一致。正如前文所述，随着观察者的速度接近光速，物体在他看来带有何种色彩取决于相对运动。从接近光速的火车尾部看出去，远离而去的草坪会呈红色而非绿色，反之，迎面而来的草看上去会带上蓝色，至于在侧面，草的颜色则会呈现位于光谱中段的黄、橙、绿等诸色调。所有这些色彩上的变化，都是

图77 《温室》（马格里特，1939）
这正是以光速运动的观察者所看到的景象。

由于速度的增加造成空间发生严重收缩所致。当达到光速时,前与后变成一体,故所有的色彩都将合聚到一起。我们不妨想像一下,在这个无限薄的二维平面上,实在的主题该呈现什么色彩。白光中带有光谱中的所有色彩,因此有理由设定在光速这一数值上,色调只会是清一色的一片白。不过,从小我们便知道,如果把所有的色彩掺合到一起,得到的会是乌突突的灰褐色,因此也有理由认为此时的空间会呈现这种色彩。黑色表示没有光,它是唯一不会因速度达到光速而变化的色调。那么,在光速情况下可能呈现的色彩只有白、黑、灰、褐这几种中性色调。

毕加索和布拉克肯定不知晓多普勒效应与相对论这等科学性极强的内容,但实际情况是,相比于野兽派用夺目的斑斓色彩刺激观者视觉器官的做法,毕加索和布拉克则基本上只用"土色"表现自己的新空间;这四种颜色就是白、黑、褐与灰,正是以光速运动的观者可能看到的色调(图78)。艺术和科学的惊人相似性,令我们叹为观止。

图78 《静物》(布拉克,1920左右)
立体主义因布拉克而得名,但现在人们似乎只记住了毕加索。

1937年,毕加索接受西班牙共和国的委托,为次年春季巴黎国际博览会的西班牙馆作装饰画。正当他苦苦思索酝酿创作题材时,是年4月26日发生了法西斯空军轰炸西班牙北部小镇格尔尼卡事件,小镇被夷为平地,无辜居民被炸得血肉横飞,幸存者也都无家可归。这一罪行受到国际舆论的强烈谴责。毕加索得知这一消息,义愤填膺,随即拿起笔为巴黎世界博览会画了一幅壁画,震撼世界画坛的伟大杰作《格尔尼卡》(图79)问世了。

《格尔尼卡》这幅画里没有飞机、炸弹、坦克、枪炮,只有无关现代战争的牛、马、女人、灯等物体,然而它的意义已经超越了这个故事的表面形象。黑白灰是这幅画仅有的三种颜色,画家更以立体主义法则,将物象解体、扭曲、错位,表现了仰天狂叫的求救者、奔逃的脚、濒死嘶鸣的马、断臂倒地的士兵、抱着死婴号啕大哭的母亲、木然屹立的公牛……画面中央高处是一只眼睛似的灯光,眼睛的瞳仁是只灯泡。它深刻地表现了这幕似乎梦幻般的悲剧,一切都是那么突然、始料不及,但却铁证如山。这幅画运用象征的手法,集立体主义、超现实主义、拼贴手法等之大成,调动各种艺术因素揭露了法西斯战争的残酷,并表示了愤怒的抗议,这说明毕加索开始重视艺术的社会意义。二战期间,当德国驻巴黎大使到毕加索画室,邀请他访问柏林,遭拒绝后走出

图79　《格尔尼卡》（毕加索，1937）
相对论的理论如果被用于战争，情形比这个还可怕！爱因斯坦也曾为反对使用核武器而斗争。

画室时，看到这幅《格尔尼卡》照片，说："啊！毕加索先生，这幅画原来是你画的。"毕加索冷冷地说："不，是你们。"他保持了一个爱国主义艺术家的凛然气节。

毕加索和爱因斯坦

20世纪的科学就是爱因斯坦，20世纪的艺术就是毕加索。与牛顿和达·芬奇不同，他们是同时代人；都具有犹太血统；最富有创造力的时期都是20世纪前15年；年轻时都忍受事业上的孤独而晚年都享誉全球。

毕加索是在非常艰苦的条件下，在被亲切地称为"洗衣舫"的极其简陋的房子里画出，或者更确切地说，以绘画的语言研究出《阿维农少女》。1904年到1905年间，毕加索周围凝聚了一批被称为"毕加索帮"的密友，甚至包括"先锋派艺术总指挥"阿波里内尔（G. Apollinaire，1880～1918）。他们几乎每天都在"洗衣舫"聚会，讨论的问题极为广泛，从文学到政治、哲学、数学、技术、科学等。这些人被毕加索的魅力和天才所吸引，围绕着毕加索，就像行星围绕太阳一般，同时向毕加索传达艺术和科学发展的最新信息，包括有关原始艺术、非欧几何、高维度空间和时间旅行等。他们在争论着并影响着毕加索的创造。尽管毕加索帮的人员都是享有一定声名的先锋派文化人，并且也十分钦佩毕加索在艺术上的敏锐，但他们中没有一个人有能力认识到他的画室里所发生的事情的意义。

除了没有狗,爱因斯坦在1905年春天的情形与毕加索非常相似,与妻子非常窘迫地生活在瑞士伯尔尼老市区一间狭窄的没有电梯的三楼公寓里。巧合的是,在爱因斯坦周围,也存在一个类似的研究小组,讨论类似的论题,自称为"奥林匹亚科学院"。小组中每个成员都是爱因斯坦的好友和业余科学家,他们都阅读并讨论从柏拉图的《对话》到庞加莱的《科学和假说》等各类哲学和科学书籍。这些志同道合者都是像爱因斯坦一样默默无闻的公务员,当然他们当中也没有一个人对他即将创造出来的相对论有哪怕一丁点儿感知。

毕加索和爱因斯坦都有各自的精神导师——塞尚和洛伦兹。塞尚本人那种孤独的性情、以科学家的眼光来研究风景、对表现空间的多重视点的技术手法、将艺术形象还原于几何的思想等,一直是毕加索的一种鼓舞力量。毕加索称塞尚是他"唯一的大师"。关于洛伦兹,爱因斯坦写道:"我无比钦佩他,我可以说,我爱他。"我们知道,洛伦兹几近完成了电磁现象的一个恰当的理论,几乎解释了当时所有关于以太探测的实验,但他不能抛弃绝对时间这个概念,所以没有走入相对的时间和空间的世界。毕加索和爱因斯都强调,尽管他们取得了表面上看来是革命性的进步,但实际上只是把过去大师们的工作扩展了而已。《阿维农少女》里含有塞尚、格列柯、高更和安格尔等人的影子。同样,在爱因斯坦的相对论中,我们看得出洛伦兹、马赫(E. Mach, 1838~1916)、休谟(D. Hume, 1711~1776)、康德和庞加莱的遗产。

在那个创造性的年代,他们都打破了学科的界线。爱因斯坦对空间和时间的探究从根本上讲并不是数学的。在他1905年发现相对论和光的波粒二重性中,美学概念起着主要的作用。对爱因斯坦而言,自然法则是艺术的;美学就是数据;极简主义是一条原则。同样,毕加索对空间的探究也不完全是狭义上的艺术的。科学、技术和数学已经被证明是《阿维农少女》这幅作品中很重要的组件。即使毕加索本人生前极力否认这幅开山之作有任何科学根源,但他的"毕加索帮"朋友中有被称为"立体主义数学家"的普兰斯(M. Princet)和先锋派科幻作家雅利(A. Jarry,1873~1907),却是不争的事实。据说他们通常在"洗衣舫"内长篇大论地谈说空间几何学的一些基本原则,所以,突破性的《阿维农少女》中对空间的探索一定是应用了普兰斯向他描述的四维空间的概念。

因此,爱因斯坦和毕加索都是机会主义者,都利用了他们所处时代的知识潮流中的每一个蛛丝马迹,榨取了周围朋友们最后一分智慧,(这没有任何贬义的意思!)升华了自己的科学和艺术。

1911年以后,西方美术的一场新的革命是抽象主义,代表人物是康定斯基。在抽象主义艺术家看来,这个自然是无定形的自然。当艺术在向一个高度抽象的阶段迈步时,物理学也走了一条平行发展的道路,因为爱因斯坦1915年的广义相对论把空间和时间几何化了,在20世纪20年代量子理论发展之后,物理学变得更为抽象了。然而纯粹的抽象是毕加索从没有跳跃过的龙门，爱因斯坦也从来不赞同高度抽象的量子力学。所以，他们两人最后都疏远他们自己的革命。

毕加索当初肯定不知道相对论，爱因斯坦晚年才开始知晓立体主义，而且双方都明确否定立体主义画作与相对论有关联。但近年来，立体主义和相对论之间的关联是国外物理学史专家和艺术史专家的一个研究热点，意见相同或相左结果一直在争论之中。但不管怎样，科学和艺术的共同基础——人类的创造力，在我们认识空间和时间这个问题上得到了融合。所以说，艺术和科学在20世纪应该并确实，而且还将一定会以一种平行的方式前进。

高维空间

我们生存在一个所谓的三维空间中，即人类眼睛能够看到的空间是一个三度空间。任一级低维空间都是高一级空间的横截面，并以高一级空间多出的维度为轴线移动而形成高一级空间模式。例如：线是面的横截面，以宽为轴线移动成面。实际上，任一维度空间除被该空间的特有维度确立外，总是以横截面的形式在高一维空间有所体现。例如，二维的圆和长方形，体现在三维空间的圆柱的两个正透视方向上。

空间的意义既是直观的，也是抽象的。在数学上，你可以构造任意维度的空间。1880年，有一位数学家写了本题为《偏平国》的小说，讲述了一种虚构的、生存于平面上的、只有两个维度的生物，不妨称作斯块儿王国（Squareyland，类似前文的文字游戏，是square+land构成的"生字"，意思是方块的世界），和前面的斯菲儿王国属于同一个宇宙，不同的星系。一天，书中的主人公斯块儿——他是一个方形，正在房间里坐着，房里的门都是关着的，突然看到了一个来客。他的惊讶是不言而喻的，百思不得其解，它究竟是怎么进来的？因为生存在某维度空间的生命形式只对确立本维空间的维度有感知，而高一维空间的那个特有的维度对它们便是认知的极限了。其实这名来客是个圆球，来自三维空间中，因此无需通过二维面上的任何一道门。

我们可以用蚂蚁，这个适应二维空间的生命形式，来做一个实验：一群蚂蚁搬运一块食物向巢里爬去。我们用针把食物挑起，放在它们头上很近的地方，所有蚂蚁只会前后左右在一个面上寻找，绝不会向上搜索。对于蚂蚁来说，眼前的食物突然消失实在是个谜。当它们依据自己的认知能力在被长、宽确立的面上追寻不着时，这块食物对它们来说就是神秘失踪了，因为这块食物已由二维空间进入到三维空间里。只有我们把这块食物再放在它们能感知到的面上，蚂蚁才可能重新发现它。这对于蚂蚁来说，却又是神秘出现了。如果蚂蚁能思考的话，眼前这块食物的神秘失踪和神秘出现足以让它们世世代代不得其解。可见三维空间的高度——这个我们人类司空见惯的维度，是生存在二维空间中的蚂蚁们的认知极限了。

当数学家超越人类对直观空间的认知极限，开始捉摸更高维度的几何学时，第一步是构想一个有四个维度的立方体。不幸的是，人类只比蚂蚁进化一步，也只能同三维世界打交道，不能形象地描述高维空间，只能退到数学方程的世界中。困难归困难，数学家还是能够根据计算得出这个四维立方体，它在三维空间的正投影有八个立方体构成，犹如一个三维立方体有六个矩形面一样（图80）。这个八个立方体的构成叫超立方体。

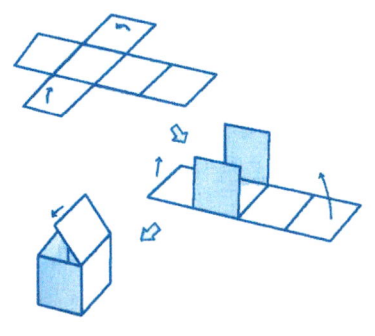 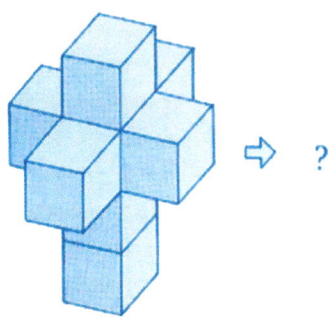

(a) 二维正方形到三维立方　　　　　　(b) 三维立方体到四维的什么？

图 80

如果第四维是存在的，就势必会出现这样一个问题：既然阴影是三维物体的二维投影，那么我们人类和这个三维世界上的各种物体，会不会是由四维物体投下的"阴影"呢？我们在三维尺度上，嘲笑那些二维生物，如斯菲儿、斯块儿们和蚂蚁，是如此的无知，二维的阴影是如此苍白和不足。相比之下我们应该意识到，投下三维"阴影"的物体，在四维世界该会有多么丰富的内容。由于科学家庞加莱推波助澜的作用，在1900年前后的大众文化里，四维几何学风靡一时。对于第四维，当时人们主要兴趣在于如何把"灵面"上的"灵视觉"这一神学上的概念科学化、大众化。按照神智学观点，灵视觉是指看见一个处于灵面上的物体真实、绝对的表象，这个灵面延伸至无限。一旦至于灵面上，你可以同时看到一个物体的各个方面，以至于几乎认不出那个物体。与此同时，存在于低维物理世界的那种透视点不存在了。毕加索从普兰斯那里得知庞加莱关于空间的第四维解释并获得最关键的顿悟后，以毕加索并且只有毕加索的艺术天赋，《阿维农少女》出现了。

1954年超现实主义画家达利创作了一幅宗教画《耶稣受难》（图81）。在这幅作品中，耶稣受难的十字架被描绘成一个超立方体。画家表现了这种非常形状的十字架，更加强了基督身躯浮离的效果，它暗示存在于更高层次上的另一种实在。达利是一个没有科学品位的人，是一位在现实与梦幻中跳跃的艺术家。他凭着天才般的想像力，不仅将人或物画得栩栩如生，更在绘画上营造出惊人的幻想世界，其中对科学概念先知般的觉察力，令人不可漠视。

超立方的十字架悬浮在空中，黑白相间的方块在地上一直铺向尽头。不过，在超立方体的正下方，地面不是黑白相间的，那里是一个单色的十字形，表现的是光直接从超立方体上方照射时投下的影子。看看地上这个简单的十字，比一比超立方体隐喻的高维世界的复杂形体，观者会受到启发，认识到自己所在的这个三维世界，无非只是达利的四维超立方体投下的苍白无力的阴影而已。就像生存于一维空间的草木不知有二维空间的蚂蚁，二维空间的蚂蚁不知有三维空间的人类一样，我们又怎么知道生存于四维空间的生命形式呢？每当你用牙签挑起蚂蚁辛苦寻觅到的一粒米粒，看着这个可怜的小生命惶恐无措地寻找就在它头上1毫米地方的食物时，都应该想到：会不会你头上方还不到1毫米处正有一位四维空间的生命正看着你在发笑。这个可怜的人类！我们身边偶尔出现的神秘失踪案会不会也是一位四维空间的神灵，如我们闲来无事挑逗可怜的小蚂蚁一样挑逗我们这些自以为是的灵长类生命呢？

近代物理学家对高维世界的认识走得更远，最新的一种宇宙学理论在民众看起来像科学幻想。你固然不能完全理解这段文字，但你必须有兴趣阅读它：在大爆炸之前，我们的宇宙实际上是一个完美的十维宇宙，一个可能实现旅行的世界。然而，这个十维世界是不稳定的，它最终"裂"而为二，产生了两个分开的宇宙——一个是四维宇宙，另一个是六维宇宙。我们居住的宇宙就是四维宇宙（其中一维是时间），而且就在那个宇宙剧变的时刻诞生了。我们的四维宇宙像爆炸般地膨胀，而它的孪生六维宇宙却在剧烈地收缩，直到它收缩到几乎是无穷小的地步。如果这个理论正确的话，它将证明我们的宇宙暴胀只是一个更加大得多的宇宙剧烈变动的一次相当次要的余震而已。这次剧烈变动使空间和时间本身开裂了。因此，可以这样说，驱使我们宇宙不断膨胀的能量，存在于十维空间和时间的坍缩之中。这个理论预言，我们的宇宙仍然有一个侏儒孪生兄弟：一个伴宇宙，它卷曲成一个六维小球，其尺度小得很难被观测到。比如，一根麦秸，它的一个维

图81 《耶稣受难》（达利，1954）
耶稣是达利的自画像，妻子卡拉站在地面上。这深情的注目使我以为，达利一生最伟大的艺术品是他的爱情，和大他九岁的卡拉一见钟情，终身相爱。

度拉得很长,另外两个维度弯曲得很小,使得在远处看起来就像一根一维的线。但是,这个六维宇宙远远不只是我们世界的无用的附属物,它最终可能是我们的救世主,它将可能在我们的四维宇宙灭亡时重新打开,膨胀扩展,成为我们新的宇宙家园。

在写这段文字时,我想起达利的另一幅宗教画《最后的晚餐》(1955)。一个最具复杂的十二面体代表了宇宙苍穹(这当然来自柏拉图的自然观),主不仅在餐桌边,也在江河湖海之上。相比之下,我们所能感觉到的耶稣就坐在一个简单、明了的长方体旁,这是一个最简单的三维空间模型。主的面孔是一个中性的,非男非女,超脱于一切凡俗概念之上,需要我们注入主观的思想来思考他的真实面目。低下头颅的门徒们是否在和主一起,祈祷这个宇宙最后晚餐之后的新家园。

达利和毕加索同是西班牙人,当达利出生时,毕加索已负盛名。据说,1928年,达利第一次到巴黎时,放下行装就去拜访毕加索,因为此前,毕加索曾参观过他在西班牙的第一次画展,并给予较好的评价。他见到毕加索时说:"我刚到巴黎,还没有去参观卢浮宫,就首先来觐见您了。"他自认为这个恭维算是到了极致,岂料毕加索只是挥挥手,漫不经意地说:"年轻人,你做得对!"

第八章 解剖时间谜

我们真的生活在一个四维时空中,它的第四维是时间。牛顿认为时间是绝对的,瞬时就是一个抽象的时间的几何点。宇宙间,每一个参考系,每一个人都用同一个时钟记载过去、现在和未来。爱因斯坦的"思维实验"首先告诉人们,时间是相对的,不是绝对的。时间完全取决于观察者相对于钟表的运动速度(或者倒过来说,完全取决于钟表相对于观察者的运动速度)。在牛顿的绝对时间框架下,"现在"只不过是一个过去和未来的相交点。在相对论中,随着运动速度的增加,"现在"的这一点得到了扩展,包容了越来越多过去和未来。速度越接近光速,越来越多的过去事件和未来事件会被弥散开来的"现在"所吞噬。在达到光速时,时间不在流动,成为永恒的现在。

连续时空统

在爱因斯坦之前,人类一直把空间和时间看作分立的两种坐标。对空间的测量和对时间的测量从性质上说来是不同的。得知时间要看钟表;得知空间要打开皮尺。但相对论告诉我们,时间和空间是互补的一对,紧密相联的物理的存在:当时间扩展时,空间就会收缩;当时间收缩时,空间就会膨胀。

1908年,德国数学家闵可夫斯基(H. Minkowski,1864~1909,他是当时少数几个支持爱因斯坦相对论思想的科学家，可惜在1909年就去世了）发表了《空间与时间》一文，用公式表述了时间和空间的关联，揭示出空间和时间属于一个体系，而时间是该体系的第四个维度。这个体系得名为时空连续统，或简称为时空。这一革命性的拓展，将空间与时间联结到了一起，这两个各自单独存在了上千年的存在如今融为一体。可能你认为这实在是个伟大的结合，但现代宇宙学研究表明，两者本是同根生。

一个事件是发生于特定时刻和空间中特定的一点的某种东西。这样，人们可以用四个数或坐标来确定它，并且坐标系的选择是任意的：人们可以用任何定义好的空间坐标和一个任意的时间测量。在相对论中，时间和空间坐标没有真正的差别，犹如任何两个空间坐标没有真正的差别一样。

正如爱因斯坦所断言，不管光源的速度如何，光速应该是一样的，这已被精密的测量所证实。这样，如果有一个光脉冲从空间的一点在特定的一个时刻发出，在时间的进程中，它就会以光球面的形式发散开来，而光球面的形状和大小与光源的速度无关。在百万分之一秒后，光就散开成一个半径为300米的球面；百万分之二秒后，半径变成600米，等等。这正如同将一块石头扔到池塘里，水表面的涟漪向四周散开一样。如果将三维模型设想为包括二维的池塘水面和一维时间，这些扩大的水波的圆圈就画出一个圆锥（图82），其顶点即为石头击到水面的地方和时间，我们称之为"事件"或"现在"，用 P 代表。类似地，从一个事件散开

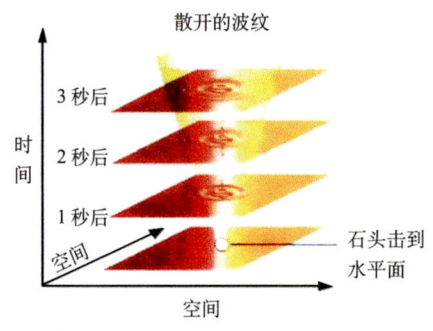

图82　池塘表面的涟漪时空图

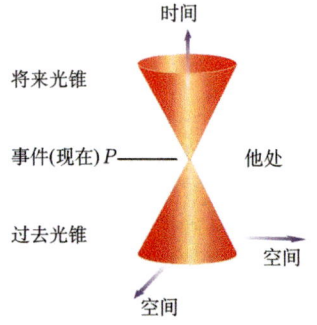

图83　时空光锥示意图

难道不是艺术品？笔者最近读到保罗·克利（1879~1940，和爱因斯坦同年生）的画，发现他在1925年一幅著名作品《鱼的魔术》中（见第九章），就下意识地使用了这个同样的模型表达了时空的意义。艺术评论家对他的评价是"20世纪最不可思议的教授型画家"。

的光在四维的空间－时间里形成了一个三维的圆锥，这个圆锥称为事件的将来光锥。以同样的方法可以画出另一个称之为过去光锥的圆锥，它表示可能传播到到该点的（"现在"）的所有事件的集合（图83）。

一个事件P的过去和将来光锥将空间－时间分成三个区域，这事件的绝对将来是P的将来光锥的内部区域，这是所有可能被"现在"影响的事件的集合。也就是说，从P出发的信号不能传到P光锥之外的事件去，因为没有任何东西比光走得更快，所以它们不会被P发生的事情所影响。过去光锥内部区域的点是P的绝对过去，它是所有这样的事件的集合，从该事件发出的以等于或低于光速的速度传播的信号可到达P。所以，这是可能影响"现在"的所有事件的集合。如果人们知道过去某一特定时刻在事件P的过去光锥内发生的一切，即能预言在"现在"将会发生什么。空间－时间的其余部分，既不受"现在"的影响，也不能影响"现在"。例如，假定太阳就在此刻停止发光，它不会对此刻的地球发生影响，因为地球的此刻是在太阳熄灭这一事件的光锥之外（图84）。我们只能在8分钟之后才知道这一事件，这是光从太阳到达我们所花的时间。只有到那时候，地球上的事件才在太阳熄灭这一事件的将来光锥之内。由此可知，我们看到的从很远星系来的光，是在几百万年之前发出的。在我们看到的最远的物体的情况下，光是在80亿年前发出的。因此，当我们投向宇宙某一星辰的惊人一瞥，不仅窥探了遥远的空间，也同时在向古远的时间张望，即我们是在看该星辰的过去。

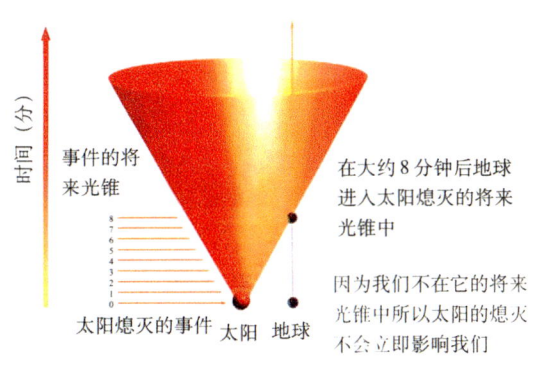

图84
在时空图中显示：如果太阳熄灭了，我们将何时知晓？

闵可夫斯基的时空光锥本身就是一件伟大的科学艺术品，形象化地代表了对时空全新的认知方式。后来的抽象表现主义画派的一位艺术家纽曼（B.Newman，1905~1970）有一尊著名的雕塑《断方碑》（图85），目前矗立在纽约现代艺术博物馆，可以说是用雕塑艺术表现手法，解读了闵可夫斯基时空光锥的意义。有人会说，两者并不完全相同，但《断方碑》的珍贵正在于它与时空光锥的差异之处。

图85 《断方碑》(纽曼，1965)
可以把握过去，只能展望未来。

雕塑的下端是一个可知的、古老的金字塔，寓意对过去的纪念和把握。上端是一个小的金字塔和一个上挺的长方体，并以一个断面表示延伸到无穷，这预示着未来与过去是有联系的，因此人们可以感知未来，但未来的最后结局不可知。这座雕塑的寓意和相对论的时空观点是如此相符，意义甚至更加深远，以至于有科学品位较高的艺术评论家怀疑纽曼钻研过相对论，但没有任何证据表明这个说法。

时间箭头

笔者认为，纽曼的《断方碑》还有更伟大的寓意，那就是时间的方向性原则。上端的下部是一个稳定的小金字塔，它具有稳定和有序的含义。特别有意义的是，顶端的端面弄成不平整、毫无规则的形状，代表了不确定和无序度的增加。时间的流失和系统无序度的增加一定处在同一个方向上，这与热力学第二定律告诉我们的时间箭头的意义是一致的。

众所周知，人类总是从出生走向死亡，因此时间在前进和后退方向上存在巨大差别。这过去和将来之间的差别从何而来？为何我们记住的过去而不是将来？人生之路是否可以逆转？或许读者会说，这个问题还需要回答吗，这就是我心理的感觉，是全人类的人生体验。一点不错，时间箭头之一的心理学时间箭头是从现在指向未来。但是不要忘记，爱因斯坦告诉你，时间是一个科学上可测量的、真实的物理存在，那么，科学意义上的、可测量的时间箭头指向哪里？

牛顿力学定律和麦克斯韦电磁场理论，乃至爱因斯坦的相对论等科学定律都不区分过去和将来。也就是说，按照这些定律，过去和未来是没有区别的，你既能把握过去，也能掌握未来，这叫时间反演对称性，在第十章中将有详细的讨论。然而，在日常生活的时间中，前进和后退大方向之间是有一个很大的差异。一个杯子从桌子上滑落到地板上被打碎，这是日常生活中常常发生的事情，但你从没有看到过碎片忽然集中到一起，然后离开地板，并跳回到桌子上形成一个完整的杯子。同样，人们也从来没有见过木乃伊能重新复活；一杯水在没有加热的情况下能自动沸腾；热量能自发地从低温物体流向高温物体……

由此可以看出，自然界的一些自发过程具有方向性原则，这个原则不能由牛顿运动定律或相对论来解释，它们通常和热力学第二定律相联系。热力学处理的对象是宏观系统，它是由大量微观粒子组成的系统。对于一个宏观系统，我们可以定义一个称作熵的物理量，用来测量一个系统在微观上的无序程度。热力学第二定律是这样表述的：一个孤立系统的熵，也就是它的无序程度，总是增加的。这和我们平时的常识相一致：如果没有任何外界的影响，事物总是倾向于增加它的无序度。桌面上一个完整的杯子是一个高度有序的状态，而地板上破碎的杯子是一个无序的状态。人们很容易从早先桌子上的杯子变成后来地面上的碎杯子，而不是相反。再譬如，考虑一盒有很多小纸片的拼板玩具，存在一个有序的、可以拼成一幅完整图画的排列；另一方面，存在巨大数量的、无序的、不能拼成一幅画的排列。假定拼板玩具盒的纸片从一个有序组合开始，如果你摇动这盒子，最终这些纸片将处于完全混乱的状态。也就是说，系统（纸片）的无序度将可能随时间而增加。

正是自然界的自发过程方向性原则，或者说，无序度或熵随着时间增加决定了宏观世界的时间箭头。时间箭头将过去和将来区别开来，使时间有了方向。这就是时间箭头之二：热力学时间箭头。爱因斯坦广义相对论的直接结果——宇宙爆炸理论使我们知晓，宇宙在一个非常光滑和有序状态下开始它的膨胀，提供了时间箭头之三：宇宙学时间箭头，在这个方向上，宇宙在膨胀，而不是收缩。霍金博士指出，三种时间箭头的方向是一致的，因此人类只能处在膨胀相中，而不

图86　《大使们》（荷尔拜因，1533）
遥想公瑾当年时，
少年擎剑更吹箫。

是收缩相中。当然，这一观点还在争论之中。

因此，对时间的认识，必须加上时间箭头，才是完备的。对于时间不可置否地将我们逼近死亡的认识，是艺术家从几千年以前就开始大做文章的主题，表现出人类对心理学时间箭头的感悟、理解，甚至是恐惧。寻求这一主题的绘画在西方艺术中称为"现世的无常"风格，其中最复杂和有名的作品之一，便是荷尔拜因的《大使们》（图86）。德国的汉斯·荷尔拜因（Hans Holbein,1497～1543）出身艺术世家，为人机敏不凡，又兼收并蓄，掌握了北方艺术家和意大利艺术家二者的成就，对宫廷人物肖像画的完美把握，几乎使我们回到了那个时代。《大使们》是为两位博学多才的年轻权贵绘制的纪念品，符合当时描绘学者的传统——有书籍、仪器、文具为伴，而实际上，其中隐含了很多关于时间及其流逝的细节。荷尔拜因标注了模特儿的年龄——手中短剑上的29岁和肘下书籍边上的25岁，描绘出其正处于荣耀之际的同时，还配以断了弦的鲁特琴，并在两人的前面配以被拉得极其细长的骷髅，令观赏者想到时间的流逝，死亡会来到每个人的面前。

在艺术中最能把握热力学时间箭头方向性原则的，当属20世纪50年代抽象表现主义画派中最著名的人物的杰克逊·波洛克（见第十章），其作画方法是史无前例。他把巨大的画布铺在地上，手里提着盛满稀释的颜料的铁桶，在画布周围和中间打转，用钻有许多小孔的铁罐头盒把颜料滴洒在画布上，造成一种斑斑点点、线条飞舞的混乱效果。他有时还用画笔像牧人甩套马索一样，甩出许多抽象的线条。这种画充满着跃动的色斑和线条，像一张扩张的大网罩在画布上，有一种向画外延伸之势，而观众则似乎被这张由色斑和线条组成的网所包围，有一种不可言喻的感受。如果问一个普通观赏者，波洛克画的给他的感觉如何？他的回答一定是：一种混乱无序的感觉。

波洛克把绘画看成是一种体验行为，他不专注于表现图像，而集中反应创作过程的时间流失，是一种心理图案记录。他不画形象，只画"行动"，美国艺术评论家专门为他的创作行为创造了一个术语叫"行动绘画"，还有人将他的独特画风称为"滴画"。最著名的作品《秋韵：1950年第30号作品》（见第十章）被评论家评价为"自然与无秩序之间的平衡"。这真像出自物理学家之口！更为重要的是，波洛克的作画行为被大量拍摄成照片。笔者以为，把这些照片按先后顺序排列起来，不正是告诉观赏者，随着时间的流失，一个个处在高度有序状态的油彩团变得越来越混乱，在最终的一片混乱的"自然"中，有人看出了若干马头；有人看到了若干朵玫瑰；有人感受到幸福；有人体验到悲哀……

未来主义

立体主义之后不久，一个新的艺术流派——未来主义又开始了。这是一个更为广泛的文艺运动，参与这个运动的有文学家、戏剧家、美术家、建筑家等。1909

年2月20日发表在巴黎《费加罗报》的《未来主义宣言》，以浮夸的文字宣告传统艺术的死亡，号召创造与新的生存环境相适应的艺术形式，宣告未来主义的诞生。未来主义者强调动感、追求冒险、反对模仿、歌颂战争、诅咒人类的文化遗产等，真有点中国的"文化大革命"味道。

绘画是未来主义运动的一个重要组成部分。在《未来主义绘画技巧宣言》中，明确了未来主义绘画的宗旨：用一切手段表现运动中的人和物。自乔托以来，西方画家的特点是创作舞台剧式的某一个凝结的时刻，画面强调静而非动，内容是一种记忆式的再现。莫奈不肯套用过去的东西，认为记忆会欺骗画家，因此他做的是将自己的"印象"放到画布上。莫奈专注于现在，未来主义更进一步，力图在作品中包揽时间流失中的过去、现在和未来。

早期未来主义绘画借鉴了修拉的新印象主义，将光和色分割成小点的技巧，从而能使画面产生一种热烈动荡的气氛。为了表现物象的运动感，未来主义画家借助于立体主义和摄影成果。由于他们普遍采用以几何形分解物象的方法，以致当时有人误认为他们是立体主义者，但立体主义绘画的特征是静，未来主义的画面给人的感觉是动。画家把静止冻结的时刻割裂成一片片，每一片包容着一个单独的时刻，连续起来就是动的感觉。这种感觉的制造要归功于当时的电影和19世纪80年代两位英国摄影家迈布里奇（Maybridge）和马雷（Marey）拍摄的连续性照片的启示。连续性照片能通过间歇曝光，在一张底片上显示运动物体的连续性状态，提供了看视时间的新方法，也可以说是将时间引入了空间。未来主义的许多绘画几乎是这种照片的翻版。

科学意义上说，立体主义的核心是表达了对空间同时观睹，即将物体的前后左右一齐表现出来。类似的，未来主义的核心是对时间的同时观察，即将过去、现在和将来全盘纳入现在中表现出来，这是我们在高速运动的火车上感受到的火车外的"现在"。当速度达到光速时，没有过去和将来，一切都是现在；一切都是同时的。正如中国古人云："观古今于须臾，抚四海于一瞬。"

图87 《拴着链子的狗的动态》
（巴拉，1912）
另一名未来主义艺术家博乔尼所言：
"奔马不是4条腿，而是20条。"

《拴着链子的狗的动态》(图87)是未来主义重要人物巴拉(G. Balla,1871~1958)的代表作,也是未来主义绘画的最佳范例。画面描绘的是林荫大道上的生活场景一瞥。一个时髦的贵妇(实际上只是一个贵妇的双脚)牵着她的小猎狗沿街小跑。画家并未采用变形的方式,而是将狗的奔跑动态凝固成一个个变化阶段,并把它们包容在同一个时间的画面空间中。奔跑的小狗,每一条腿部变成了多条腿的同时并置,看上去就像滚动的车轮,这几乎是运动摄影作品的摹仿。与此同时,拴狗的链子和贵妇的腿脚也都因运动变成了复数。有必要提醒读者回到第一章,2万年前创作于阿尔塔米拉洞窟里壁画上那硕大的野牛,不也闪烁着现代未来主义艺术的光芒。同样,保存在江苏徐州市博物馆的中国汉代石像中,我们也能看到类似毕加索的立体主义作品(博物馆的讲解员称"双面人")。由此可见,艺术和科学的表现力和人类的创造力跨越时空和民族,直至永远和无穷。

凡是对西方现代艺术喜爱的人,都一定会知道杜尚这个人的名字,因为他在20世纪第二个十年,有一系列惊世骇俗之作问世。杜尚给艺术史贡献是全新的观点:艺术要不得,艺术家要不得。因此人们一般认为他属于反艺术、荒诞离奇的达达主义者。但在其整个创造生涯中,杜尚都在理解时间和空间的意义,甚至有的美术家把他称为一个"高明的禅师"。杜尚的作品一直为多数后继艺术家奉为经典,他的创作手法和理念是后来波普艺术、偶发艺术、行为艺术等现代艺术的发动机。已经不可否认,杜尚是前卫艺术家,处于偶像的地位上,同马蒂斯和毕加索一起,是20世纪艺术界的三大巨头。

杜尚是《未来主义绘画宣言》的实践者。1912年,杜尚在不知晓未来派的情

图88 《下楼梯的裸女(作品二号)》(杜尚,1912)
"通过对运动的抽象表现来表述时间与空间"是否可以理解成"和光同行感受到的时间和空间"。我只能理解到此。对否? 不妨请教爱因斯坦,他在1912年还没有出名。

图89 下楼梯的杜尚照片

况下，画出了《下楼梯的裸女(作品二号)》(图88)。这幅作品的未来派风格十足，又兼有立体派的格调。杜尚曾应邀在一次专为立体派举办的画展上展出自己的作品。杜尚为能进入这样一届有毕加索和布拉克等名家参加的画展十分自豪，便带着《下楼梯的裸女》前来参展。当时立体派的画家看到这幅画后，认为未来派味道太浓，不宜同毕加索、布拉克等立体主义大师作品陈列在一起。经过激烈争论，立体派画家达成的意见是要他回美术馆取回自己这幅不合群的画。在包好自己的作品放入出租车内之后，杜尚赌咒发誓地说，他这辈子再不要同任何"一帮"画家打交道。不幸却又有幸的是，意大利的未来派也同样拒绝这幅作品，因为它的中心题材是裸体。未来派认为裸体是下流的，欣赏裸体是腐朽的。

杜尚不得不站出来和立体派和未来派双方的评论家抗争，以捍卫自己的《下楼梯的裸女》。他说这幅画是"通过对运动的抽象表现来表述时间与空间"。现在我们可以理解，这幅具有动感的画面背后潜藏着凝滞，这是在光速极限下时间达到同时性的凝滞。立体派已通过把物体弄成一个个不相邻碎块的方式表现了空间的同时性。杜尚则把时间间隔加以压缩，这个《下楼梯的裸女》既可以说存在于过去，也可以说存在于现在和将来。宇宙中唯一能观察到这种情况的场合是骑乘上光束行进。

杜尚最奇思怪想的作品就是那幅著名的玻璃画《被单身汉们剥光了衣服的新娘》(又名：《大块玻璃》，图90)。这件作品画在一块大玻璃上，其实这不是一幅画，而是以工业制图的方法制作的机器图形。有人写了整整一本书来探讨这部作品，而这样的书还不止一种，这说明评论家想要理解和阐述它丰富的表现内容。毫无疑问，作品的主题与性相关，甚至有人称之为20世纪色情的艺术作品之一。本书不想讨论这幅作品的主题和相关的社会与文化意义，只想通过它的创作过程、创作材料和创作技法分析杜尚的潜意识中对时空的理解。

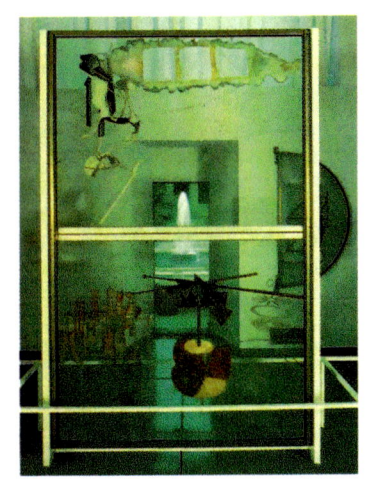

图90 《被单身汉们剥光了衣服的新娘》
(杜尚，1915~1923)

整整一部专著都说不清的作品，时间、空间、万物、人类与性，全在此。建议读者还是自己去查资料吧，比如《杜尚谈话录》。

作品的内容大致是，在《大块玻璃》的上半部分，裸露的"新娘"不断地剥去自己的衣服；在下半部分，可怜的"单身汉"们，被描绘成空夹克和制服，并在不断地扭摆，用动作向上面的姑娘表示他们的失意。作品采用油彩、铅丝、金属箔粉和玻璃上的清漆制作。

首先，杜尚本人在这幅作品中的最大创新，是他全然放弃了画布而以透明玻璃代之。这样做的效果，是观者不仅能看到画在玻璃上的二维图形，还能透过玻璃看到后面的，具有三个维度的真实世界，并且在空间中融入了观赏者自己。对杜尚的《大块玻璃》还可以从另一面透着看，结果是看到了翻转的结果，在这个过程中，观赏者必须经过时间，这个时空中的第四维度。杜尚的作品潜移默化地告诉人们对四维时空的思考。

其次，这幅作品经历8年（1915～1923）的创作过程，也表达了杜尚对时间意义的思考。作品一直未完成的原因是，杜尚声称没有想出一种更好的、理性的或合乎逻辑的主题来传达他的思想。据说，杜尚的作品在纽约展出后，搁置了一年多，落了一层的灰尘，杜尚请人为它拍下照片，他清除了灰尘，只留有圆锥体上的一部分，并用固定液将这部分灰尘粘结在上面。特别是，《大块玻璃》最后在运输中遭受破损，使玻璃上留下许多网状裂纹（作为一个物理学专业人士，我看到了无序度的增加）。据传，杜尚非但不感到惋惜，而且十分满意地说："现在完善了，终于完成啦。"我理解，因为只有加上时间箭头之后，才真正表达了真实的时间和空间的概念。再来看看艺术评论家是怎么说的："这些灰尘和裂纹在新娘和光棍们之间提供了一种意想不到的、心理上的时间和空间的变化，这种变化正是杜尚发现的一种全新的观念。"不过这种观念我们能读懂几许？或许凡人的理解令杜尚嘲笑，大概也惟有禅师对杜尚的画才会相视一笑。

杜尚一不做，二不休，既然真实的时间和空间能凝固在艺术之中，那么生活本身为什么就不是艺术呢？他把从垃圾堆里拾到的一件瓷制小便器拿回家，题名为《泉》。这件当初使杜尚声名狼藉的作品，西方现代艺术史最终还是恢复了它那"划时代"的历史地位。它的意义在于不仅反传统的，而且是反艺术的。1919年，杜尚再次做出了反传统的"恶作剧"，他在达·芬奇《蒙娜丽莎》的照片上，画上小胡子和山羊胡，和传统艺术开了一个令人啼笑皆非的玩笑，以达到嘲弄传统艺术的目的。杜尚之所以要这样做，不光是表示对艺术的不恭，而是表示对人的理性的不恭，反理性才是杜尚的思想实质。理性的局限，走在科学发展尖端的大科学家们早就比一般人体会得更深刻。牛顿，当他站在人的理性和神秘宇宙的最前沿，并陶醉于他用理性建立来的世界模式时，可能在一切人之先窥视到了理性所无法进入的浩瀚宇宙的神秘。于是，他放下理性，屈从于这种神秘，把最后的生命奉献给神学而非科学，这可能是他所处时代的唯一选择。艺术家们也同样如此，一些善于思考的西方艺术家，当他们在绘画领域打破了传统的模拟三度空间之后，便一发而不可收拾，以致企图把艺术变成哲学的图解，当然庆幸的是他们还不受科学的禁锢。所谓"大脑的艺术"不能不理解为艺术家提出来的人对生命、对生活、对自然的思考。凡·高的艺术本身就是生命的火焰，毕加索一生都在向宇宙质疑。其实杜尚对艺术的发难、恶作剧，也是西方现代艺术不断延伸、发展的必然结果。杜尚的意义超出了蔑视传统，他甚至蔑视艺术本身。这在所有的西方大师中无疑是最革命、最前所未闻的。正是这种对杜尚的重新认识，20世纪50年代后在美国掀起了一股"杜尚热"。长时间默默无闻的杜尚重被捧为20世纪最伟大的前卫艺术家之一。

超现实主义画派和时空

1905年，爱因斯坦提出狭义相对论，在科学上重新认识了时间、空间和光的真谛。但爱因斯坦的理论在长时期内不被公众理解。同样的情况也发生在量子力学领域内。究其原因，是两大科学革命中产生的新概念与我们的日常生活经验相差太远。即使在现今，如果你对一个没有什么科学背景的普通民众说：运动可以使物体的质量增加；可以使时钟变慢；每个人本身具有波动的性质等，你一定会被嘲笑为一个神经病。科学的概念需要去理解，并以一种合适的图像和语言。

在20世纪初，哲学和心理学领域内也诞生了革命性的成果，其标志就是弗洛伊德（S.Freud，1856～1939）在1900年发表了他里程碑式的力作《梦的解析》。弗洛伊德提出，在人的思维底处内藏一个怪物，剥离于人们正常和理性思考之外，但有力地操纵着人的行为，这就是潜意识。人类的梦行为是潜意识大放光彩的舞台：梦中的时间不服从线性规律，梦中的空间也不是欧几里得的，梦中没有理性的思考和因果关系等。总之，潜意识存在于另外的时空中。

艺术家接受哲学或心理学思想比接受科学思想要快得多。一些艺术家开始借助梦境来探知自己的潜意识的深度，并发掘时间、空间和物质存在及运动在潜意识中的表征和关联。这就是超现实主义运动的基础。

现实世界和人的精神世界的本质本来就是一个谜，揭开这个谜的办法就是要不断地与自然对话和一步步发现人的精神世界的新大陆。因此超现实主义画家总是把时空、死亡、性、梦境等作为其主要描绘课题，以一种与现实生活中不协调的方式组合在一起。他们追求潜意识的创造力，企图在画面上展现谜底。往往他们碰巧接通了与现代科学概念相连的开关。

在超现实主义画派的人物中，有一位来自意大利的成员契里柯据说三岁就表现出绘画天才，1909年开始确信，在眼睛看见的事物背后存在着深刻而不可思议的事实，并于1910年前后创立了"形而上"的绘画风格，即追求形式外表深处潜在的事实，这其实是超现实主义画派的同义词。按照契里柯的说法，一般物体常有两种形态：一是通常谁都可以见到的形象；二是只有极少数"真正艺术家"才能捕捉到的神秘形象，称作"形而上"的形象。契里柯在"形而上"作品中，大都表现"谜一般的城市风景"。空空荡荡的广场，独立的尖塔，没有任何装饰的墙面，几乎没有树木，没有绿荫，甚至没有垃圾。孤独的人、雕塑、时钟和令人目眩的夸张透视和夸张的硕长阴影，营造出一种不寒而栗，如同噩梦般的气氛（图91）。不妨说，一个科学家，在感到牛顿的绝对时空观即将坍塌时，可能感受到的，都表现在契里柯的画中。

在西方美术中，钟表和阴影都用来表征时间。契里柯和其他画家一样懂得阴影与时间密不可分的联系。不同的是，他对利用阴影来搞乱时间更有兴趣。在《时间之谜》（图92)里，一个孤独的人站立在广场上，面对的是一排拱廊，天空的色

天空处在令人不安的绿色的黑影中，好像我们赖以生存的大气变得稀薄了，令人感到窒息。

无风的日光与塔顶上飞扬的三角旗是矛盾的。

塔上刺目的阳光给人的感觉正处于中午。

长的阴影又表明这是在日出或日落时分。

图91　《无尽的乡愁》（契里柯，1914）
没有牛顿时空观，我们还相信什么？真是无尽的哀愁。

调是令人不安的深绿，这是只有大气在极为稀薄的情况下才会呈现的色彩，光的方向不知来自何方。在建筑物上有一只钟，指示的时间为2：55，画面上表现的显然是白天。然而，从孤独的人在场地上投下的影子看，时间应当不是日出便是日落。如此的天空，长长的阴影，却和看到的"时间"不一致，真不知画家究竟是有意还是无意让观者考虑画上的时间意义。画的最终寓意可能是，确定时间的标准是相对的，而不是绝对的。不论你是否相信，契里柯利用了潜意识的创造力，独

图92　《时间之谜》（契里柯，1912）
爱因斯坦已经给出答案：时间是相对的。只不过此时公众，当然包括艺术家，还不知晓。

立于科学和哲学之外理解到牛顿的绝对空间和绝对时间概念的错误，不自觉地为爱因斯坦高深的科学理论做了普及工作。

超现实主义画派得名于先锋派艺术领袖人物阿波里内尔，其中最伟大的画家是前文谈到的萨尔瓦多·达利。达利在学生时代阅读了弗洛伊德《梦的解析》，便持续受到他的学说的影响，甚至在1938年于伦敦拜会了弗氏本人。达利的画风是以一丝不苟的现实笔法描绘非现实的场景，自己形容为"梦的照片"。看达利的一生，无论艺术或生活，都令人不悦，与其说他生活在现实的世界，不如说是生活在梦与幻想的国度。但漠视达利很容易，忘却他却不可能，因为他身居所有超现实主义艺术家之上，正如他那永远的杰作《记忆的永恒》（图93）。

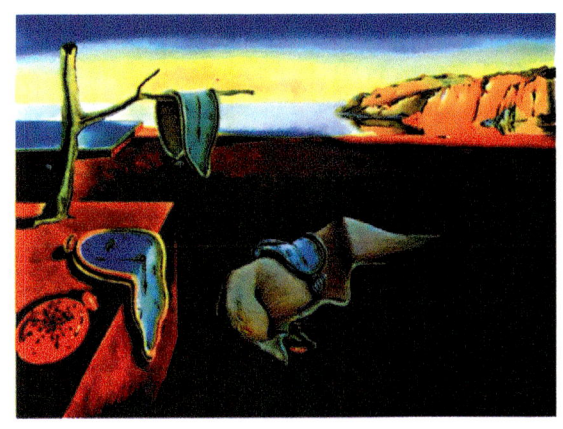

图93 《记忆的永恒》（达利，1931）
创作年代正值美国经济大萧条之际，人们的精神在社会的压力下也坍塌了。

在这幅著名的作品中，达利并置了两种常见的时间代表物：钟表和砂粒。不过，在引人注意的画面上，几块表都处于熔坍状态，意味着时间并非是刚性的东西，是可以产生膨胀效应的。充满肃杀之气的枯树，代表了让世间万物毁坏的时间流失。背景则是象征时间之砂的孤寂沙漠和象征空间的广阔大海。尽管达利拒绝给出这幅画的意义，但通过此，使人仿佛能感到时间是相对的，有方向地流逝着，并且与空间交融在一起。这幅超现实主义的经典之作，至今仍具有广泛的影响力，最近我国出版的《读者》杂志一幅主题为《时空倒转》封面图画，就是借用达利的软绵绵的手表来表达时间的相对性。

另一位伟大的超现实主义者是马格里特。这个比利时人不愿被别人视为艺术家，而自称为借助图画实现交流的思想家。他的画风特点是常用"换位法"将平常事物安排在非正常位置，使它们不合逻辑地并列组合，引起人们的惊奇、思考和感悟，其意图在于揭示出存在于平凡背后的神秘，现象背后的规律。他一生创作近3000幅作品，其中不少能有助于理解爱因斯坦狭义相对论和广义相对论的图形,比如前面看到的《温室》是对光速情形下人的形象的最好注解。1935年的绘画作品《定住的时间》(图94)又是一例:这幅画上有一个普通的壁炉,炉台上放着一只钟,另有一列微型火车正从炉壁钻出来。三者风马牛不相及的东西,并列组合在一起,真犹如我们梦中的情景。这只钟象征着时间自是不言而喻的;火车表达了运动和长度;壁炉的寓意何在?马格里特自己在回答他的传记作家的信中说,他目的是以一种最常见的物体造成神秘感。传记作家理解为它暗示变化:物质从一种形式(木柴)变化成另一种形式(灰烬),同时有能量伴随这一变化过程释放出来;质量可以转变成能量等。如果按这个思路,笔者还想增加一点:壁炉中的功热转换过程是不可逆的,自火得到驾驭的那一刻起,木头变为火焰的神秘过程便一直伴随着时间的流失方向。

图94　《定住的时间》(马格里特,1935)
表达相对论概念的一切视觉要素都在此。用作者
话说,这是"脑子在家"时创作的。

　　画的名字《定住的时间》,科学意味也是深远的。定住就是停止。根据狭义相对论,时间和运动只会在唯一可能的情况下停住,即以光速运动。马格里特斩钉截铁地声言自己从来对科学没有兴趣,但下意识地与科学保持一致。在他的画作中现代科学的许多重要概念尽收眼底。这位思想交流者还有许多,可以被理解为下意识图解相对论和量子理论概念的杰作,如下文中的《巨人时代》、《大家族》和《天降》等。

　　有相当多的现代艺术作品对自然的理解有着与现代物理学相当一致的表现。同样,现代科学的发展不断地激发艺术家的创作灵感。但至今为止,还没有一项标志性的物理与艺术携手之作。或许科学和艺术的共同语言只存在于人类的潜意识当中。

第九章 量子风云录

茫茫大海，巍巍丛山，花开花落，云展云舒，宏观世界是那样的丰富多彩。但是，人类的求知欲和想像力决定了我们不仅要理解自己的感官所感觉到的自然，更要穷极细微之处的物质世界。世界万物是由什么构成的？自古以来，人们向往揭示物质结构之谜。

约在公元前400年，古希腊哲学家德漠克里特明确指出，物质是由最小的不可再分的粒子构成，这是英语atom一词的原意。无独有偶，中国古人公孙龙有一句名言："一尺之棰，日取其半，万世不竭。"（亦载于《庄子·天下》）。可见，远古时代的自然哲学家已经在想像微观世界的图景。

哲学家的主观臆想直到两千年后的19世纪，才被科学家以科学实验所证实，创立了科学原子论。其中英国科学家道尔顿（J. Dalton，1766~1844）是科学原子论的创始人，他的最伟大贡献是依据一系列科学实验，将哲学意义上虚无缥缈的"原子"确立为实实在在的组成物质的基本单元。比如，他认为："同种元素的原子，其大小、质量及各种物理性质都相同。"在这以后不少化学家和物理学家以大量的实验证明了科学原子论的正确。1867年，俄国科学家门捷列夫（D. Mendeleev，1834~1907）在此基础上，发现了自然界的一个重大定律——元素周期律。但是人们不禁还要问：线度大约为 10^{-8} 厘米的原子是否不可再分了？另外一个更重要的问题是：这个尺度上世界的物理法则还是由牛顿和麦克斯韦负责颁布吗？

18世纪到19世纪之交，物理学发生了根本的变化，三年三个大发现：1895年德国物理学家伦琴（W. C. Rontgen，1845~1923）发现X射线；1896年法国物理学家贝克勒尔（H. Becquerel，1852~1908）发现放射性；1897年英国物理学家J.J.汤姆孙(J.J. Thomson,1856~1940)发现了电子。这世纪之交的三大发现，标志着人类从宏观世界走进了微观世界。

三大发现

那是1895年11月8日傍晚，德国物理学家伦琴正在做阴极射线管中气体放电的实验，为了避免可见光的影响，他特地用黑纸将放电管包了起来，而且在暗室中进行实验。使伦琴感到奇怪的是，虽然没有光或阴极射线能从黑纸包着的放电管中出来，但离管子一定距离的一台荧光屏有荧光发出，说明这台荧光屏受到一种不知名的神秘射线的影响。接下来的七周中，他对这种定名为X射线的未知射线作了进一步研究，发现它是直线行进，不受磁场影响，尤其是有很强的穿透性。

1895年12月28日，伦琴宣读了第一个报告《论新的射线》，并公布了他妻子手指骨的X线照片，引起全世界轰动。三个月以后，维也纳的医院首次利用了X射线对人体进行拍片。至此，人类终于看清了自己的内部结构，X线照片似乎是人体的抽象画（图95）。X射线照亮了人类走向微观自然之路，伦琴也成为历史上第一个诺贝尔物理学奖的获得者。

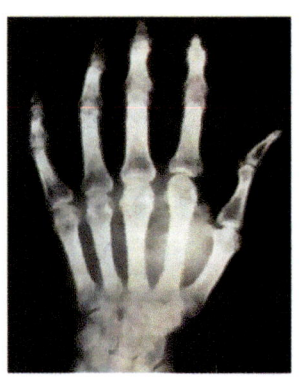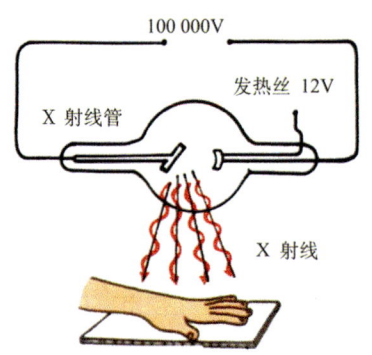

图95 人的手指的X线照片
上帝之手能否由此所见？

在科学中，X射线的发现似乎使得物体内外模糊，不透明的东西变成透明的，二维和三维之间的区别变得迷离了。在与此同时的世纪之交的艺术中，艺术家对人体的表达似乎也日趋抽象。修拉的作品中就剔除了所有表现出人物特征的要素，妇女的身体被简单化为灰色的几何图形。后来的画家走得更远，如20世纪最不可思议的抽象派画家保罗·克利（P. Klee，1879～1940）是伟大的色彩画家之一，也是技艺高超的用线专家，常以厚重的黑线勾勒外形，其形式创造力似乎无穷无尽。《死与火》（图96）是克利最后的作品之一，一个闪着寒光的头颅占据画面中心，德文的"死亡"——Tod构成脸上的五官。一个极简抽象的人正向"死亡"走去：他的心脏已从胸腔里掏走；他的脸没有特点，躯体也没有血肉——正如X射线影像下的人体。死亡是唯一的真实，但画面还有一团火——太阳还没有落下。人在火的洗礼中再生。如克利自己所言:"我们四周的客观世界并不是唯一可能的世界,还有其他的世界潜在着。"他在这里揭示了一点这种潜在的"其他存在",但这些艺术家的绘画表现形式是否受到X射线影像的影响呢?艺术家肯定异口同声地否定这这个说法,甚至攻击笔者亵渎艺术。

图96 《死与火》
(克利,1939)
笔者的评价:我们需要透视的不仅是我们的肉体,更重要的是我们的灵魂。

在X射线发现不久,出身于物理学世家、具有家传学风的法国人贝克勒尔很快想到,如果把荧光的物质放在强光下照射,是否在发出荧光的同时,能放出X射线。于是,他把荧光物质(一块铀化合物)放在用黑纸包住的照相底片上,然后放在太阳光下曝晒。如果此铀化合物在阳光激发下,发射荧光同时也有X射线发出的话,由于X射线的强的穿透性,定能使底片感光。结果,在底片上果然发现了与荧光物质形状相同的像。1896年2月24日,他向法国科学院报告了此实验结果。但是,事隔一周,在3月2日,他向科学院又作了一个报告,宣布了一个惊人的发现:在上次报告后,他想继续实验,但天不作美,连续两天不见太阳,就把铀化合物和底片一起放在抽屉里。可是,丰富的实践经验,使他富有灵感,他想到要看一下此铀化合物未经太阳曝晒,底片是否感光。原以为最多能看到非常微弱的影像,但恰恰相反,底片冲出后,在上面出现了很深的感光黑影,使他大为惊奇。他进一步用不发荧光的铀化合物进行实验,结果发现也能使底片感光。这说明了铀化合物本身也会放出一种肉眼看不见的射线,它与荧光是完全无关的。以上就是放射性发现的简单经过。如杨振宁在讲述贝克勒尔发现放射性的故事时讲到,科学家的"灵感"对科学家的发现"非常重要","这种灵感必定来源于他丰富的实践和经验"。用前面讲过的超现实主义大画家马格里特的话说,这就是"脑子必须在家"。

放射性的发现引起了居里夫人(M. S. Curie, 1867～1934)的极大兴趣,经过长时间艰苦的工作,他们夫妇终于发现了钍的放射性,又找到了新的放射性元素钋和镭,放射性的研究有了一个大的飞跃。1903年,居里夫妇和贝克勒尔共享诺贝尔物理学奖。居里夫人也成了女性科学家的代名词。

伦琴在用阴极射线管做实验时,人们当时还不知阴极射线为何物?这个谜底两年后由汤姆孙揭开。阴极射线就是我们今天熟知的电子。可以说,现代和不远将来的物质文明,大多数来源于对电子性质的理解和运用。

汤姆孙为了弄清阴极射线究竟是什么,重新设计了阴极射线管,使得射线在电场下发生了偏转,证明了阴极射线是带负电的粒子。接下来,在管外加上了一个与电场和射线的速度方向都垂直的磁场,如果粒子受到的电场力和磁场力大小相等,方向相反,则粒子不再偏转,从而精确地测出粒子运动的速度,由此就可以推算出阴极射线粒子的电荷与质量之比。如果改变阴极物质材料,这个电荷与质量之比不变,则说明这种粒子是各种材料的普适成分。最后,利用云室的方法,测出了电子的电荷和氢离子同数量级,质量是氢离子的千分之一。至此,汤姆孙完全确立了电子的存在,在当时,这个电子的图像就像牛顿力学中的一个微小粒子,遵循牛顿运动三定律。

电子是第一个被发现的微观粒子,对原子组成的了解起了极为重要的作用。人们不得不思考:到底原子是由什么组成的?它的结构如何?

三大发现揭开了研究微观世界的序幕。

物质结构

电子被发现后,人们马上想到电中性的原子很可能是由电子和带正电荷的部分所组成。汤姆孙本人提出了所谓的"蛋糕葡萄干"模型:原子的正电荷像蛋糕一样均匀地分布在整个原子球内,而电子像葡萄干一个个嵌在其中。由于成功地解释了原子的电中性、电流等物理现象,再加上汤姆孙的权威性,"蛋糕葡萄干"模型在当时被奉为经典。

但是,汤姆孙的研究生卢瑟福(D. Rutherford,1871~1937)在放射性研究中发现了α粒子,即带两个正电荷的氦离子。他用α粒子作为炮弹去轰击各种原子,意外地发现八千分之一的α粒子被反射回来。如果原子中的正电荷真像松软的蛋糕一样,这件事就像"将一只手枪对一个蛋糕开火,一颗子弹被弹了回来"一样。卢瑟福充分尊重实验事实,举起反对其导师的大旗,提出了"核型结构模型"。即,所有正电荷和原子质量都集中在原子中心的一个非常小的体积内(约10^{-15}米),形成"原子核",电子在原子核周围绕核运动。这个模型成功地解释了α粒子大角度被散射的实验,但却无法解释原子光谱。

我们又必须回到光的问题。前面讲过,每种元素在光谱仪观察下都像留名一样显示出自己的特征光谱。显然,这与该种元素的物质结构有关。特别重要的一点是,所有元素的特征光谱都是分立的线性光谱。但如果按照卢瑟福的原子模型和麦克斯韦电磁场理论,绕核运动的电子会辐射电磁波,辐射的电磁波的频率就等于电子绕核转动的频率。由于电子转动的频率变化一定是连续的,因此元素的特征光谱就不应该是实验上看到的,分立的线状光谱。另外,由于电子能量的减少,其绕核运动的轨道半径也应减小,最终,电子将落在原子核上。也就是说,如果麦克斯韦电磁理论和元素的线状特征光谱实验是正确的话,卢瑟福的"核型结构模型"就是不稳定的。正在这个矛盾时期,玻尔加入了卢瑟福研究小组。可以说,元素的线状特征光谱开启了一代科学大师——玻尔的量子智慧大门。

图97是最简单元素，氢原子在可见范围内的线状光谱。几条看似互不关联的谱线可以总结成一个简单的巴耳末（J.J. Balmer, 1825~1898）公式，说明其中隐含着一个人们尚不知晓的自然规律。前文说过，抽象表现主义艺术家纽曼的雕塑《断方碑》让人们怀疑他钻研过相对论，艺术家对此观点肯定嗤之以鼻。无独有偶，在绘画领域内，纽曼经过一系列挫折后，推出一种与众不同的巨幅"色域"绘画：这些作品通常是一个涂实的单色色块，只被纽曼称之为"拉链"的线条分割。这种在视觉上，与原子的线状光谱如出一辙的绘画风格几乎成了纽曼绘画的标示物。图98是他的一组里程碑式的作品中最后一幅《崇高的半人半神》，前面的作品也具有类似的"拉链"风格，画题分别为《第一天》、《一体》、《创生》等。不知道纽曼自己是否理解他的"拉链"，至少他的表现形式受到了艺术界和观赏者的认同。在艺术评论家那里，这道"拉链"经常被比作上帝原初的创造行为；被比作光明与黑暗的分离；被比作亚当的形体……

图97 氢原子光谱（可见光范围内）
表面互无联系；内在息息相关。是电子从不同的高能量态跃迁到同一个低能量态的结果。

图98 《崇高的半人半神》（纽曼，1950）
强烈的红色似乎要把我们拉入其中，又在分裂中被激发。这可比作场与粒子的关系。

氢原子光谱是否启迪了抽象表现主义画家纽曼的创作思考，人们不得而知。至少我们得承认纽曼的绘画让人感受到色彩的张力，试图通过对色彩的分析来表现对自然和精神的敬畏。其实在科学上，玻尔已经实践了纽曼的思考，通过对氢原子光谱的分析，了解物质微观结构的奥秘。

玻尔是丹麦人，在求学期间成绩优异，敢于创新。1911年，他先到J.J.汤姆孙的实验室攻读博士学位，由于对"蛋糕葡萄干"模型提出质疑，受到汤姆孙的冷遇。陷入极度苦闷中的玻尔，为卢瑟福新思想和作风所吸引，毅然决定离开剑桥，投奔曼彻斯特，另拜明师。

长风破浪今有时，直挂云帆济沧海。作为卢瑟福的学生，玻尔对卢瑟福模型的正确性是坚信不移的，为了既能解释原子的线状光谱，又能保持原子的稳定性，玻尔把普朗克和爱因斯坦的量子化的概念用到卢瑟福的"核型结构模型"中。他假设：围绕原子核运动的电子只能处于一些特殊的、分立的轨道上；电子在运动时不辐射电磁波；当电子从一个高能量状态的轨道"跃迁"到一个较低的轨道上时，向外辐射电磁波，以保持能量守恒。这个假设与经典牛顿力学和麦克斯韦电磁理论格格不入，但成功地解释了30年来令人费解的氢原子光谱实验之谜。1922年，玻尔以此工作获得诺贝尔物理学奖。功成名就的玻尔回到他的祖国丹麦，在哥本哈根创立了理论物理研究所，以他崇高的声望，吸引了世界上一大批优秀的青年物理学家到他的研究所工作。在他的领导和科学家们不懈的努力下，建立了20世纪第二个科学支柱——量子力学。哥本哈根也被许多著名物理学家誉为"物理学界的朝拜圣地"。

波粒二重性

在玻尔的理论中，电子仍被看作像牛顿力学中的一个微小带电粒子，因此存在一些难以克服的矛盾。比如，绕核运动的电子为什么不辐射电磁波；电子从高能态向低能态跃迁是决定性的吗？如此等等问题，在玻尔模型中都无法回答。面对这些困难，人们期待新思想的产生。什么新思想呢？那就是对原子世界的电子不能再看成经典粒子了，而必须赋予波动性，即电子与光子一样，具有波粒二重性。

最先提出必须赋予电子以波动性的是德布罗意（L. de Broglie，1892~1987）。他是法国王族后裔，早先对历史学感兴趣，1909年获历史学学士学位。哥哥是一名实验物理学家，和爱因斯坦是至交好友。由于经常听哥哥谈起物理学上一些激动人心的进展，对物理学兴趣逐渐浓厚起来。有一天他告诉周围人说："我决心去搞物理了，也许可以有所作为。"经过几年努力之后，他向巴黎大学理学院提出了博士论文。这是一篇古怪的论文，他巧妙地运用类比方法，指出：既然光具有粒子特性，又有波的特性，那么像电子这样的微观粒子也应该既是粒子，又是波，乃至全部物质世界都既有粒子特性，又有波的特性。按照德布罗意方程，一个粒子的能量越大，对应的波的频率越大；动量越大，对应的波的波长越小。这个革命性的假设对量子物理的发展极端重要，超出了科学家们当时的思维方式和认识水平，使不少科学家感到不可想像，难以捉摸。但是，却得到了爱因斯坦等一些当时已有名望的科学家的肯定和支持。最终，德布罗意获得了博士学位，后来成为第一个以学位论文获得诺贝尔物理学奖的物理大师。

你是波吗？当然，你具有波动性。但你的波长实在太短（10^{-35} 米），人类还无法观察到你的波动特性。电子是波吗？是的。它的波长是多少？对于 100 电子伏能量的电子，德布罗意给出它的波长是 0.123 纳米，恰好和 X 射线的波长同一量级。波动光学告诉我们，要观察一列波的波动特征（干涉或衍射），必须找到和该光波波长同一量级的狭缝（大数量的平行狭缝的集合在物理上叫光栅）。对 X 射线和电子波来说，如此窄的狭缝不是手工能刻画出来的。不过，好在自然已为我们制造好这类光栅，即固体晶格。它相当于一个缝宽为 0.4 纳米左右的光栅，因此如同证实 X 射线的波动性一样，可以用晶格衍射的方法来证实电子的波动性。自然真是如此的神奇和自洽！1927 年，大名鼎鼎的 J.J. 汤姆孙的儿子 G.P. 汤姆孙（G. P. Thomson，1892～1975）利用高能电子打到多晶体的薄箔上，在金属薄箔后面的照相底片上得到了由同心圆构成的衍射图像（图99），这同光波通过小孔所得到的衍射图像十分相似，电子的波动性得到实验的验证。1897 年父亲证实电子的粒子性，1927 年儿子证实电子的波动性，时隔整整 30 年。难怪有人说，上帝为汤姆孙家族创造了电子。

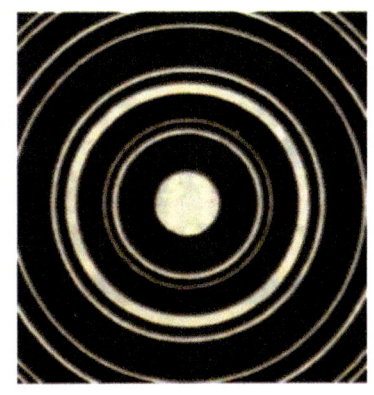

图 99　电子衍射图样，清楚地表明电子具有波动性

这种由同心圆构成的"靶"形图样，在大学物理的学习中出现多次，几乎成了波动学说的代名词。前面还谈过，迈克耳孙是美国第一位诺贝尔奖获得者，光通过迈克耳孙干涉仪而形成的干涉花样也是这种图案。非常有意思的是，艺术家对此视觉图案也情有独钟，始作俑者是下文将要谈到的抽象派大师康定斯基（W. Kandinsky，1866～1944）。20 世纪 60 年代美国的色彩画家诺兰（K. Lorrain，1924～），一生画过 60 多幅"同心靶子"绘画，在他的最佳的靶子作品《歌》（图100）中，让一个带色斑的灰色轮辋带着轻快的能量围绕着红、黑、蓝色组成的同心圆转动，同时合着光线的节拍，让人感受享乐主义快乐的同时，思考了光（色）运动的本质。还有波普艺术家约翰斯（J. Johns，1930～），除美国国旗外，使用

的一个固定标志是靶子，并且认为，这是一种最简单的符号，只有一个意义，就是接受。图101画面上放一张张重复的脸加强了靶子的对称美，也似乎在喋喋不休地告诉我们：简单中包含着复杂；靶子现象的背后隐藏着自然的玄机。

图100　《歌》（诺兰，1958）
静止如水，
运动如歌。
粒子吗，
还是波？

图101　《靶子和四张脸》
（约翰斯，1955）
我们关心的是上面的人，
还是下边的靶子。
找准目标才是最重要的。

如何理解波粒二重性？我们可以来做一个类比。在二维空间里，圆和长方形是两个风马牛不相及的几何图形，二维世界的动物们无法想像两者是如何统一到同一个物体上。但是，我们可以理解，圆和长方形可以统一到一个三维的圆柱形物体上。圆柱是什么，圆柱就是"圆柱"，它既不是圆，也不是长方形，而是三维世界的客观存在，又兼具有圆和长方形的性质。在二维世界，永远没有圆柱的对应物，但可以测量它，结果是它可以表现出圆的特征；也可以表现出长方形的特征（图102）。借此类比，我们可以这样来理解微观粒子的波粒二重性：在经典物理中，波是一种具有连续特征的物理现象；粒子则与分立特征相对应，两者是互为矛盾的物理图像。1928年，玻尔勇敢地提出了互补原理，指出微观粒子不是牛顿力学中的小粒子图像，也不是电磁理论中连续的波动图像，而是既具有经典意义上的粒子特征（比如，有质量、动量、占据一定的空间等），又具有经典意义上

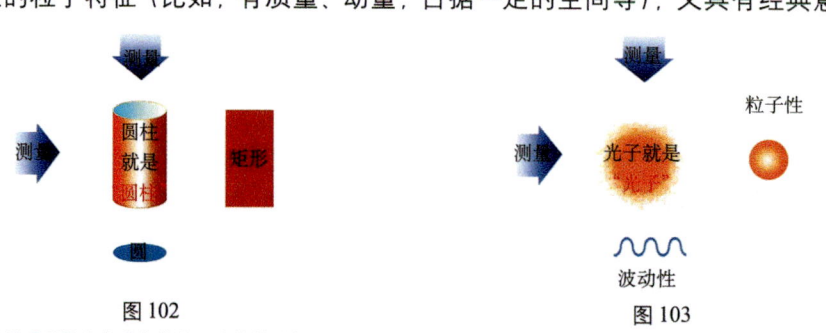

图102
我们所看到的宇宙或许就是一个简单的投影。

图103
微观粒子的行为取决于我们的观察方式。

的波动特征（比如，可以有干涉、衍射现象）。我们最好说，光子就是"光子"；电子就是"电子"；如此等等。它们是微观世界的客观存在，在宏观世界永远找不到它对应的具体图像，即无具象性。我们认识它，只有通过测量和抽象的思考。当我们测量它通过光栅的传播特征时，就表现出连续特征的波动图像；当测量它与物质相互作用时，就表现出经典的粒子特性。

还记得超现实主义画家马格里特吗？他有一大批作品是把一些互相矛盾的物体组合在一起，与其说引起人们神秘的想像，还不如说是对玻尔互补原理的视觉表演。《巨人时代》（图104）是马格里特最紧张而充满暴力的作品，也是立体派与超现实主义结合的佳作。看了这幅画，观众不禁会问：男人还是女人？遭袭还是被袭？……乃至粒子还是波？

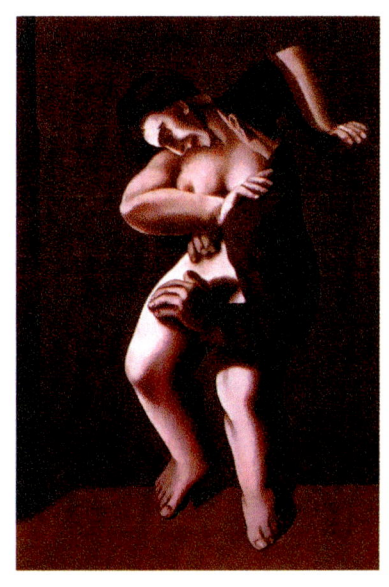

图104　《巨人时代》（马格里特，1928）
画作创作的年代确实是一个巨人时代：爱因斯坦和玻尔；马蒂斯和毕加索……

不确定的世界

牛顿的世界是一个机械的、可确定的世界，因为我们原则上可以确定一个粒子的轨道，即精确地确定一个运动对象任意时刻的坐标和动量。但德布罗意提出的量子理论，微观粒子不仅是微乎其微的"牛顿弹性球"，光也不仅是电磁波。微观粒子既然不是经典意义上的粒子，牛顿力学就不是它所应该遵循的自然法则。因此，牛顿力学中最引以骄傲的轨道概念，对微观粒子也不再适用。我们的问题是：**量子世界还是确定性的吗？**

1927年的春天，25岁的德国物理学家海森伯发表了一篇论文，从本质上重复思考了一个哲学问题：我们如何知道周围世界的性质？如前所述，答案似乎很明显——通过观察和测量，还要加上我们主观的、抽象的思考。

要想得到关于现实的任何发现都离不开观察。海森伯指出，这就需要用到光或其他形式的射线。假设我们需要测量一个移动电子的位置，由于电子很小，我们只有通过向电子"照射"波长很短的射线才能"看到"它们。根据波粒二重性原则，这种射线也具有类似粒子的性质，例如它也有动量。因此，射线的动量必然"晃动"电子，会改变其速度。越想更精确地测定电子的位置，所用的射线波长越短，其对应的动量越大，对电子的"晃动"就越大。

换言之，海森伯明确提出，要测量电子的位置而不影响其速度是不可能的。对一方面测量越精确，对另一方面的测量就越不确定。我们永远不可能同时在这两方面得到准确无误的认识。时间和能量的组合也是一样：对一个微观粒子测量的时间段越短，就越不能确定它的能量。因此，不确定性原则是现实不可避免的，对因果概念造成了挑战，削弱了人们准确预测未来的能力。量子世界是个不确定性的世界，我们最多只能提供客观世界一些状态的可能性。

从对世界图景的描写的确定性原则向不确定性原则过渡，毫无疑问是革命性的。海森伯的观点受到玻尔的支持，并在此基础上，玻尔进一步提出：对微观粒子的每一次观察或是涉及其波动性，或是涉及其粒子性，在一次实验中不可能同时利用波动性或粒子性，因此导致了不确定性的产生。世界图景是互补、矛盾的统一，这种观点是中国道教文化的核心，玻尔对此哲学思想十分崇拜，在受丹麦国王封爵以后，他把老子的"阴阳图"设计进自己家徽的中央。但不确定性原则的反对者是所有物理学家中最伟大的一个：爱因斯坦。"上帝从不掷骰子"，爱因斯坦以此来表示对量子力学中不确定性原理的态度，但今天的物理理论和实验都告诉你，上帝不仅掷骰子，而且往往把骰子掷到意想不到的地方。爱因斯坦错了，但在他和玻尔几十年的争论中推动了哲学和物理学的发展！

风景画是画家对客观自然的最直接理解，被视为对自然的赞美并常常具有象征的意义。从英国两位同时代（比牛顿迟近一个世纪，比玻尔早一个多世纪）的风景画大师康斯特布尔（1776～1837）和透纳（1775～1851）的作品中，我们可以感觉到艺术家看待自然世界的理念，也在"确定"和"怀疑"、"真实"和"神秘"之间跳跃。

康斯特布尔的早年代表性作品《庄园》（图105）中的真情实景都是明确的：佃户在拉网捕鱼；奶牛在悠闲漫步；主人在急切回归；宿鸟在林梢徘徊。银色的阳光下碧波粼粼，茂密的树林在草地上投下清凉的暗影。大地和水面之上是阴暗多云的天空：就要下雨了。这是触摸的自然，这是真实的生活，这是一个确定的世界！现实中的诗意，自然中的美与和谐，这就是康斯特布尔的风格——理性化的风格。

图 105 《庄园》(局部,康斯特布尔,1816)
画家自己说:"绘画是一门科学,人们应当以探究大自然定律的精神来从事它。因此,为什么不把风景画创作视为一门自然科学,把风景画作品视为科学实验呢?"

透纳的《船抵威尼斯》(图 106)就不同了,它必须有一个标题,因为画家展示在我们面前的是一片虚空的彩雾。只有透过雾色才能分辨出几条船和远处的灯塔。水融在一片金晖之中,天空也是如此,两者的分界究竟在哪里?这里没有透视的深度,只有一片空间和眩目的金光,光既遮蔽了世界,也揭示了它。画面给人的印象是一场盛大的狂欢,自然与精神在这里合为一体,我们不知身在何处,当然不能把握航船、世界和自己。

图 106 《船抵威尼斯》
(透纳,1843)
无视的现实;莫测的变化;
光色的魅力;模糊的世界。

现代艺术和科学的发展让我们理解了透纳的艺术追求和绘画语言,但从没有失去对康斯特布尔的尊重。

不确定性原则解决了一个又一个科学谜题。在海森伯提出这个理论之后的三个月内,当时还不太出名的伽莫夫解释了为什么放射性元素会放射 α 粒子,今天的宇宙学领头人霍金以它来解释为什么黑洞具有辐射。必须告诉你,此时此刻,在你周围,比原子还小的粒子正在不断出现又消失,它们凭空产生,又转瞬即逝。你可能不知道它们存在,但你应该庆幸它们存在:没有它们,无论是你,还是整个宇宙都将不复存在。它们称为虚粒子,是不确定原理的重要推论之一。

当然,对微观的物质粒子,比如电子的波动性(在量子论中叫物质波)描写,也不同于光波。1926年,奥地利物理学家薛定谔(E. Schrödinger, 1887~1961)建立了一个描写物质波的波动方程——薛定谔方程。在量子力学中,它相当于经典力学中的牛顿方程。利用薛定谔方程,可以得到电子在原子中的分立能级的大小以及一定能量的电子在原子中不同地方出现的概率。请注意,与牛顿力学中决定性的因果率不同,量子力学最终只能给出粒子在空间出现的概率。

按照量子力学波粒二重性的图像,在原子中有一定能量的电子根本不是在一定的经典轨道上运动(量子力学中,不存在轨道的概念),而是可以出现在整个原子空间,只不过在不同的地方出现的概率不同,在有的地方出现的概率大,有的地方出现的概率小。对氢原子讲,计算表明:当初玻尔假设的轨道处,正是电子出现概率最大的地方,从而使玻尔模型的内在矛盾自然消失。这里留给读者一个思考问题:你能给出微观粒子从 A 点运动到 B 点的物理图像吗?请发挥你的抽象思考才智并请注意,轨道的概念不再适用。

量子力学的理论框架是,只要知道电子处在什么样的势能场中运动,根据薛定谔方程,就可以求出电子的运动状态,即在空间各点出现的概率。以下通过一个简单的,而重要的事例,我们可以看到微观世界的物理图像与宏观世界大不相同。

假如一个具有一定能量的人,在空间运动,遇到一个非常高的山峰(在物理上称为势垒),但他的能量远小于势垒的高度。如果把这个人看成是一个经典意义上的粒子,则按照牛顿力学,他将被势垒阻挡住,只能在左边运动,永远不能跳过势垒到达山峰的右边。但如果他是微观世界的电子,在空间的运动呈现波动性和具有不确定性原则,通过求解量子力学中的薛定谔方程,我们惊讶地发现,尽管电子的能量远小于势垒高度,仍将具有出现在势垒右边的概率(图107)。量子世界的粒子穿墙而过的情形,任凭艺术家想像(图108)。

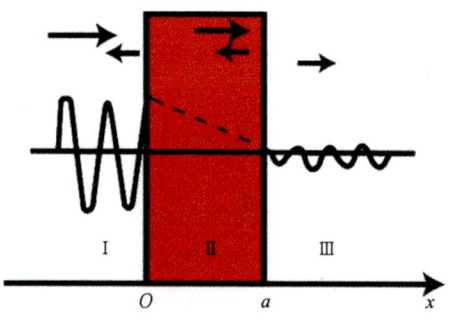

图107 隧道效应的物理解:薛定谔方程解的表达

文学家为这种现象展开了想像的翅膀。有穿墙入室本领的崂山道士就是一个隧道粒子。

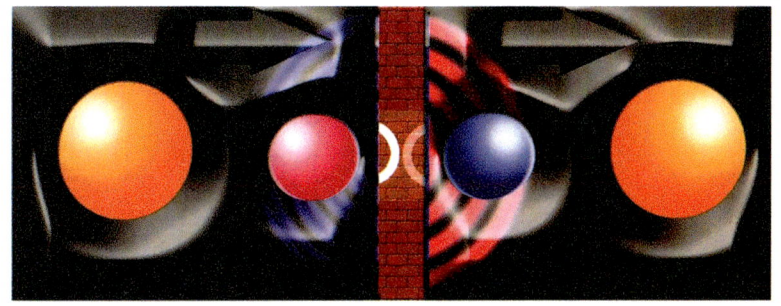

图108　隧道效应的艺术解：艺术家想像一个粒子穿过禁区的过程
波粒二重性和不确定原理为这种现象找到了合乎逻辑的解释。

将这个量子力学的理论预言运用到实际问题中，在两块导电物体之间夹一层绝缘体，这层绝缘体就相当于一个势垒。若在两个导体之间加上一定的电压，并且这层势垒的厚度很窄，只有几个纳米时，根据量子力学的计算，电子将穿过，而不是越过势垒，从而形成电流。形象地看，就如同在山腰部打通了一条隧道而使得火车通过隧道那样，这种现象在量子力学中称为隧道效应。根据这个效应，IBM公司的物理学家宾尼希（G. Binning，1947～）和他的老师罗雷尔（H. Rohler，1933～）在1982年发明了世界上第一台能直接观测到物质表面的单个原子立体形貌的扫描隧道显微镜（STM）。

扫描隧道显微镜开拓了人们在微观尺度上的视野。利用它，不仅可以显示单个原子在物质表面的排列状态，了解参与发生的物理、化学和生命的过程，还能够进行单个的原子和分子操纵，从而开辟了纳米科技的时代。STM的照片几乎都是一件件艺术品（图109），物理学家都成了视觉艺术表现大师。他们研究自然就

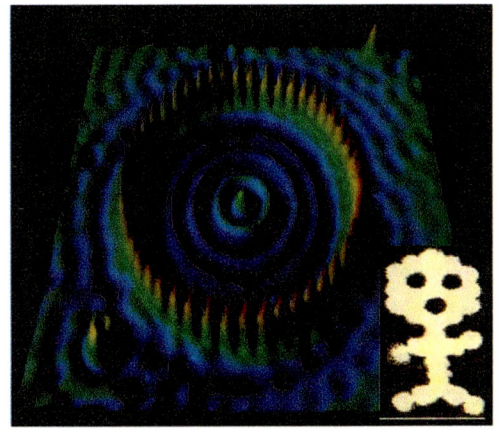

图109　量子围栏

1993年，科学家用STM针尖将48个铁原子排成圆圈，电子无法逃出围栏，从而在栏内形成同心圆状的驻波。图中的波纹就是世界上首次观察到的电子驻波的直观图形。右下脚有个身高5纳米的小人，是科学家在白金表面移动一氧化碳分子（每一个白斑）形成的世界上最小的肖像画，还是抽象派的。
绘画艺术的一切特质，这里都有了。还包含了⋯⋯

是欣赏自然，并感觉到了人类的心灵和创造力与微观自然的对话。我们今天可以把原子拿在"手"上，一个个地摆弄、操作、堆砌。这是多么伟大的行为艺术！想当年"上帝"也不过就是这么制造万事万物的吧？细微极处天地宽，这事之根本还在于人类终于认识到了物质的波粒二象性和世界的不确定性原则。

抽象派艺术

现实的宏观世界是可视的，因此经典的物理图像具有"具象"的艺术特征；量子世界似乎弱化了我们眼睛的功能，更强调以人类在精神上的抽象思考，来理解世界。这也正是抽象主义画派的核心标志，并且这个艺术画派与物理学史上的量子物理同时、同运而生。

抽象艺术是与具象艺术相对而言。当然，举凡艺术都是一种抽象，但艺术中的抽象性与现代艺术中的抽象主义艺术不是一回事。过去艺术中的抽象必然在观众的眼中和心灵中造成具体物象的联想，就犹如经典物理中的物理模型总能在现实世界中找到对应物。而20世纪的抽象主义艺术家认为：艺术不反映、不认识现实；他们拒绝描述客观世界的物象，以创作者下意识的感受来理解存在的形式。

1910年到1916年是抽象主义艺术的创始阶段，它的发展与一个艺术家的名字联系在一起，这就是康定斯基，20世纪最有影响的艺术家之一。康定斯基生长在俄国，长期活跃在德国，是一位学者型的艺术家，精通经济、法律、音乐和哲学。从科学意义上说，他属于那些对质能等价性、X射线和放射性特别感兴趣的艺术家。在他们看来，具有貌似无限能量的放射性，似乎证明了空间充满了α射线、β射线、γ射线和X射线，它们到处飞来飞去，打开一切事物。质量是有形世界的产物，能量是无形抽象概念，但爱因斯坦说它们之间是等价的。这些思想难道不启发前卫艺术家的思考？因此，在艺术上任何事情都是无定形的创作理念确实可以找到科学根据。

康定斯基创作的第一幅抽象绘画是1910年的《第一幅抽象水彩》，标志着欧洲美术发展史上对客观形象的最后突破，以及一种取而代之的非具象形式的诞生。物理学史上，普朗克"无意"得量子，标志着量子物理的开始。值得注意的是，抽象画的诞生也不是起因于一套先行的理念。康定斯基自己回忆到："一天，暮色降临，我画完一幅写生后回到家中。突然，我看到房间里有一幅难以描述的美丽图画，画中充满着一种内在的光芒。起初，我有些迟疑，随后，我急速向这幅神秘的图画走去，除了形式和色彩以外，别的我什么也没有看见，而它的内容则是无法理解的。但我还是立即明白过来了，这是一幅我自己作的画，它歪斜着靠在墙边上。第二天，我试图在日光下重获昨天的那种效果，但是没有成功。因为我花了很多时间去辨认画中的内容，那种朦胧的美妙之感却已经不复存在了。我豁然地明白了：是客观物象损毁了我的绘画。"这是因为，由于画面表现了现实具体的物象,就势必使人们的注意力由绘画本身——纯粹的形式和色彩——转到辨认物象上去,因此绘画艺术审美目的也就降到了功利或实用方面。物理学家突破宏观世界图像的束缚而进入微观领域,也经过类似的精神历程。

1911年,康定斯基开始创作没有情节要素的抽象型绘画。绘画的标题变成在"即兴"或者"构造"的后面添加数字的形式。按照画家自己的解释,所谓"即兴",是无意识中突然产生于精神内部的东西;所谓构造,主要是将从精神而来的东西有意识、经过深入思考的图像。《即兴21a》(图110)是康定斯基从具象绘画到抽象绘画的最后过渡时期的典型作品。在画作中,强有力的黑线条强调了色彩的范围,初看上去,似乎完全是抽象的。但是,如果仔细研究马上便会发现具象性、情节性要素的最后痕迹。在画面中央,可以看到如同塔一样耸立的山峰,树木和河流也是如此。此后不到一年的时间内,这些图像的身影从康定斯基的作品中永久消失,真正的非具象性要素成为了其作品的中心。这个过程,犹如物理学家经历了从普朗克到德布罗意的科学探索历程。

图110 《即兴21a》(康定斯基,1911)
这里还有一个公式化的人物形象,你能看到吗? 他是一个登山者,不妨认为是作者自己。
从具象走向抽象不是一夜之间的事情;从经典物理走向量子力学,也经历了经典量子论时代,大约25年时间。

抽象主义画派艺术家众多,影响深广,经历了从色彩抽象(热抽象)到几何抽象(冷抽象,杰出代表人物是皮特·蒙德里安),本书不一一繁举,读者可参阅各类美术专著。但特别想指出,前面谈到的克利,在著名的包豪斯美术和建筑学校与康定斯基成为好友,也被许多评论家认为是属于抽象主义画派的重要艺术家。作品带有一定的象征性,其中常出现一些圆圈、箭头、数字、拉丁字母和其他抽象符号。在克利看来,绘画的目的不在于表现,而是创造:"艺术并不描绘可见的东西,而是把不可见的东西创造出来。"他的神秘杰作《鱼的魔术》(图111)表现了画家复杂的思考。中间重叠的画布表现出地上的有限时间和宇宙的无限时间相对应;鱼漂浮在黑暗的背景中,这一背景暗示出无限空间和海底世界的两个方面。在画面重叠粘贴的小四方形画布中,时钟的表盘装在铁丝鸟笼中被悬挂在那里,而鸟笼又与右端的行星相连接，表盘的圆形也与相似于太阳的东西和月亮呼应。下方有两个顶尖相对的时间沙漏，竟奇妙地分属两个时间区域，与相对论中的时空光锥，不论是形式上，还是科学意义上都如出一辙。与之相对，人的形象被示以两个侧脸，一个郑重其事地窥探着有限区域，而另一个微笑则看着自然的"广阔无边的"时间世界。如果用一句话来表达这幅画的意义，那就是让观者能在宏观和微观视觉中得到一种超时空的体验。

图111 《鱼的魔术》(克利，1925)
观鱼乐有余，方知我非鱼。
自然匿其法，鱼知尔知乎？

古典艺术和经典物理学的标志就是一种视觉形象，它是从我们在感观世界中经历的现象和物体中抽象出来的。量子力学和20世纪抽象派艺术中没有这样的视觉形象，艺术家和物理学家不得不寻求全新的视觉形象，而不是从日常生活进行外推。正如站在一幅抽象派作品前问画的是什么毫无意义一样，要问量子力学中的电子是什么样子也是毫无意义的。以两个电子相互作用为例，宏观世界告诉我们：带相同电荷的物体相斥，图112（a）是这种经典物理表述的视觉表现，代表了电子的物体形象，并且来源于我们的宏观世界。而在量子力学中，对互相排斥的两个电子的恰当视觉表示就是一个最简单的费恩曼图（见第一章）：两个电子交换了一个光子（图112(b)）。费恩曼图告诉了我们形式之外的世界，现象背后的深层次结构和法则。它是事件的图形而不是物体的形象，可以说是科学中的抽象艺术品。

抽象主义画派是20世纪欧洲美术的最后辉煌，接下来该是抽象表现主义的胜

(a) 经典意义上的电子图像——具象性　　　　　　(b) 量子意义上的电子图像——抽象性

图112

利——美国的胜利了。科学的历程也是如此！

激光与光效应艺术

　　激光的英文名称是 Laser，它是由全称 light amplification by stimulated emission of radiation（辐射的受激发射光放大）的第一个字母组成。1964年10月钱学森先生建议称为激光，台湾人音译为镭射。它的发明是20世纪能与原子能、半导体、计算机相齐名的四大科技成就，其物理基础都是量子力学和相对论。

　　受激辐射是激光的物理基础，这个概念是爱因斯坦于1917年首先提出来的。过程大致如下：电子开始处于高能级 E_2，当一个外来光子所带的能量正好为某一对能级之差 $E_2 - E_1$，则这电子可以在此外来光子的诱发下从高能级 E_2 向低能级 E_1 跃迁，同时发出与诱发光子全同的光子。于是，入射一个光子，就会出射两个全同光子，意味着原来的光信号被放大了。这种在受激过程中产生并被放大的光就是激光。

　　以前的任何人造光源和太阳光，都是复合光，即包含种种波长的光，也就是各种色彩。爱因斯坦在量子物理框架下预言，我们可以调教出只含单一色彩的光。直到1960年5月15日，美国的梅曼（T.H.Maiman，1927~　）制成了世界上第一台激光器，爱因斯坦的预言变成了现实，量子论又一次给予人类慷慨的馈赠。

　　激光的色彩是纯一的，而且不会改变。蓝激光永远是蓝的，让它射入棱镜也好，通过滤色片也好，穿过几种不同的介质也好，光色都不会有什么不同。艺术家对纯色彩的追求似乎和科学家在平行的轨道上行进，从新印象派画家修拉起，前卫性的艺术家们就放弃了调色板。毕加索在立体主义革命之前，甚至只选择一种色彩为整整一个艺术时期的色调，就是其著名的蓝色时期。在此之前，从来不曾有哪位艺术家在单单一种色彩的基调上只靠深浅变化来实现整个一系列画作。艺术史家认为这是毕加索的忧郁时期，不论是在生活中，还是在对艺术的思考中，这个时期的他都在提出问题，但不知答案。随后是粉红色的变奏，预示了继文艺复兴之后最伟大的艺术革命的来临。

　　产生于20世纪60年代美国的极少主义画派，继承了纽曼等抽象表现主义画家节制、简洁画风，强调将艺术简化为简单的色彩、最纯粹的形式。这个画派的不少艺术家，如艾德·莱因哈特和弗兰克·斯特拉等，<u>只用单色作画</u>，作品达到空前的抽象。篇幅所限，有兴趣的读者可以进一步查阅其他资料。

　　激光作用于艺术，也推进了艺术本身的变革。现代艺术的一个流派——光效应艺术，开始于激光器出现之前。顾名思义，它和光与视觉有关，最早是指艺术家在创作中通过使用抽象线条和各种几何图形的有序排列，通过单纯的色彩和形状对比，使人的视觉产生运动或闪烁的幻觉，被认为是亲近科学的抽象艺术。英国女艺术家瑞莉（B.Riley，1931~　）大概是最成功的一位光效应艺术家之一，她

图113 《流》(瑞莉,1963)
不是图形在动,是我们的心在动;
不是自然规律在变,是我们的认知方式
在变。

的著名代表作《流》(图113)告诉我们,人的敏锐的物理感觉由光产生,心理反应可以替换成它物。作品虽然抽象,但它接受了艺术家在观察自然时所受到的启发,图案似乎是在溪面上观察到的涟漪的定型图像。后来的光效应艺术与机器动力装置和观众自身的行动结合起来,曾使公众为之激动,参观展览的兴致是艺术史上前所未有的,可以说是艺术的发展与技术文明产生了"共振"效应。后来激光的加盟,进一步让形体和色彩不仅在画布上,而且在舞台上,甚至在城市的上空相互作用,产生意料不到的耀眼效果或闪烁效果,这是艺术向科学索取的"崭新"形式,是现代的、综合的光效应艺术。你可在各类文艺晚会和庆典中欣赏它。

由此可见,今天的艺术家和科学家比以往任何时候都需要对彼此精神的毕恭毕敬的理解,乃至热情过度的曲解。双方互动形式的模仿和创新,难道不正是人类建造"通天塔"的最佳设计方案吗?

第十章 混沌鉴喻篇

《自然哲学数学原理》使人们认为牛顿把握了自然的规律。但上个世纪初，爱因斯坦提出相对论，牛顿力学被突破，但宇宙似乎还是清晰可辨、井然有序的。量子力学中的不确定性原则甚至使爱因斯坦震惊，但在普通民众看来，它所描述的毕竟是微观世界。人们不必担心飞机会像电子一样，随机地出现在某个机场。20世纪60年代混沌学的出现对人的认知体系产生了新的冲击，因为混沌革命适用于我们看得见、摸得到的世界，适用于和人自己同一尺度的对象。其间，人们看到了极为复杂的，由各种要素相互作用构成的网络，它们有着极大的不确定性和不可逆性。从此我们认识到，宏观世界也很难全部用理性的原则加以清晰地阐明。科学上，人们对世界图景的认识，正在从"清晰"走向"模糊"，从线性走向非线性，从确定走向随机……

艺术家也在走着同样的认知自然、感受情感之路。从现实主义艺术到超现实主义艺术，从"具象"特质的艺术到抽象派艺术乃至抽象表现主义艺术的最终胜利，使观众越来越感受到一个即兴的、偶发的、动感的、非具象的、反形式的、自由的物质和情感世界。其实，这一切都表明：生活即混沌。

确定系统中的混沌概念

不论中国还是西方，"混沌"（chaos，又称"浑沌"）概念古已有之。面对浩瀚无垠的宇宙和繁纷多变的自然现象，古人只能凭借直觉对它进行模糊、整体的想像和猜测，逐步产生了混沌的概念。中国古代所说的"混沌"，一般是指天地合一、阴阳未分、氤氲渺蒙、万物相混的那种整体状态。它既含有错综复杂、混乱无序、模糊不清的意思，又内在地蕴涵着同一和差异、规则和杂乱，通过演化从

"元气未分"的状态产生出多姿多彩的现实世界的丰富内涵。《老子》中所说"有物混成,先天地生",其实就是混沌。

牛顿力学的巨大成功,世界好像一下子变得秩序井然,宇宙被看作是一个巨大的精密机械,所有的自然现象和自然过程,都只能按照机械的必然性发生和进行。根据物体间的相互作用和力学的基本定律,从运动的初始条件出发,就可以确定性地得出宇宙中一切物体的全部运动状态。自然似乎是一个理性的世界,一个可以利用数学方法进行计算的世界。

问题的端倪出现在1887年,当时的瑞典国王奥斯卡二世(1829～1907)悬赏2500克朗,征求天文学中一个重要问题的答案:太阳系是稳定的吗? 如果太阳系仅仅由太阳和地球组成,答案是不言自明的。因为这就是一个"二体系统",牛顿第二定律可以给出它们严格解。然而,在太阳系中,包含着十多个比月球大的巨大天体,即使在"二体系统"中增加一个相当大的天体后,这就成了一个"三体系统",它们的运动问题就大大复杂化了。要得到严格的数学解,即使像庞加莱这样一个数学兼物理学的天才学者也无能为力。但他毕竟最终证明了,具有严格确定解的动力系统是极少的。许多行为很规则的系统,当受到扰动后,可能出现不连续性,其参数或初始条件的微小变化,就可能引起复杂的甚至是性质上的变化。这是对牛顿力学的确定性原则巨大的挑战,其思想超前于他的时代,所以庞加莱的发现在半个多世纪里并未受到科学界的重视,牛顿力学确定性的帷幕,仍然遮蔽着混沌学那广阔富饶的研究领域。

混沌研究上的一个重大突破,是在对天气预报问题的探索中取得的。在牛顿力学确定论思想的影响下,当时的科学家们对天气预报普遍持有这样乐观的看法:根据大气的运动方程并借助计算机进行计算,天气变化是可以做出精确预报的。美国气象学家、麻省理工学院的洛伦茨(E. Lorenz)最初也接受了这种观点。1960年前后,他开始用计算机模拟天气变化。一天,为了考察一条更长的计算模拟结果,偷懒的洛伦茨没有令整个计算从头开始,而是从中间开始,然后他出去喝了杯咖啡。一个小时后当他又回到计算机旁的时候,一个意想不到的事情使他目瞪口呆了,新一轮计算数据与上一轮的数据逐渐分道扬镳,最后竟变得毫无相近之处,简直就是完全不同两种类型的气候了。机器没有毛病,唯一的不同是他的输入数字由0.506 127变成0.506。

小的误差竟能带来巨大的灾难性后果,也就是说,初值的微小差异,在系统的运动过程中会逐渐被放大,终于使长期天气预报变成一派胡言。洛伦茨非常形象地比喻说:巴西亚马孙河丛林里一只蝴蝶扇动了几下翅膀,三个月后可能在美国的得克萨斯州引起了一场龙卷风。人们把洛伦茨的比喻戏称为"蝴蝶效应"。中国人说得更好,"失之毫厘,差之千里"。混沌学的序幕拉开了!

什么是混沌? 首先,混沌不是混乱,作为科学意义上的混沌,指的是貌似随机的事件背后存在着的内在联系。让我们以 $2x^2-1$ 这条简单的数式出发说明这个道理。如果你把当中的 x 代入 0 至 1 之间任何一个数字，然后把所得的结果再次代入式子中的 x 计算，不断重复，便会得出一大堆看似杂乱无章的数字（计算以 $x=0.6$ 开始），图 114(a) 中显示了结果。这堆数字看起来好像毫无规则、无法预测，但"貌似随机"的数字背后隐藏着一个精确的算式。更有趣的是，如果你把起始的数值由 0.6 改为 0.600 1，这些数字便会有截然不同的变化。图 114(b) 中蓝色和粉红色的线分别代表起始数值是 0.6 和 0.600 1 的计算结果。在开始的时候，两组数字十分接近，但到了第 10 个数字之后，分别就越来越大，到了后面更是南辕北辙，看似是毫无联系。

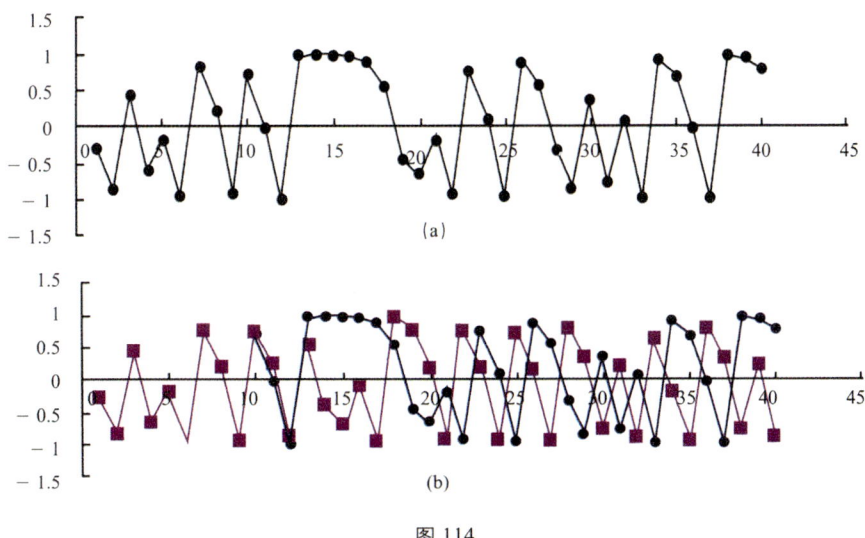

图 114

上述例子说明了混沌系统两个十分重要的特性：(1) 系统的变化表面看似是毫无规则，但实际上是由物理定律所决定的。(2) 系统的演化对初始条件的选取非常敏感，初始条件极微小的区别（例如 0.6 和 0.600 1 只相差0.6的六千分之一！），在一段时间的演化后也可带来完全不同的结果。众所周知，要预测一个系统的未来，除了要知道它遵循的物理法则外，还要知道初始条件。可是，我们在量度一个系统的初始状态时总会引入一些误差。在混沌系统中，不管这些误差开始时如何细小，在一段时间后，它也会不断扩大，使系统的真实状况和我们的预测相距极远。混沌系统这种独有的特性，使我们几乎无法预测它的未来。

其次，再来看我们熟知的"单摆"。如果忽略了阻力、小角摆动等，其摆动状态是周期性的。这是严格解。实际上，摆可以作大角摆动，往往是既有驱动力，又有阻力的，称之为"大摆幅受驱动阻尼摆"。其动力学方程包含非线性项，没有严格解，其摆动状态对初始条件强敏感，完全失去周期性与往复性，做无规则晃荡，所以称为"混沌摆"。这是一个我们常见的简单混沌现象。

20世纪的物理学传世之作有三件：相对论、量子力学和混沌理论。相对论否定了牛顿对绝对空间与时间的描述；量子理论否定了牛顿对于控制下测量过程的梦想；而混沌理论则粉碎了牛顿对因果决定论可预测性所存的幻影。科学认识的步伐，走出一条"之"字形路线："混沌"让位于"规则"——这是牛顿的伟大功绩；而"规则"又产生出新形式的"混沌"。

分形几何与分形艺术

我们已经不怀疑，在对待自然的描述上，科学家和艺术家都在走着同样的探索之路。从欧氏几何到非欧几何再到分形几何，都是如此。和混沌的概念一样，分形（Fractal）如今已经不是时髦的名词。按词义上解释，Fractal一词本身具有"破碎"、"不规则"等含义。其实从19世纪开始，前卫艺术家就开始主张离散的形态美，到抽象表现主义艺术家那里达到极致。康定斯基首先就认为，自然界是由离散的点集合而成的，但是，艺术的点应当展示一个新的世界。因此，点的形态并不限于圆形，它有自由自在的或任意的形态：像被拔过毛似的表面边缘粗糙的点，像细毛似的点，总之，它们都是属于形态破碎的象征。图115是科学家在混沌和分形理论发展以后，用计算机算出的对称混沌图形，是否就是康定斯基心中的点？

图115
这些圆形相似又不相同，简单的"点"中包含着复杂的世界。

1933年末，康定斯基在巴黎定居，一直到逝世。最后这个时期，无论是在作品的数量上，还是在思想与形式的发展上，都是丰富多彩的。他继续追求更自由、更有自然生物形态的造型和色彩，主题形状依然轮廓鲜明。但是，这些形状似乎是对未知世界的幻想中浮现出来的。在《构图九，第626号》(图116)里，画家用了两个相同的三角形，一正一倒，把画面的两端截开，建立了一种数学模式的色彩基础。两个三角形之间的平行四边形，又被分为四个更小的同样大小的平行四边形。在这个严格限定但色彩缤纷的背景中，他散布了一些各色各样，像是疯狂起舞的小形体：有圆形、棋盘方块形、窄长的矩形和变形虫式的图案。在大的几何图案上面，排列小而自由的形状，一直是他后期感兴趣的手法。显然，欧氏几何的影响依旧存在，但画家又想突破它，以新的形态来表达自然。这种自由与约束，秩序与混沌，整体与细节的对比，表明在成熟的科学理论诞生之前，画家也在思考，在探索。

图116　《构图九，第626号》（康定斯基，1933）

点不是 0 维的点；
线不是 1 维的线；
秩序限制了混乱；
还是混沌创造了秩序？
非具象而抽象；
非宏观而微观；
非即兴而构造。

前卫艺术家的探索告诉我们，残缺、破碎、非连续等概念引入美术的范畴并非是不可能的。在这种变化的同一个时期，科学也以另一种方式表达了科学家的人文主义情怀。分形几何的发展是20世纪科学领域的重大成就之一，著名理论物理学家惠勒(J.Wheeler, 1911~)说过，在过去，一个人如果不懂得"熵"是怎么回事，就不能说是科学上有教养的人；在将来，一个人如果不能同样熟悉分形，他就不能被认为是科学上的文化人。什么是分形几何？通俗一点说就是研究无限复杂但具有一定意义下的自相似图形和结构的几何学。什么是自相似呢？这也就是说，无论如何放大它们，都长得很相似，一个结构的一小部分，看起来就像整体一样。欧氏几何中的图形不具备这个特点，比如，把圆的一部分放大后便变得

图117
中国有句古话可以用来定义自相似性：窥一斑而知全豹。

比较平直。自相似性有两种形式：精确的与统计的。人为的"分形树"显示的图案在不同放大尺度下都精确重复（图117左栏）。自然树的图案则不会精确重复，只有统计上的重复（图117右栏）。几乎所有自然界的图案都遵守统计上的自相似性，例如在自然界中那弯弯曲曲的海岸线很难用二维的线准确的表现。如果把海岸线的一小段放大到足够大，仍然可以从中发现足够复杂的曲曲折折的细微结构，就好似海湾之内有海湾，半岛之外有半岛。分形几何的创始人曼德尔布罗特（B.B. Mandelbrot，1924~）以此启发人们思考：英国的海岸线有多长？

这种自然界的复杂性程度如何描述？分形的特征是由它们的"维度"（亦即复杂度，以下简称D）来界定。对于欧氏空间中的形体，维度是简单的概念，由我们熟悉的整数所描述。对于一条平滑的线条（不含碎形结构），其D值是1，而一个填满的区域，其D值则是2。相反的，分形维度是分数，它可用来量化图案在不同放大尺度之下，所显示出来的比例关系。例如，一条分形线的维度是介于1与2之间。不过对于一个分形图案，重复的结构会使得曲线也可以占据一个面积，此时它的D值就会落在1和2之间，而当这个重复结构的复杂度与丰富度增加时，它的数值就会往2趋近。这些概念对后面的讨论十分重要。

曼德尔布罗特研究中最精彩的部分是1980年他发现的并以他的名字命名的集合，它是曼德尔布罗特在复平面中对简单的式子$Z = -Z^2 + C$进行迭代产生的图形（图118）。虽然式子和迭代运算都很简单，但是产生的图形出现那么丰富多样的形态和精细结构，简直令人不可思议。在传统几何学中难以找到如此简单的规律隐藏着如此复杂而生动图形的例子。曼德尔布罗特集合图形的边界处，具有无限复杂和精细的结构。如果计算机的精度是不受限制的话，您可以无限地放大它的边界。当你放大某个区域，它的结构就在变化，展现出新的结构元素。算法产

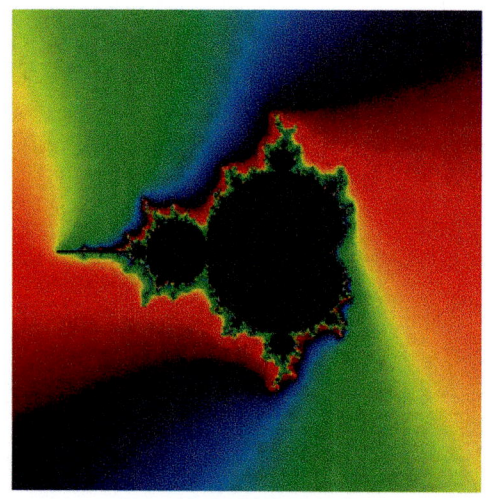

图118　曼德尔布罗特集——最伟大的分形艺术品
改善者，有之；超越者，无。

生的图形是无限的，它们没有结束，你永远不能看见它的全部。你不断放大它们的局部，也许你可能正在发现前人未曾见到过的图案。这些非常精彩的图案与现实世界相符合，让我们感觉到从浩瀚广阔的宇宙空间到极精致的原子结构细节，都是完全可以用数学结构来描述的。这种以出人意料的方式构成自相似的结构是分形艺术开山之作，犹如立体主义作品中的"阿维农少女"。

分形几何是大自然的几何，是混沌的几何，是复杂性的几何，分形从提出那天起，它就紧紧地与艺术联系在一起。比如，用数学方法对不同放大区域进行着色处理，这些区域就变成一幅幅精美的艺术图案，现在人们习惯将之称为"分形艺术"，并把它归结于计算机艺术的一个门类。虽然艺术评论界对计算机参与艺术创作还存在争论，认为它只不过是计算机根据一定的数学算法进行重复迭代而已，丧失了艺术的灵魂——人对情感和自然的认知方式。但是，前面我们谈到，在艺术领域公认有两次最大的创新，一次是文艺复兴，另一次是20世纪初兴起的现代艺术。两次大的变革都与几何学的变革有关。前者与三维透视几何有关，后者与高维几何和非欧几何有关。分形几何作为一门新几何学注入我们的文化，必将引起语言、隐喻的转换，观念、方法论的转换。从欧氏的经典几何到分形几何的范式转换，人们感受到了从规则到不规则、从有序到无序、从线性到非线性、从简单性到复杂性、从简单秩序到复杂秩序、从简单对称到复杂对称、从静观到生成、从单一层面到复合层面等思想走向。唯一不同的是，分形艺术家和观众都要有更高的科学素养；要有意识地运用数学公式进行造型、色彩和构图设计；要能够看出数学公式的内在结构以及这种结构配上色彩后所表现的热烈、庄严和静穆。

必须指出，自然界中存在的自相似性无疑是一种极为精美的有序结构，人们对这种无穷层次结构中的统一性自古以来就有美好的向往。日本画家北斋（Hokusai，1760~1849）的一幅名画（图119），表现了在浪花中不断重复着相同的结构，这是自然界的分形，早就博得艺术家的青睐。而现在说的所谓分形艺术不追求模仿任何自然对象，但隐含严格确定的数学内容。

图119　《富士山景之一》
（北斋，1824）
没有欧氏几何；
没有透视原理；
没有线性时间。
相似的山；
分形的浪。

在视觉上，分形艺术和传统艺术一样具有和谐、对称等特征的美学标准。这里值得一提的是对称特征，分形的对称性既表现了传统几何的上下、左右及中心对称，同时它的自相似性又揭示了一种新的对称性，即画面的局部与更大范围的局部的对称，或说局部与整体的对称。在科学上，我们称之为标度对称性。这种对称不同于欧几里得几何的对称，而是大小比例的对称，即系统中的每一元素都反映和含有整个系统的性质和信息。不管你是从科学的观点看还是从艺术的观点看，她都是那么富有哲理，她是科学上的美和艺术上的美的有机结合。现在世界上有不少分形艺术迷，大多是具有良好科学素养的人，试图在分形的天地里实现自己的艺术梦。他们出书立说，建立网站，读者自己不妨去搜索、访问、欣赏，进而可以利用计算机编程、创造自己的分形艺术品。这里只是选择一幅作品（图120），目的是回答曼德尔布罗特的问题。但笔者想指出，这个世界上最伟大的分形艺术家永远都是曼德尔布罗特。

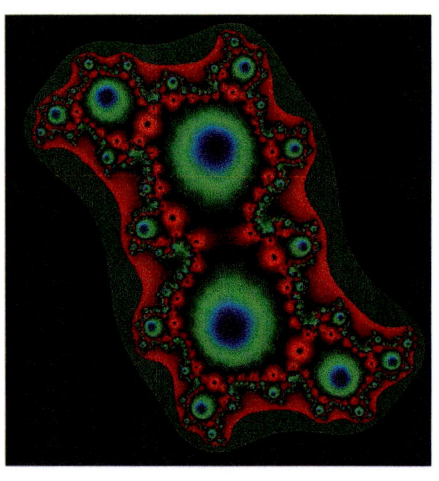

图120 分形艺术品之一
英国的海岸线有多长？
要多长有多长，
完全取决于，
你用什么标尺测量。

混沌的表征——奇怪吸引子

混沌系统存在一个表征，它有一个诗意的名字——奇怪吸引子。非专业人士读了下面的文字，可能仍不理解它的科学内涵，但你不能不欣赏它带来的视觉享受。

科学家一般想像一个抽象空间来描述一个动力系统的运动状态，这个抽象空间由坐标和动量构成，称之为相空间。因此，动力系统的一个运动状态（确定的坐标和动量）对应于相空间一个确定的点，一条运动轨道对应于相空间的一条曲线。这种描述方法其实就是对系统运动描述的几何化。动力系统最终都会趋向于某种稳定态，这种稳定态在相空间里是由点（某一状态）或点的集合（某种状态序列）来表示的。这种点或点的集合对周围的轨道似乎有种吸引作用，从附近出发的任何点都要趋近于它；系统的运动也只有到达这个点或点集上才能稳定下来并保持下去，这种点或点集就是"吸引子"。它表示着系统的稳定的状态，是动力系统的最终归缩，即系统行为最终被吸引到的相空间处所。

经典力学指出，有三种类型的吸引子。一种是稳定的不动点，它代表一个稳定的状态；第二种是稳定的"极限环"，即相空间中的封闭轨线，在它外边的轨线都向里卷，在它里边的轨线都向外伸，都以这个封闭曲线为其极限状态。极限环代表一种稳定的周期运动，比如单摆运动；第三类吸引子是稳定的环面，代表系统的准周期运动。对一个动力系统来说，在长时间后系统的运动态只可能是吸引子本身，其它的状态都是短暂的。所以吸引子的一个重要特征是"稳定性"，它表示着运动的最终趋向或"演化目标"，运动一旦进入吸引子，就不会再离开它；当一个小的扰动使系统暂时偏离吸引子后，它也必然会再返回来的。

上述几类吸引子，都代表规则的有序运动，所以只能用于描述经典动力系统，而不能描述混沌运动。有耗散的混沌系统的长期行为也要稳定于相空间的一个点集合上，这些点集合也是一种吸引子。但是混沌之所以是混沌，就是它绝不可能最终到达规则的有序运动，因而在它的吸引子内部，运动也是极不稳定的。在这种吸引子上，系统的行为呈现典型的随机性，是活跃易变和不确定的。更为奇特的是，混沌系统的吸引子（点集合）具有极其复杂的几何图像，如果没有电子计算机这种高效工具，混沌吸引子是无法绘制出来的。所以把它们称为"奇怪吸引子"，以区别于前述那几种"平庸吸引子"。奇怪吸引子既具有稳定性特点，同时还具有一个突出的新特点，即非周期性——它永远不会自相重复，永远不会自交或相交。因此，奇怪吸引子的轨线将会在有限区域内具有无限长的长度。

因此，我们说一个混沌系统的显著标志就是存在一个奇怪吸引子，不同的混沌系统，吸引子的形态也不相同。图121就是著名的洛伦兹吸引子。它是在三维空间里的一类双螺旋线；系统的轨道在其中的一叶上由外向内绕到中心附近，然后突然跳到另一叶的外缘由外向内绕行；然后又突然跳回原来的那一叶上。但每一叶都不是一个单层的曲面，而是有多层结构。从中取出任意小的一个部分，从更精细的尺度上看，又是多层的曲面。所以这种螺旋线真是高深莫测、复杂异常。它永远被限制在有限的空间内，却又永不交结，永无止境。既使是想像力超常的画家，大概也不会想到如此美妙的图案。这是科学对艺术的馈赠。

除此之外，混沌学家们还得到了一些其他的奇怪吸引子，你可以上网看一看，美丽而又深邃。和曼德尔布罗特集等等分形相同，它们都是"算"出来的，而不单纯是"画"出来的。可以断言，充分认识奇怪吸引子的作用，对许多问题的探索，都会有巨大的作用。不过，奇怪吸引子的数学理论是困难的，目前还处于起始的阶段。正像一位物理学家所说："这些曲线的花样，这些点子的影斑，往往使人联想到五彩缤纷的烟火，或宽阔无垠的银河；也往往使人联想到奇怪的、令人

图 121 洛伦茨吸引子：就是三维背景空间中的一张分形曲面，其容量维等于 2.06

像只蝴蝶吗？受牛顿力学的影响，人们仍寄希望于预测和控制能力，然而混沌理论指出，虽然我们每个人都不具有传统意义上控制者的力量，但是我们都拥有微妙影响的"蝴蝶力量"。说不定也可以改变历史。

烦躁不安的植物繁殖。一个崭新的领域展现在我们面前，其结构需要我们去探索，其协调（和谐）需要我们去发现。"

混沌的隐喻

生活就是混沌，自然就是混沌，这是宇宙中的根本。以下的三幅图画体现了混沌学的三个内在主题意义：混沌与秩序；简单与复杂；个体与整体。

<u>混沌与秩序</u>。混沌系统通过"自组织"方式产生秩序；混沌现象的背后隐含"规则"。图片 122 是哈勃太空望远镜拍摄到的两个星系间的撞击图，这是太空艺术品，微妙地表达了混沌理论思想。仿佛巨石坠入湖水，这种猛烈的碰撞会向空间释放巨大的能量，附近的气体和尘埃以接近光速的速度向四周扩散。这景象与我们传统观念中的混沌有些相像，然而正是在热气体的外缘，数十亿颗新恒星出现了。这里我们看到的混沌是生也是死，是破坏也是创造。从浑然一片的原始气体中，各种各样的稳定秩序诞生了，也许就如我们所在的、轨道可以精确预言的

图 122 哈勃望远镜创造的太空艺术品——星系碰撞。该图片由加州理工学院推进动力学实验室研制的、安装在哈勃望远镜上的太空光学照相机拍摄

"惚兮恍兮，其中有象"，
"窈兮冥兮，其中有精"。

太阳系。从宇宙大爆炸观点看，从混沌产生的亚原子粒子，可能正以有规律的形式存在于我们的人体中，当我们消亡以后，它们又回到混沌的潮流。因此，从更深的意义上讲，这幅照片也是我们每个人身体中混沌的真实写照。

简单与复杂。世界或生命是简单还是复杂，混沌理论说它两者兼具，而且可能同时存在。混沌理论表明貌似相当复杂的事物也许有一个简单的起源，而简单的表象之下也许隐藏着惊人的复杂内涵。1996年5月，中国高等科学技术中心举办很富有哲理性的"复杂性与简单性"的国际学术研讨会。中外科学家就物理科学中分数维形态中展示的非线性结构美和从一到多演变中看到了混沌现象的动态美展开讨论，研究简单性与复杂性的关系这个重要课题。要为这样一个十分抽象的科学讨论会创作出主题画难度是很高的。会议主席李政道教授为此向当代中国美术大师吴冠中作了很多解释，经过反复思考，吴冠中先生创作出了国画《流光》（图123）。这是一幅典型的抽象派的中国画作，画面上只有各种颜色的点和线，但是，这些各种颜色的点和线组合起来，就构成了布局复杂而优美的画面。每个点的大小、颜色、布局和每个线条的走向、曲直、粗细看似凌乱，实际是精心设计的。整幅画给人以丰富、和谐的强烈美感，使人悠然产生简单的点线构成复杂的画面的感悟，以此揭示出了简单与复杂的关系。吴冠中先生在画完这幅画后，又题了一首诗，用绘画中的简单与复杂来抒发自己对科学中简单与复杂关系的认识：

> 点、线、面，
> 黑、白、灰，
> 红、黄、绿，
> 这些基本的元素，
> 营造极复杂的绘画，
> 求证科学：简单与复杂。
> 抽象画，道是无题却有题：
> 流光——流光容易把人抛，
> 红了樱桃，绿了芭蕉。

诗的最后两句是使用了宋代诗人蒋捷的诗句，极其巧妙生动地为这幅主题画点出了题意。李政道教授非常称赞吴冠中教授的杰作，并对他题写的诗表示赞赏。在仔细揣摩以后，同样爱诗的李政道教授从科学的角度提出了想法："冠老，按照相对论观点，时间的改变和观察者的运动速度有关。如果观察者以光速追视目标，相对的时间也会完全停留。所以，冠老的诗中'求证科学：简单与复杂，抽象画，道是无题似有题'两句，可否改为'它们结合在一起，光也不能留时间'。这样可以增加特别的含义：艺术家的想像是可以超越科学定理的范围的。"吴冠中听了频频点头说："李先生从科学的角度给题诗增添了科学的内容，用科学的语言，诠释了主题。太好了！"

图123 《流光》（吴冠中，1996）

受牛顿力学的影响，我们很习惯用物理模型的方法去看待这个世界。然而物理模型使我们对细小事物的微妙与丰富之处视而不见，而正是它们才使得每一次际遇都生动活泼，每一天都与众不同。这是笔者所理解的《流光》。

个体与整体。以混沌的眼光看，社会与自然中的一切活动都是系统性的集体活动，但个体是整体不可分离的部分。任何系统中的个体都同时具有两种运动倾向。第一是无规则运动，它通常导致系统走上无序的道路；第二是由于个体之间的关联引起的协调运动，它导致整体（宏观）有序。个体的两种运动倾向同时存在，如果前者占上风，则系统会表现出均匀的无序状态，如果后者占上风，则系统会在某一个关节点上出现高度有序的结构。这就是混沌学中的正、负反馈和分岔点的意义。系统中的正、负反馈效应和分岔点受制于外界环境条件的改变，混沌学洞察了个体的随机性与整体的稳定性之间奇妙的矛盾关系里的深刻涵义。特别想指出的是，这种整体有序性的产生，不是因为有某个个体"精英"振臂一呼，

图124 《市场》（斯腾威克，1583）

这里没有权威，但有秩序。对于非孤立、有相互作用的系统，适用的科学理论是哈肯的"协同学"和普利高津的"耗散结构"理论。他们都既是物理学家又是社会学家。

它来源于随机的个体活动产生的耦合反馈作用的结果,这就是"自组织"的含义。这些科学内涵在社会中似乎是显而易见的,一位文艺复兴后期并不十分有名的画家斯腾威克(H. Steenwyck,1550~1603)的作品《市场》(图124),就清楚地告诉了我们这个道理。画面的整体上让我们看见了一个安静、祥和、有秩序的社会。但社会的本质是什么?就是人与人之间的相互关联,如果没有关联,个体的人就会处在"自然状态"下,毫无规则和秩序可言。

抽象表现主义

第二次世界大战使欧洲遍体鳞伤,而美国却成了战争的受惠国而备受世人瞩目,大批欧洲著名的现代艺术家和评论家寓居美国,带来了抽象主义、表现主义和超现实主义等艺术。世界艺术中心开始从巴黎转向纽约,兴起于此的抽象表现主义成为世界现代艺术的唯一代表。

美国的抽象表现主义艺术融合了立体主义、抽象主义的形式和超现实主义的观点,使立体主义和抽象主义的平面构成和超现实主义对潜意识的展示熔于一炉。这个艺术流派的画家各具特色,没有统一的纲领、社团和风格,但有共同的信条和基本的创作法规,即"自动主义"和"生物形态主义"。他们的艺术共同点是即兴的、动感的、非具象的、反形式的和技巧自由的。

"行动绘画"是美国抽象表现主义的重要画派,以非描绘性的方式(如滴洒、流淌、抛掷等)作画,多以线条、斑点和痕迹表现人的自发冲动。最具影响力的代表人物是杰克逊·波洛克。他备受争议,但无论如何,其油画有着令人愉悦的美,是因为它们与自然界不规则的事物一样符合分形法则。

在1952年3月份的一个暴风夜里,处于醉醺醺、有自杀倾向状态下的波洛克,把一块大画布横展在地板上,然后用旧罐子中的油漆沿着一根木棍滴洒在画布上,这就是波洛克1946年起开始运用的"滴流"技法。时下的这幅艺术杰作《蓝棒:1952年11号作品》(图125)几乎是波洛克晚年最后的抗争。以前波洛克的所有滴

图125 《蓝棒:1952年11号作品》(波洛克,1952)
我们可否这样理解:在混沌中建立秩序,自然才是人的"自然"!

流作品并非件件成功（一旦他认为失去控制，构图不协调时，就破坏作品），这件作品也差一点失败。由于使用铝颜料使得画面光色闪耀，面临"色彩爆炸"的波洛克灵机一动，在身边的一根木棒上涂满了颜料，然后将木棒压在画布上，制造了八个奇妙的直线条纹。这些"蓝棒"使作品风貌为之一变，奇迹般地挽救了画面的不协调。

　　传统画法的笔触是一条条断开的线，对照之下，波洛克的滴流技巧，能够源源不绝将油彩倾洒在横展的画布上，从而创造出独特的连续轨线。这个看似简单的做法，在艺术界造成了两极化的评价。这种原始画风，究竟是艺术天赋的表现，还是只不过是一位醉汉在嘲弄艺术传统？我们不妨借助科学来寻求答案。

　　物理学家向来就对波洛克的作品非常感兴趣，一位物理学教授曾做一个实验，在一场暴风雪中，把风雪吹落的树枝集结成大的结构体，其中一个部分就像是一张巨大的帆，在暴风中摆动。它们的运动会牵动另一头装有颜料罐的部分，于是颜料就会依着风的轨迹滴在地上的画布。风暴过去了，留下的画就像是波洛克的画作！波洛克的秘密似乎已历历在目，如他自己所言："我关注的是大自然的韵律。"

　　《秋韵：1950年第30号作品》（图126）是波洛克作品中最庄严、也是最杰出的一幅。在一本艺术评论书籍中这样写到："拿开画架，在工作室的地板上展开和地板一样长的画布，波洛克穿越其上，在四周来回穿梭作画；将颜料或滴，或甩，或洒，或倒到画布上，有时豪迈不羁，有时又小心翼翼；使用各种工具（包括晾干的笔、棒子、抹子）作画。画布表面产生均匀的色彩与纺织品般的复杂效果。黑色亮光漆的强烈旋涡图形构成了基本构图，某种程度的慎重与凝结则取得了'自然产生'之效果及'无秩序'之间的平衡。波洛克一边控制颜料的流动，一边加

图126　《秋韵：1950年第30号作品》（波洛克，1950）
自由的意识是混沌的；留下的痕迹是分形的；
表面的图案是复杂的；个中的韵律是和谐的。
从秩序到混乱；从粒子到场；从平衡到涨落；……每个人自己，才能理解波洛克。

入其他颜色：白色、茶色和蓝灰色。即使看不出任何具体要素，脑中的想像传达到手腕变成动作时，也带动了颜料的方向。作品中充满活力的韵律感，似乎反映了制作当时的优美律动与生息。"

以上情景，用科学语言简而言之：波洛克就是一个"混沌摆"。

波洛克的画是分形吗？维度是多少？物理学教授又需要计算机的帮助了。研究者把波洛克的绘画扫描进计算机里，接着利用计算机产生的方形网格盖在画上。借着分析哪些方格里有油彩，哪些没有，我们可以算出这些图案的统计性质。接着把方格的尺寸变小，就相当于在更小的尺度观看这些图案。分析中所检视的图案，尺寸由小至一个油彩的小斑点，大到约一公尺都有。令人惊讶的是，这些图案是分形，而且不管在任何尺度范围内，它们全都是分形，其中最大的图案比最小的大1000倍以上。原来早在人们发现自然界分形的25年前，波洛克就已经画着分形了。

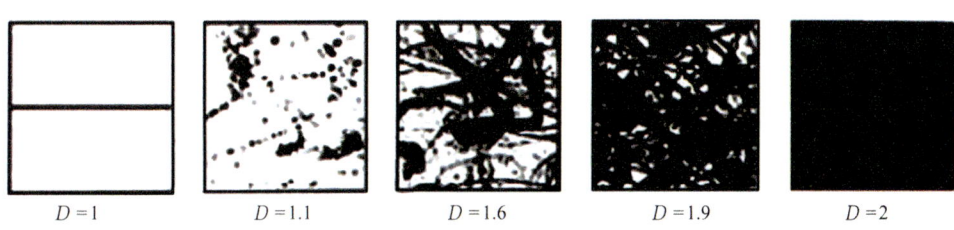

图127　平面艺术的丰富多彩正在于1维到2维中间的分形维度

前面谈到，分形维度D值的变化对于画面的外观有极深的影响。D值低的分形，重复的图案会造成一个平滑、稀疏的图像。但如果D值接近2，则重复的图案会造出错综复杂而充满细致结构的东西（见图127）。

波洛克作品中的D值是多少呢？研究得到的答案相当有趣，从他开始做滴流画起，D值与年俱增，自1945年的1.12到1952年的1.7，甚至在波洛克销毁的一幅画作里更达到了1.9。

奇怪的是，现代心理学家研究表明，人们对于D值1.3～1.5有一致的偏好，而这和图案的来源无关。我们周围自然界里的分形，D值也在这个范围内，例如浮云的D值就是1.3。但波洛克却要花10年的时间来改进他的滴洒技巧，从而得到高D值的分形，原因何在？可能的答案是，高D值所造成的错综复杂的混沌图景，也许可以比"放松"的中值分形图景更能引起观赏者的注意，也更直接吸引艺术家本身。为了检验这个想法，美国的一位科学家正在利用眼动追踪器，研究人们观看分形和波洛克绘画的方式。显然，要检测绘画中图案的基本特性，计算机为艺术史家和理论家提供了一项前景看好的新工具。在不断推陈出新的科学方法中，这项新工具会加入艺术品专家常用的红外线、紫外线、X射线分析等的行列，帮助我们研究画作的艺术特征，诸如画中不同层次颜料所隐藏的图形等。也许，它还会在我们深受伟大画作感动的心灵的暗处，投下一道微光呢！

　　波洛克是伟大和深奥的，对他的画，智者见智，仁者见仁。有人说在其中理解了物理学中"场"的意义；也有人说这是时间和空间连续统一概念；还有人说体会到量子涨落的思想；现在已经揭示它与"分形和分维"等概念的联系，不胜枚举。其实，我们不妨认为，波洛克的画是作者无法自控的内在意识在时间和空间中的表达，他在体验生存和时空的意义，这种内在意识既包括自然的，也包括人文的。

　　人类认识自然的方式是混沌的吗？混沌之鉴，生活之鉴！

第十一章 宇宙与人文

这浩茫的宇宙有没有一个开头?
那时浑浑沌沌,天地未分,可凭什么来研究?
穹隆的天盖高达九层,多么雄伟壮丽!
太阳和月亮高悬不坠,何以能照耀千秋?
大地为什么倾陷东南?
共工(神名)为什么怒触不周(山名)?
江河滚滚东去,
大海却老喝不够?
哪里能冬暖夏凉?
何处长灵芝长寿?
是非颠倒,龙蛇混杂,谁主张君权神授?
啊!我日夜追求真理的阳光,
渔夫却笑我何不随波逐流!

这是屈原的名作《天问》部分段落的白话版。如本书开始指出,画家高更在19世纪用视觉语言发问:"我们从何处来?我们是什么?我们往何处去?"现代科学家霍金在《时间简史》的开篇处就问到,我们对宇宙了解多少?我们又是怎样才知道的?宇宙从何而来,又将向何处去?宇宙有开端吗?如果有的话,在这开端之前发生了什么?时空的本质是什么?宇宙会有终结吗?等等。屈原、高更与霍金,分属不同的时代,不同的民族,从事不同的职业,但他们的宇宙意识是相通的;他们的科学与艺术之魂跨越民族,超越时空,连接未来。

古代"有序"的宇宙

宇宙的起源和图像是任何一种宗教和神话的永恒话题。《圣经》的开篇《创世记》就叙述了上帝创世的过程,以创世为主题的艺术作品更不胜枚举。在13世纪中期，法国《圣经的道德教谕》中的一幅插图（图128）中，一位不名画家表现了强壮自由的造物主的威严。上帝大踏步地跨过空间，不受人类想象边界（画框）的限制，全神贯注于他的创造，调动自己全部的智能和力量治理他的世界中的洪水、恒星、行星和大地。我们能够感受到，他很快就会把它们旋送到宇宙空间。但是首先，他要使它们排列有序。画家在通过视觉语言向我们传递教义：宇宙是有序的。在布莱克的一幅著名的作品（图129，其著作《远古时代》插图，1794）中，代表荣耀的红色火球将蹲伏于深渊之上的上帝团团围住，第一阵风将上帝的头发吹起，第一缕金光刺穿黑暗，并照亮了深渊的边缘。上帝左手持圆规一下子分开光明与黑暗——这真实的自然。别出心裁的圆规表示了混沌与秩序、正义与邪恶之间激烈的冲突和物质与精神之间真切的张力。

图128　《圣经的道德教谕》中插图（作者不详，13世纪）
圆规告诉我们：宇宙是有序的。

图129　《远古时代》中插图（布莱克，1794）
圆规告诉我们：自然的终极真理是简单又理性的。这似乎和布莱克的哲学观不符。

人类也是上帝创造的。米开朗基罗的《亚当的创造》（图130）是西欧美术史上最高成就之一。画面人物呈现出来的美，包括姿态与轮廓，简直不像出自凡人的画笔与构想。上帝正伸出强有力的臂膀，指尖与亚当十分接近，但未真正接触上。酝酿画面所充满能量的紧张感是两人手指间的空隙所呈现的视觉效果，常被喻为是一股即将引发火花的电流。上帝看来真像准备通过这空间，为人类的始祖注入生命的能量，并告诫我们应该遵循上帝为我们确立的道德规范。

每一个民族都有一套关于创世和再生的完整神话，中国古代盘古氏开天辟地的神话广为流传。说的是：天地浑沌如鸡子，盘古生其中。万八千岁，天地开辟，阳清为天，阴浊为地。盘古在其中，一日九变，神于天，圣于地。天日高一丈，地

图130 《亚当的创造》
(米开朗基罗,1511)
李政道教授评论说:上帝的手指和亚当的手指间有个空隙,这个空隙里面好像充满了要创造的新粒子。

日厚一丈,盘古日长一丈。如此万八千岁,天数极高,地数极深,盘古极长。后乃有三皇(天皇、地皇和人皇)。数起于一,立于三,戒于五,盛于七,处于九,故天去地九万里。

　　几乎所有创世神话均具有一个共性:从"混沌(chaos)"到"有序(cosmos)"。理性主义的发展,使希腊哲学家用美妙的寓言把宇宙和自然相提并论,宇宙从此被看成是一个和谐的、渗透着神性的自然。中国人说:"古往今来谓之宙;四方上下谓之宇"。宇宙就是时空。

　　关于宇宙结构的第一个理性观点是希腊人的毕达哥拉斯学派,他们认为宇宙是简单和谐的(Kosmos = order),就像音乐中谐音基于弦的和谐频率(比例)。同时,在毕达哥拉斯宇宙论看来,地球不过是诸天体中的一个,而球形是所有图形中最美者,所以他们提出地球是一个球的观念,而没有诉诸于经验。

　　柏拉图受毕达哥拉斯学派影响极深,他的哲学理念强调宇宙具有永恒不变的范型。宇宙是由五种正多面体中的四种组成,分别对应于四大元素(土是立方体,火是四面体,气是八面体,水是二十面体),最后的正十二面体是神用来描绘宇宙的,也就是球形的第五元素。柏拉图本人还设计了一个以地球为中心的同心球宇宙模型;他的学生则采用了若干简单圆周运动的组合来描述复杂的天体运行现象,都试图将宇宙结构表现为优美的形式。

　　有序的宇宙观念在亚里士多德那里获得了一个总结性的表现。亚里士多德强调:"自然是运动和变化的根源……不了解运动,就无法了解自然。"他认为自然运动都趋向它们的"自然位置"。火炎上,水润下,上升的为轻物,下落的为重物,这就是自然的,表现为直线运动,否则就不自然了。而在天际,超乎火、气、水、土的第五种元素(称之"以太")的自然运动是永恒的圆周运动。天尊(圆圈)地卑(直线),天上物理学(Physica coelestis)与地上物理学(Physica terrestris)泾渭分明,但都趋向于宇宙的中心。亚里士多德在《论天》中指出,既然天体均做圆周运动,它如果沿着无限大的半径做这种运动时,线速度将无穷大,而这是不可思议的,因此宇宙必然有限,而且包罗万象。

　　为了解释人们所观察到的天体运动,亚里士多德提出了更加精致的水晶球宇宙模型，并把它看成一个真实的宇宙系统。托勒密对这个模型给予天文学确认，并几乎原封不动地为基督教思想家所采纳，在中世纪被不幸地被提升为权威的宇宙版本，其神学色彩也愈加浓厚。

牛顿"万有"的宇宙

在对宇宙认识的科学史上，哥白尼把上帝庇护的地球挪到了一个非中心位置，甚至宇宙没有中心恐怕才是他真正的观点；伽利略的望远镜又部分地澄清了天空的神话，而且将逻辑思考和实验方法结合起来运用于动力学研究；牛顿进一步根据引力理论美满地给出了整个宇宙体系的解释，他证明了苹果落地与地球围绕太阳运动满足同一个物理定律，这些定律决定了"天上的物理学"和"地上的物理学"合并。人类建立了宇宙的力学图像，上帝成为了多余。

1705 年哈雷（E. Halley，1656～1742）根据牛顿给出的理论，计算出一颗曾经出现过的彗星的周期为 76 年，且由于大行星的摄动，彗星回归近日点的日期可能会有所偏差，进而预言该彗星将在 1758 年底或 1759 年初再度出现。哈雷身后 16 年，人们果然如期观察到这颗期待已久的，著名的哈雷彗星。多年以后，人们运用牛顿万有引力定律，先后发现了天王星（1781）、海王星（1846）、冥王星（1930）……万有引力给出一个"万有"的宇宙。

"万有"的宇宙体系实际上是太阳系。对于其起源，1755 年康德首先提出了演化观，指出太阳系是通过原始星云演化而成的，星云集聚的物理成因就是牛顿的万有引力，这个演化的宇宙对于长期以来被认为天经地义的静态宇宙观点无疑是一次巨大的震撼。

18 世纪 80 年代，法国大数学家拉普拉斯(P. S. M. de Laplace, 1749～1827)提出著名的拉普拉斯方程，这是一个关于引力的偏微分方程。它意味着，只要有牛顿运动定律，我们不仅可以用天体今天的位置和速度计算出它未来的位置，而且可以用来追溯我们希望知道的它过去的位置。也就是说，天体的过去和将来都记录在它的现在。我们理解宇宙，只需要理解它的现在。因此，拉普拉斯方程成了牛顿决定性因果律的经典表述。

人们终于认识了太阳系。伴随着光学望远镜孔径的日益增大，照相技术、光谱技术等观测手段的不断提高，人们对银河系的了解越来越充分，并且踌躇满志地向更广阔的宇宙延伸。但是，人们所掌握的理论武器——牛顿力学，似乎已经力不从心了。

首先，从空间意义上来说，施展牛顿力学体系的前提，是一个平直、无限的几何空间，只有在这样的空间中，惯性运动定律才有效。这个空间具有无限远处引力势为零（或是常数）绝对性质，因此，牛顿的宇宙是一个静态、无限的宇宙。空间倘若如此，则宇宙中每一点都是等价的，散布在宇宙中的任何一个天体都要受到四面八方，来自无穷多个引力的牵制，那么任何天体的引力势能就会因为无限叠加而不可能保持常数。另外，如果宇宙是静态无限的，那么每一根光线都会终结于一个恒星上，所有恒星都是平等的，因此夜空中的星星将和太阳一样地明亮。显然这是不符事实的。所以，牛顿的引力理论运用于更大范围的宇宙领域出现了困难。

其次，也是更为重要的一点，就是宇宙的时间意义。20世纪以前，人们认为宇宙在本质上是时间不变的，也就是说，它存在了无限长的时间。但是，这会导致一个十分荒谬的结论：如果恒星已经辐射了无限长的时间，那么它们就应该把宇宙加热到和它们相同的温度。果真如此的话，我们还能存在吗？另外，夜空是黑的，这是非常重要的事实，它意味着宇宙不能以我们今天看到的状态存在无限久的时间。过去一定发生过某些事情，使得恒星在有限的过去时刻点亮，这意味着从非常遥远恒星来的光线尚未到达我们这里，这才能解释夜空为何不在每一个方向上发光。

对这样一些问题，牛顿的"万有"宇宙观显得并非"万能"，因此，宇宙学陷入了一段沉寂时期，直到爱因斯坦的出现。

广义相对论

在爱因斯坦1905年发展的狭义相对论世界图景中，空间和时间都是相对的，并且相互关联；物体的质量和能量也是相互关联的。这个理论和电磁学定律配合得天衣无缝，但却不能和牛顿的引力理论相协调。牛顿的引力理论说，如果人们在空间的一个区域改变物质分布，引力场的改变在宇宙的其他任何地方就会瞬刻被觉察到。这意味着人们可以发送比光传播还快的信号，这恰是狭义相对论禁止的。另外一方面，这里瞬刻的意义，还需要存在绝对的时间，而这正是被狭义相对论所抛弃的时间概念。

1907年，当爱因斯坦还在专利局（1909年他才在苏黎世大学找到教位）工作时，他就知道了这个困难，并且根据他在狭义相对论中的工作思想，敏锐地感觉到，时空和质量、能量也可能是相互关联的。但是，他一直没有找到合适的数学方法来描述它们之间的关系。1911年，他第一次意识到，在加速度和引力场之间存在一个紧密的关系，进而提出广义相对论中最重要的等效原理：物体的惯性质量（与加速度相关）与引力质量（与引力场相关）是等效的。在牛顿力学中，非惯性系与惯性系的区别在于前者存在惯性力，惯性力正比于惯性质量；万有引力正比于引力质量，因此引力和惯性力在力学实验中是等效的。

形象化地说，爱因斯坦想像一个火箭一样的盒子浮在远离任何引力场的空中（物理上叫自由空间）。在盒子中，各种各样的物体，比如一个苹果，也同样漂浮在这个完全寂静的太空中（图131(a)）。显然，"地板"是没有意义的。如果火箭被加速（图131(b)），或者静止于地面而受到重力作用（图131(c)），这时候地板就有意义了。但是,待在这个封闭盒子的爱因斯坦做自由落体等任何力学实验,都不能区分盒子是静止地处于地球引力场中,还是处在自由空间被火箭加速。同样,再设想一个在地球表面自由下落的盒子,若以此盒子作为参考系,任何物体所受的惯性力和重力完全抵消,因此在其中做任何力学实验都看不到地球引力的影响。

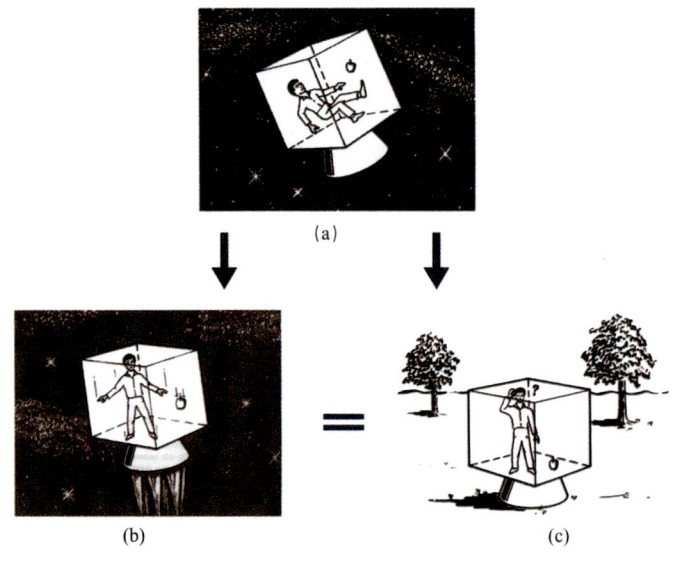

图 131

如果地球是平坦的,人们既可以说苹果因为引力而落到牛顿的头上,也可以等效地说牛顿和地球被向上加速。然而,对于球形地球,加速度和引力之间的等效似乎不成立。因为世界两边的人们会相互越来越远。1912年爱因斯坦回到苏黎世,他灵感奔涌,意识到如果时空几何是弯曲的,而不是像迄今所假定的那样平坦,则等效成立。至此,爱因斯坦提出了一个革命性的思想:质量和能量以一种还未被确定的方式将时空弯曲,引力只不过是时空弯曲的表现,或者说,是后果。像地球这样的物体并非由于在牛顿力学中称为引力的力使之沿着弯曲轨道运动,而是它沿着弯曲空间中的测地线运动。所谓测地线,定义为两邻近点之间最短距离。例如,对于一个平直的二维空间,测地线为直线;对于一个弯曲的二维空间,测地线称为曲线,是两点之间最近的路。可以想像一下,一架在崎岖多山的上空飞行的飞机,尽管它沿着三维空间的直线飞行,在二维的地面上它的影子却是一条弯曲的路径。因此,高维空间的直线在较低维空间的投影可能是弯曲的途径。如前面所述,我们所感受到的三维空间也可以看成是四维时空的投影。如果物体总是沿着四维时空的"直线"走,在我们三维空间中看起来它是沿着弯曲的途径(比较一下三维到二维的情形)。微分几何理论指出,空间的几何性质,如是否弯曲、弯曲的程度等,与空间的测地线相对应。爱因斯坦首先指出了引力与时空几何性质的关系,因此广义相对论又称为引力的几何化理论。广义相对论处理问题的基本步骤是:由物质的分布(能量-动量张量),根据爱因斯坦方程,求出时空的几何结构(曲率张量和度规),进而确定时空测地线的性质,即给出物质运动的轨迹。因此在广义相对论中已经没有牛顿力学中"引力"的概念了。

关于"引力"与空间结构存在对应关系,一个科学的理解方式是所谓的爱因斯坦圆盘(图132)。设想有一个圆形舞台,绕中心轴匀速转动,一个观测者 B 站在圆盘中央(相当于三维空间中我们人类自己)。再假设有一些小量尺,沿着从圆心到圆周某一点的半径,头尾相接地排成一条直线;另一些量尺则沿着圆周排成一个圆。在相对于那个安放舞台的房间静止不动的观察者 A (相当于我们三维空间之外的一个观测者)看来,当舞台在转动时,那些沿着舞台圆周摆放的量尺是在其长度方向上运动,因此,它们会发生长度收缩(正像狭义相对论中那样)。这样一来,为了把圆周补全,所用的量尺数就必须比舞台静止不动时更多一些。而那些沿着半径摆放的量尺,它们的长度方向正好同运动方向成直角,所以就不会发生尺缩效应,这样一来,不管舞台是不是在转动,直径方向上的量尺数不会改变。

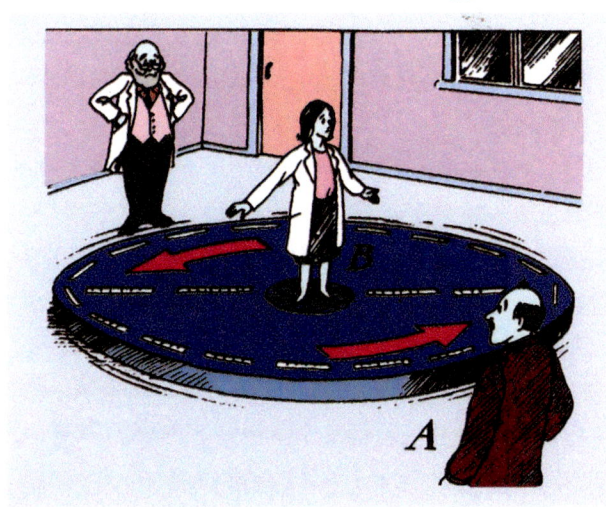

图 132　观察者 B 在空间内部,必须通过测量才能确定空间的内禀性质

可见,当舞台转动时,沿着圆周测出的距离 C(用所需要的量尺数目表示)必将大于欧几里得几何所要求的 $2\pi r$,这里 r 是所测出的半径。所以,欧氏几何不再成立。

在观察者 A 看来,由于沿着圆周摆放的量尺收缩效应,这一切都是合情合理的。但是,对于站在舞台中心而且随着舞台转动的观察者 B,情形又是什么样呢? 她会怎样看待这个问题呢? 由于她所看到的两组量尺的数目和观察者 A 相同,她同样会下结论说,这里的周长与半径之比不符合欧氏几何学的定理。但是,假如舞台是处在一间没有窗子的封闭房子里，她就看不出舞台是在转动。那么，她会用什么原因来解释这种反常的几何性质呢？很显然，她会注意到，放在舞台上不同地方的物体并不保持静止，它们从中心向外围加速运动，看起来都受到一种力（离心力）的支配。这种力具有一个特殊的性质，能够自动地调整自己的强度去配合物体的质量，因而总是能产生物体所处位置特有的加速度。观测者 B 可以大胆地推断，这种"力"与她所发现的非欧几何之间存在对应关系。研究这种非欧空间的性质，就可以理解这种力的物理表现。把这种思想应用到三维空间万有引力情形，就是引力的几何化。于是，牛顿的引力方程寿终正寝，代之以爱因斯坦的时空度规方程。

广义相对论最终告诉我们，作为物理的空间，是与其间的物体相互关联的。20世纪现代美术之父塞尚也感悟出这一革命性思想。在他的作品中，宽广的空间面与同样宽广的质量面交织在一起，由此表现出空间与质量是相互关联的。空间与质量间没有清晰的边界，他画岩石和树木，使他们相互合并，看起来是纯粹的实物体，让人猜不透空间。我们不知道是在近处看小石，还是在远处看大石；不知道观看的丛树是近在咫尺，还是数里之外。这意味着，空间不再是可以随意摆放各种物体的被动容器，它其实是受制于其间的物体，反之亦然。这些对空间和质量等意义的新的认知方式，改变了20世纪西方绘画的创作理念，与爱因斯坦在科学上的时空观不谋而合。

另外，近代艺术家一直尝试在自由空间内观察自然。在马奈的很多作品中，地板似乎都被抽掉了，人物都好像浮离在空间中。这种无视重力存在的做法，受到了当时艺术评论家的强烈抨击。他的1866年著名画作《吹笛少年》（图133），有意识地模仿了日本浮世绘版画，完全不顾三维空间的透视原理，背景虽然平板但人物十分突出。当时的一名批评家这样写道："没有空间、空气、透视法则。可怜的少年像是被钉在了想象中的墙壁上一样……如同将扑克牌中的方块 J 钉在了门上。"这位批评家如果知道了相对论思想，还会如此评论吗？我们在塞尚的静物画中，感觉倾斜的苹果不会滚落，因此也不会掉到牛顿的头上。相反，空间结构倒是随着苹果位置不同而改变。爱因斯坦广义相对论确实告诉我们，重力（引力）只不过是时空的一种表现形式。从艺术上说，在这一点上，后来的马格里特走得更远。在著名的《天降》（图134）中，像雨点一样降落的男人们完全无视牛顿万有引力的存在，犹如冻结一般，浮游在时间和空间之中，实际上他们并没有落下来，似乎也没有注意到自己所处的状况。这种前卫性的绘画艺术，启迪着观画者思考，在关于引力的问题上，还存在用其他方法去进行解释的可能性。

理解了时空的弯曲和引力几何化，广义相对论给出一些理论预言，几乎无一例外地得到实验验证。

第十一章 宇宙与人文　161

图 133 《吹笛少年》（马奈，1866）
"爱因斯坦先生，你可以作证，我没有折磨少年，只不过在自由空间看视他"，马奈如是说。

图 134 《天降》（马格里特，1953）
"霓为衣兮风为马，云之君兮纷纷而来下"，李白心中也没有重力。如果用科学语言理解它，则是：不论运动形态如何，观察者的观点都是等价的。

太阳引力场中光线的弯曲。光线必须沿着时空的测地线（四维时空中的直线）走，空间是弯曲的事实意味着，在三维空间中光线看起来不是沿着直线走。这样，广义相对论预言光线必须被引力场所折弯。譬如，理论预言，由于太阳的质量的缘故，从远处恒星发出的刚好通过太阳附近的光线会被折弯很小的角度，因此，对于地球上的观察者而言，这恒星显得是位于不同的位置。在正常情况下，要观察到这个效应是非常困难的，这是由于明亮的太阳光线使得人们不可能观看天空中出现在太阳附近的恒星。然而，在日食时太阳的光线被月亮遮住了，这个现象就可能被观察到（图135）。由于第一次世界大战当时正在进行，爱因斯坦的光线偏折的预言不可能在1915年立即得到验证。直到1919年，一支英国的探险队从西非观测日食，指出光线确实像理论所预言的那样被太阳所偏折。

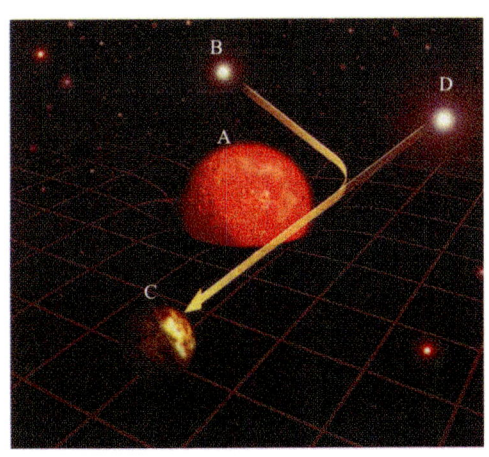

图 135
太阳（A）的质量畸变了它附近的时空。从远处恒星（B）来的通过太阳附近的光线被它折射了，这样在地球（C）上看来，光线似乎来自另外一个方向（D）

另一广义相对论的预言是，在像地球这样的大质量的物体附近，时间显得流逝得更慢一些。这是因为光能量和它的频率(每秒钟光振动的次数)有一关系：能量越大，则频率越高。当光克服地球的引力场往上走，它失去能量，因而其频率下降。从在地球上面的某个人来看，地球上发生的每一件事情都显得需要更长的时间。利用一对安装在一个水塔的顶上和底下的非常准确的钟，这个预言在1962年被验证(图136)。地球上的不同高度的钟的速度不同，这在目前具有相当重要的实际意义，这是因为人们要用卫星发出的信号作非常精确的导航。如果对广义相对论的预言无知，所计算的卫星定位位置将会错几英里。这里也有一个广义相对论的孪生子效应：考虑一对双生子，假定其中一个孩子去山顶上生活，而另一个留在海平面，第一个将比第二个老得快。按照狭义相对论，如果有一个孩子在以近于光速运动的空间飞船中作长途旅行，当他回来时，他会比留在地球上另一个人年轻。狭义孪生子效应和广义孪生子效应结论定性相反，但计算表明，狭义相对论效应产生的年龄差异要远大于广义相对论效应，所以，从定量地说，如果你想永葆青春，还是选择去旅行。

1915年之前，空间和时间被认为是事件在其中发生的固定舞台，而它们不受在其中发生的事件的影响。即便在狭义相对论中，这也是对的。物体运动和力相互作用，但时间和空间则完全不受影响。然而在广义相对论中，情况则相当不同。这时，空间和时间变成为动力量：当一个物体运动时，或一个力起作用时，它影响了空间和时间的曲率；反过来，时空的结构影响了物体运动和力作用的方式。空间和时间不仅去影响，而且被发生在宇宙中的每一件事所影响。总之，<u>相关性成为了一切</u>，这也正是现代美术之父塞尚的创作原则。

时间和空间成为宇宙动力学的主动参与者，这就引发一个伟大的问题：宇宙是静态的吗？爱因斯坦早期就发现他的方程没有描述一个静态的，也就是在时间中不变的宇宙解。但他不愿意放弃永恒的宇宙观，而在他的方程中加上宇宙常数的一项，以容许宇宙具有静态解。但是，现代宇宙学之父——哈勃的观测告诉我们，星系正在离我们而去，宇宙正在膨胀。宇宙常数成为了多余，爱因斯坦犯了他一生最大的错误。

图136
"世间方一日，天国已千年"，这才是科学的说法。玻尔曾经以广义相对论的时间效应，批驳爱因斯坦提出的"光子箱"实验，捍卫了量子力学的尊严。以其人之道，还治其人之身。

"现代"膨胀的宇宙

1924年以前，大多数人认为银河系大小基本上就是宇宙尺度。美国天文学家哈勃(E. Hubble，1889~1953)首先打破了这种看法。1923年他在威耳逊天文台上用当时最大的2.5米的望远镜发现了仙女座星云中亮度作周期性变化的"变星"，研究表明它并不在我们的银河系内，而是远在银河系之外离我们100万（现代值：220万光年）的地方。和我们的银河系一样，它也是由许多星聚集而成，因此叫做星系。此后哈勃还计算了几十个星系的距离，由此揭开了探索更大宇宙的新的一页。

19世纪末已经通过光谱分析知道，银河系中所有恒星具有和太阳同样的谱线特征。在哈勃证明了其他星系存在之后的几年里，他花时间为它们的距离以及观察到的光谱进行分类，发现大部分星系光谱有"红移"现象。所谓红移，就是整个光谱结构向光谱红色一端偏移的现象。显然，这现象可以用多普勒效应加以解释，它起源于星系的退行，即离开我们的运动。更惊异的是1929年哈勃发表的结果：星系谱线红移的大小也不是杂乱无章的，而是和星系离开我们的距离成正比。星系越远，则它离开我们的运动越快！这表明宇宙不可能像人们原先想像的那样处于静态，而实际上是在膨胀，不同星系之间的距离在增加。请注意，这是一个没有中心的膨胀，这一点涉及到广义相对论揭示的时空本性：时空每一点都在膨胀。为了说明这一点，我们设想二维的膨胀：一个氢气球的表面就是一个"二维空间"，上面许多黑点代表一个个星系。当氢气球膨胀时，表面上各点间距离都要增加，因而从任何一个黑点望去，周围的黑点都是离它而去的，因此这种膨胀没有中心。

宇宙既然是演化的，就必然有一个源头（开端），这就导致了"大爆炸"模型的提出。这个概念首先是由比利时神父、同时也是天体物理学家勒梅特（G. Lemaitre，1894~1966）于1927年提出的。他是最早把哈勃的工作和广义相对论联系起来的天文学家。更早时候（在哈勃工作之前），俄国物理学家弗里德曼（A. Friedmann，1888~1926）曾给出了广义相对论方程的一组动态解，为宇宙的膨胀模型提供了一个样本，并预言宇宙是膨胀还是收缩主要决定于构成宇宙物质的物理学初始条件。弗里德曼英年早逝，没有看到几年后哈勃的工作正好证实了自己的动态宇宙的预言。但他的学生、从前苏联移民美国的物理学家伽莫夫对勒梅特的思想作了充分的发挥，经过计算，描绘了宇宙的热大爆炸模型。但这个模型只能叙述创生时刻（如果有的话，定义时间为零）之后10^{-4}秒以来发生的故事，并得到强有力的实验证实。"大爆炸"得名于英国广播公司（BBC）对伽莫夫论文的嘲讽，孰料歪打正着，这个鲜明有力的提法不久被广泛接受。

随着宇宙的膨胀，那些在爆炸初期产生的光子继续在大空中游弋，能量也在不断减小。伽莫夫据此提出在一百几十亿年之后的今天，这种显示大爆炸遗迹的光子应该仍然存在。他还计算出这种光子的波长应该是1毫米,即相当于无线电微波,和这种光子相应的宇宙平均温度应该是5K左右。这一预言惊人地被证实了。1964年彭齐亚斯(A.Penzias,1933~)和威耳逊(R. Wilson,1936~)在贝尔实验室检测一个非常灵敏的微波探测器时,发现无论天线指向何方,总会接收到微波段的噪声。他们公布了这一发现后,普林斯顿大学的科学家们马上就意识到了这一发现的宇宙学意义,指出它可能就是大爆炸的遗迹,而称之为"宇宙背景辐射"。接着就有其他人也作了类似的测量,并测出了不同波长噪声的强度。特别是在1989年1月,美国发射了一颗专门的宇宙背景辐射探测器(COBE),它发回的测量结果与现在的最新理论预言(背景温度2.735K)完全符合,是大爆炸理论经历了"迄今最严格的检验"(图137)。在此之前,彭齐亚斯和威耳逊就被授予了1978年的诺贝尔物理学奖,得到了哈勃和伽莫夫都未曾获得的最高荣誉。

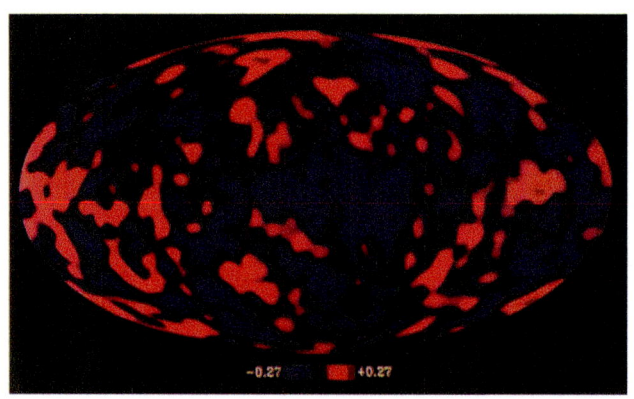

图137 COBE卫星绘制的全天空图
我想告诉你,这束光来自宇宙产生之后的十万年,今天的140亿年以前。
这是科学探测,还是伟大的艺术极品?

根据现有的理论,科学家可能已经可以知晓 10^{-43} 秒以后的情况。20世纪80年代,粒子物理学家古斯(Alan Harvey Guth,1947~)等将大统一理论(GUT)引进了宇宙学,提出了所谓"暴胀宇宙"概念。简单地说,在大爆炸开始后 10^{-35} 秒("大统一时代")时候,宇宙温度为 10^{+28}K,这是强力、电磁力和弱力大统一的临界温度。此时宇宙发生了一次暴胀,其直径在 10^{-32} 秒内增大了 10^{+50} 倍,膨胀速度远远大于光速,强力与电磁力和弱力开始分离。惊人数目的粒子在暴胀中产生,超过光速暴胀的是时空,物质还没有来得及运动,但宇宙的基本结构和成分就在这个 10^{-32} 秒时已告完成。此后又经历了大爆炸所描述的亚原子层次变化,发展出基本粒子和原子。

在暴胀之前,在时间零点到 10^{-43} 秒内,称之为普朗克时代,宇宙发生了什么?广义相对论可以证明,宇宙有一个奇点。所以,我们要问,物理定律在此奇点有效吗？霍金提出的量子宇宙学提供了一个可能的宇宙创生图像：普朗克时代的宇宙温度高达 10^{+32}K，形式极其简单，只有时间、空间和真空场，四种相互作用统一于一起，但必须充分考虑引力的量子效应。霍金进一步认为：普朗克时代以前，没有时间，也无空间，宇宙处于量子状态（宇宙的创生态是"量子"基态），一片狂乱波动（此时宇宙的所有结构都可归结于不确定关系所允许的涨落），量子引力涨落发起旷世浩劫，空无中现出时与空。简单一句话，这个身残志坚但十分"会炒作自己"的霍金，操办了"广义相对论和量子力学的热烈婚礼"，给出"宇宙创生于无"的物理图像。

东方文化中一直有这样的观点："无"不是没有，"什么都没有"不是真的什么都没有，而是一种存在形式，人觉察不到的一种形式。《老子》第四十章讲："天下万物生于有，有生于无。"《老子》第二十五章说，"有物混成，先天地生。寂兮寥兮，独立不改，周行而不殆，可以为天下母。"寂兮寥兮，就是没有时间、空间。如《物理学之道》作者卡普拉指出："西方的思维、西方的物理学发展，走到东方哲学道路上去。"但必须指出：思辨不等于科学；艺术也不等于物理。

宇宙中的幽灵——黑洞

"黑洞"近来已成为科学上的时髦名词，这一术语来源于美国科学家惠勒（J. Wheeler, 1911~）。在经典物理学时代，英国科学家米歇尔（J. Michell, 1724~1793）在1783年就指出，如果一个大质量的星体被压缩到一定尺度内，它所发出的光将被它自己的引力拉曳回来。1916年，战死在俄国前线的德国数学家施瓦氏（K. Schwarzschild, 1876~1916）求解广义相对论爱因斯坦方程，在其关于时空曲率的精确解中，预言存在一种极端的时空变形（决定于星体的质量和大小）：时空弯曲令任何物质，包括光都无法逃逸。

我们首先必须在广义相对论中定义黑洞图像：如前所知，恒星的引力场改变了光线的路径，当恒星在自身引力作用下收缩时，其表面的引力场变得很强，光线向内偏折得更多，从而使得光线从恒星逃逸变得更为困难。对于远处的观察者而言，光线变得更黯淡更红。最后，当恒星收缩到某一临界半径时，表面的引力场变得如此之强，使得光线完全向内偏折，以至于光线再也逃逸不出去。根据光速极限原则，当然其他东西更不可能逃逸。也就是说，在宇宙中，存在一个事件的集合或时空区域，光或任何东西都不可能从该区域逃逸而到达远处的观察者，这个区域称作黑洞。将此边界称作事件视界，它和刚好不能从黑洞逃逸的光线重合，见图138。比较以下这个示意图和前文谈过的雕塑《断方碑》，我们更觉得纽曼一定是学习过物理学的专业人士。

关于黑洞，有几个奇妙的物理图像值得大家了解。篇幅所限，更详细的内容，建议去阅读霍金博士的《时间简史》。关于黑洞的什么问题，如果霍金先生还说不

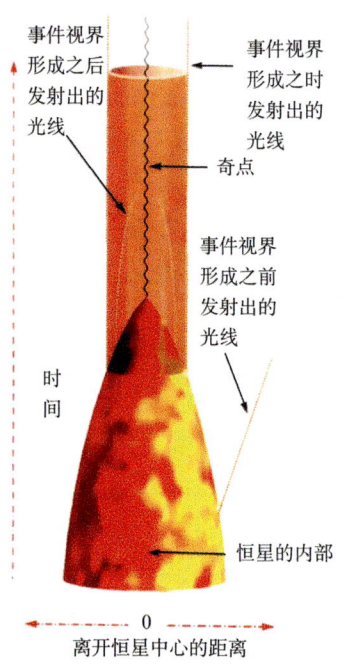

图138 大质量恒星坍缩形成一个黑洞的时空图

明白，其他人恐怕就更无能为力了。

首先，在事件视界（不妨理解为黑洞的边缘）上，有两种不同的时间。为了理解这一点，切记相对论中没有绝对的时间，每个观察者都有自己的时间测量。假如勇敢的玛丽乘一艘飞船进入黑洞；汤姆在黑洞外一艘空间站上等待她的信号。玛丽在越过事件视界时，自己的时钟没有任何变化，时针在一分一秒地走动；留在空间站上的汤姆，发现玛丽越接近视界，她的时钟走得越慢，到达视界时，玛丽的钟完全不动了。最后，玛丽变得如此之朦胧，以至于从空间站上再也收不到她的任何信息。对玛丽来说，还有更加惊人的一幕，就在她想向汤姆挥手，表示她要跨过事件视界的那一瞬间，她看到了全部同时发生的历史：宇宙的全部时间——过去、现在和将来。你愿意去体味吗？

其次，如何探测黑洞？在不考虑量子效应的情况下，黑洞对外的表现就是其引力效应。因此，物理学家想出了一个好办法：观测由一个可见的星体和一个不可见的星体（黑洞）构成的双星系统。这个想法可以比喻成，穿着黑色晚礼服的小伙子和白色衣裙的姑娘翩翩起舞，当灯光暗下去的时候，我们只能看到姑娘。但从她那回旋舞姿中获得某种证据：一定有某个伙伴在她身边。科学家经过计算认为，当可见星的物质被吸引落向黑洞时，发展成螺旋状轨道，并且变得非常热而发出X射线，这是我们可探测的。因此，人们据此推测，可能已经在称作"天鹅X-1系"找到黑洞存在的证据（图139）。

图 139
来吧！你永不可拒绝我。
这个世界，
才是我最后的晚餐。
——作者自拟

最后，黑洞其实不黑。20世纪70年代，广义相对论（可以推导出弯曲时空、黑洞等）和量子理论（电磁波、引力波等辐射遵循的基础理论）的结合已经成为研究热点。霍金大胆预言：黑洞并不全"黑"，引力的量子效应可以导致黑洞的辐射。何以黑洞会发射粒子呢？量子理论告诉我们，粒子不是从黑洞里面出来的，而是从紧靠黑洞的事件视界的外面的"真空"中来的。海森伯不确定原则表明，"真空"不能是完全空的，其间充满虚粒子反粒子对，它们被一同创生，相互离开，然后再回到一起并且湮灭。如果黑洞存在，其中的一个虚粒子会落入黑洞并且成为实粒子，另一个成员会从黑洞附近逃逸。对于远处的观察者来说，这看起来就像粒子是从黑洞发射出来一样。

当黑洞持续辐射时，质量转化为能量，它的质量在减少。黑洞因为收缩而变热，辐射又进一步加剧。黑洞的最终结局是由于量子效应，它"蒸发"了。根据霍金的计算，一个太阳质量的黑洞要经过 10^{+10} 年才完全蒸发掉。蒸发的最后阶段（视界达到 10^{-35} 米）就是剧烈的爆发，一场新的大爆炸。惊鸿一瞥！谁见过这番场景？

如果说，对黑洞辐射和蒸发的理解，使我们在某种程度上实现了广义相对论和量子力学的结合；那么，要推知黑洞内部的情形，这两者仍然是我们能够寻找答案的唯一工具。通过引进量子引力的概念，理论上认识了其中的奇点——个无底的深渊，并认为，黑洞会在时空中蛀出一条隧道，它的奇点都会通过一个与之相反但却相补的"白洞"的形式，在另一个时间存在于某个别的地方，也可能在另外一个宇宙中。这条隧道叫"虫洞"。这个尚没有任何实验证实的理论图像，在当前看来更像一幅艺术作品（图140）。

图140　穿越这个时空隧道，你可以回到从前，甚至远古

时空中不同区域之间虫洞的思想并非科学幻想，或者艺术家的发明，它来源于爱因斯坦1935年的一篇论文。爱因斯坦本来认为：因为虫洞会缩紧，飞船不可穿越而只能撞到奇点（右图）。但现代宇宙学认为，如果有一个负曲率的时空区域（如同马鞍面），虫洞将维持开放。非物理专业人士，如果想完全理解这段话，请到著名大学理论物理专业读十年。

我们的宇宙已经150亿岁了，而人类文明只有几千年的历史，科学才是400岁的婴儿。现在我们不能对科学期待得过多，但科学的最终目的在于提供一个简单的理论去描述整个宇宙，当然包括我们人类自己。

第十二章 科学艺术家

大凡受到过中等教育的中国人，一定都知道李政道这个名字。毫无疑问，他是一位伟大的科学家。先生祖籍江苏苏州市，1926年出生于上海。抗日战争期间曾在浙江大学、西南联合大学学习。1946年赴美国芝加哥大学攻读博士学位，师从物理学大师费米（E. Fermi, 1901～1954）教授，在物理学研究中取得了许多杰出的成就。特别是因发现宇称不守恒现象而与杨振宁教授共获1957年诺贝尔物理学奖，这是华裔学者首次获取最高的科学荣誉，是中华民族，乃至东方文明的骄傲。

不仅如此，李政道教授还是一位伟大的艺术家。20世纪80年代以来，他一直致力于倡导科学和艺术的结合。由他发起成立的中国高等科学研究中心每年举办国际学术会议，都请画家们根据科学主题作画，不少作品都是由李先生亲自创意，或在他的启发下完成，它们闪耀着艺术家的思想火花，又给予科学家以艺术欣赏。他还在北京积极主持举办多次"科学与艺术"国际学术研讨会和展览，使越来越多的科学家、艺术家、教育家关注科学与艺术的交融。

对称与不对称

"为什么对称是重要的？"这是毛泽东主席1974年在会见李政道教授时提出的一个问题。其答案不是显而易见的，完整地回答这个问题需要写一本书，并且已有的这类科学专著和科普读物足已摆满一层书架。我们知道，自然界中完全对称的东西极少见,我们找不到完全对称的一对山峦,甚至找不到完全对称的两片树叶。中国明代绘画大师弘仁(1610~1664)创立的几何山水派,是对自然山水的抽象,给人一种美的享受。但如果把他的一幅左右不对称的、却十分鲜活的山水画(图141)变成完全左右对称的画面,那看上去就呆板而无生气,与充满活力的自然景观毫无共同之处(图142)。所以在艺术家眼中和心中,自然之玄妙正在于它的千变万化(形形色色不对称的可能性)。而对于一个物理学家来说,以水为例,他们想讨论的并不是翻卷的波浪的美,也不是弓伏在苍天的彩虹的美,而是最终支配着各种形态下水的行为的科学准则。因此,物理学之所以成为物理学是因为能从各种复杂现象中总结出简单而本质的物理定律,它具有简洁而深沉的大美。古人云:"为善不同,同归于美。"自爱因斯坦以来,自然的终极设计是美的和简单的这一信念已经印入物理学家们的脑中。现在的物理学家普遍相信,如同窥探一幢建筑的基本设计一样,开启大自然的终极设计大门的金钥匙可能就是对称性。

 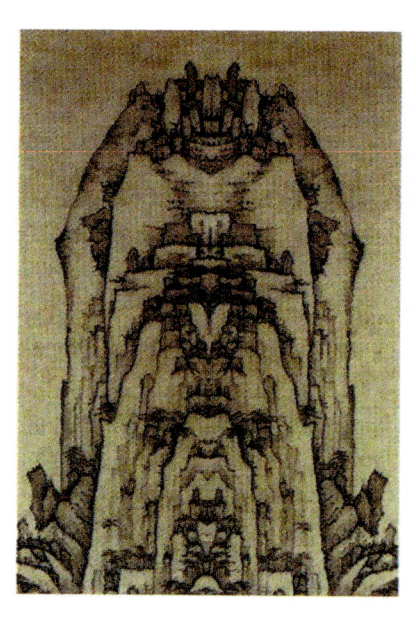

图 141　弘仁的山水画　　　　　　　　图 142　山水画的对称化

对称性的精确数学定义涉及到不变性的概念。如果一个几何图形在某些操作下保持不变,就说这个图形在这些操作之下具有不变性。例如,圆在绕它的中心旋转时是不变的。作为一个抽象实体,不管我们把它转18°还是转动其他任何角度,这个圆的形状都不会变。而正方形就不一样,只有绕它的中心转90°、180°、270°和360°时才保持不变。因此,我们说,圆的对称性比正方形高。同样,正方形的对称性比矩形高。另外还有一个等价描述对称性的方法，就是不再去旋转一个几何图形，而是问同一个几何图形在两个相互旋转了一定角度的观察者看来是否一样。显然，如果你把头转过18°正方形就偏了，而圆依然保持不变。

接下来的问题是，这种对几何图形研究看来有用的对称性是怎样进入物理学的呢？来看两个物理学家，其中的一个由于某种原因，总是把头偏离竖直方向18°或其他任意角度来看这个世界，另一个则和常人一样。经过几年研究，这两个物理学家分别将他们的观察结果总结在几个物理定律之中，并对比他们的结论，发现在任何角度的转动下，物理定律都将保持不变。因此，他们下定义说：物理定律具有旋转对称性。物理学家还表明：北京地区的物理定律和南京地区的物理定律是相同的，这是物理定律的空间平移对称性（不变性）；昨天的物理定律和今天的相同，这是物理定律的时间平移对称性（不变性）；等等。能导致物理定律保持不变的"操作"还有很多……

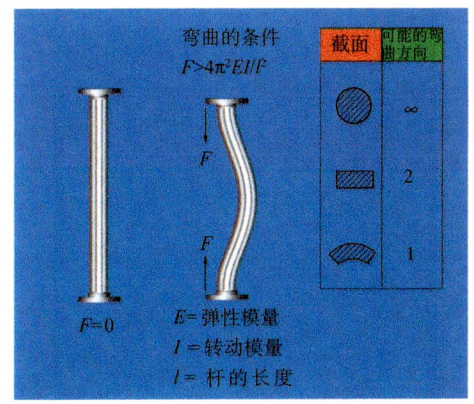

图143　对称的意义
最高的对称性＝最多的不对称性的可能性。

为什么自然界出现如此多的不对称？现代物理学认为是因为描述自然的终极真理是对称的。李政道教授曾用弹性物体弯曲的例子精妙地解释了这个论点：如果我们对一个弹性杆从两头施加一定的压力，这杆就可能发生弯曲。不难发现，杆发生弯曲的可能方向与杆的截面形状有很大关系（图143）。当截面为圆时，对称性最大，杆弯曲的可能方向有无穷多种；而当截面为矩形时，对称性减小了，弯曲的可能方向就只有两个了；当截面为任意形状时，没有对称性，那就只有一个可能的弯曲方向了。也就是说，因为圆形截面具有最大的对称性，所以它所提供的不对称弯曲的可能性也最多。科学家所能看到的只是"弯曲"（自然现象——最大的不对称性的可能性），所要揭示的就是"截面"（自然定律——绝对的对称性）。

物理学家和艺术家首先意识到的对称性是与我们实际生存的空间有关的对称

性，即空间的平移、旋转和镜像（反射）对称。特别是镜像对称，已经牢牢根植于我们的直感，不论来自艺术幻象还是科学定律。

左与右

如果让一个没有受过教育的天真儿童用积木随意搭一幢房子，你可以发现他搭出的东西显现出明显的左右对称。确实，左右对称在生物界是这样盛行，以至于偏离这种对称的任何发现都是稀奇和令人着迷的。其实，下面我将告诉你，自然在什么情况下区分左右，什么情形下不区分左右。

首先，我们需要给所谓的宇称对称性下一个定义：镜子可以实现左与右的互换，因此可以任选一个物理现象，把一面镜子放在所发生的现象前，然后来看在镜子里所见到的过程是否违反我们所知的物理定律？如果不违反，我们就说支配这一过程的物理定律满足"宇称"对称性（等价的语言是镜像不变的或左右对称的，谈到"宇称"似乎专业化了一点）。长期以来，人们把自然规律应该在镜像反射下是不变的（或说左右对称）看成一条天经地义的原理。请注意，我们所说的宇称对称性并不是指镜子里的世界与我们的世界完全一样，比如镜子里的我的心脏在右边、手上的表是反着转等，而是指物理定律在镜子中的世界并不改变。

我们来考虑一个简单例子（图144）。设有两辆汽车，除了一辆是另一辆的镜像之外，造得完全一模一样，如图所示。汽车 b 的司机坐在左前方座位上，油门踏板在他的右脚附近；而汽车 d 的司机则坐在右前方座位上，油门踏板在他的左脚附近。现在，我们假定两辆汽车灌满了同样多的汽油，这种汽油无杂质并且分布是左右对称的。假定汽车 b 的司机顺时针方向开动点火钥匙，把汽车发动起来，并用右脚踩油门踏板，使得汽车以一定速度，比如每小时40千米，向前驶去。汽

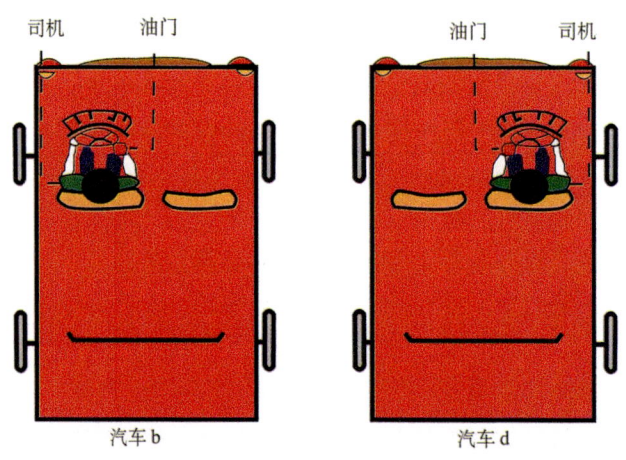

图144　两辆除互为镜像外造得完全一样的汽车

车 d 的司机做完全一样的动作，只是左右交换一下；也就是说，他反时针方向开动点火钥匙，用左脚踩油门踏板，同时，使踏板倾斜程度与 b 保持相同。现在我们问：汽车 d 将如何运动呢？

1956 年以前的物理学家认为，如果两种装置，其中一个是另一个的镜像，除此之外，完全一样，那么除了这一左、右差别外，在所有其他方面这两个装置将有完全同样的行动。换句话说，尽管左与右是有区别的，但是除了这个区别外，应该再没有其他差别了。因此，我们把哪一个称作"右"，哪一个称作"左"，完全是相对的。这就是物理学中的左 - 右对称原理。令人吃惊的是，正是这一点，后来被发现是不真实的。1956 年李政道和杨振宁教授提出弱相互作用过程中宇称是不守恒的设想，此设想旋即为"实验核物理执政女王"吴健雄教授所证实。

在 1956 年，吴健雄和她的同事们研究了极化钴核 Co 到电子的衰变。因为这些核是极化的，它们的转动方向是互相平行的。实验由两套装置组成，这两套装置完全相同，只不过初始核的转动方向相反，也就是说，这两套装置是互为镜像的。然而，实验家们发现，这两套装置得到的末态电子分布图案都并不是互为镜像的。简单说来，初态是互为镜像的，但末态位形不是互为镜像的。

也就是说，如果一个物理过程涉及了弱相互作用（比如 β 衰变），大自然不尊重宇称守恒，即左 - 右对称原理不再成立。形象地说，如果刚才的两辆汽车改用 β 衰变作为汽车点火装置，而其他完全镜像，它们将以完全不同的方式行驶：一辆可能前行；一辆可能倒退。即：镜子里面的世界与我们的世界遵循不一样的物理定律，也就具有本质上的不同。马奈的最后一幅作品《酒吧间》（图 145）被称为近代美术之父最后的赠言、永恒的绝唱。画中的镜子成了观望宇宙的窗子，由人形成的水平线，同朦胧的无限空间融为一体。既没有天花板，也没有地面，水晶吊灯像是宇宙间一座星系，主题人物和我们自己都好像悬在空中，这一切产生出一种不存在重力，而只有空间结构和我们人类自己的感觉，这是爱因斯坦广义相

图 145 《酒吧间》（马奈，1882）
模特儿呆滞的目光流露出困惑，是对社会的，还是对自然的……那个神秘男人是否是观赏者——我们自己？

对论的思想。更为奇特的是，年轻的女招待站在一面大镜子的前方，从镜子里可以看到侍女的背影，她出现在右边的位置上，并且身体向前探，仿佛在撩拨一位顾客。但是，在我们的世界里，女郎正面笔直站立，对着观赏者，那个男性顾客根本不存在。这种通过镜子表现双重画面的技法是第一次出现在西方绘画中，它是否告诉观赏者，我们的世界和镜子里面的世界除了左和右的区别之外，还有本质上的不同。用科学语言讲，在某种情形下，宇称是不守恒的。

图146 《铁花》（常沙娜，当代）
"水边铁花两三枝，似对称而不对称"。

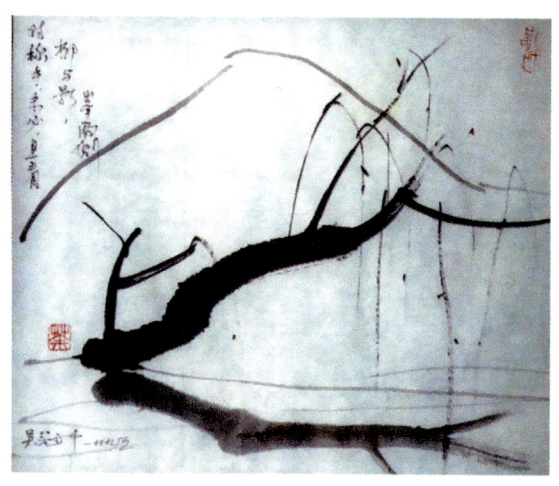

图147 《柳》（吴冠中，当代）
"对称乎，未必，且看柳与影"。

即使我们撇开镜子里面的世界不谈,对我们自己来说,也感受到,左右对称的世界是美妙的,而世界的丰富多彩又常常在于它不那么对称。有时,对称性的某种破坏,哪怕是微小的破坏,也会带来某种美妙的结果。在李先生的科学思想启发下,中国当代画家常沙娜和吴冠中的两幅作品(图146和图147),体现了"似对称而又不对称"的美妙。西方油画也充分反映了这种倾向,这方面的例子不胜枚举。

物质与反物质 过去和未来

在物理学中,除了左和右的置换操作外,还存在许多其他的置换对称或不对称性。例如电荷共轭置换可以定义为:将参与某一给定物理过程的所有粒子分别用它们的反粒子取代的操作。英国物理学家狄拉克(Dirac,1902~1984)在1929年预言了反粒子存在,到1956年,反电子(称正电子)和反质子均被发现,并且电荷共轭不变性已经被大量的实验所证实。即科学家首先预言:可能存在一个反物质世界。随着宇称守恒律被打破,人们自然要问,我们的反物质世界遵循和我们一样的物理定律吗?

自然是否同时违背宇称和电荷共轭不变性?形象话说,如果建造一种奇妙的镜子,它不仅把左反射到右,而且还同时把物质变为反物质,那么,支配镜子里的世界的物理定律就可能和支配我们世界的物理定律相同。即,尽管大自然违反了电荷共轭(简作C)不变性和宇称(简作P)不变性,但在组合操作CP下她可能是不变的。这种可能性被最简洁地表现在中国古代的阴阳图中。同样,20世纪荷兰画家艾舍尔以数学概念入画,用几何图形分割平面著称,他在反射再加上互换明暗(不妨理解为物质变为反物质)的操作下保持不变的绘画使物理学家们着迷。他的《骑士图》(图148)曾被杨振宁教授选作他的一本著作《基本粒子简史》的封面。对于这幅图案来说,单纯的镜像反射和单纯的黑白互换,都不能使图案保持不变,但两者联合起来,基本构成了它的对称操作。

但艺术和物理学家的愿望又被李、杨两位大师敲碎。他们在1957年预言CP也是不守恒的,1964年得到实验验证。CP破坏是非常重要的。因为宇宙大爆炸时正反物质与左右变换一起应该是对称的,可我们现在的宇宙中存在的

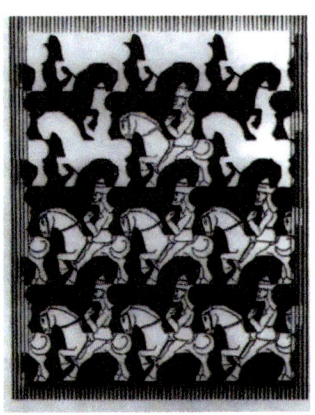

图148 《骑士图》(艾舍尔,1938)

艾舍尔幻想CP守恒吗?果真如此的话,现代宇宙学告诉我们,这就不是"人"的宇宙。

请读者仔细观察这幅画作,结合正文,你一定会激动不已。

主要是带正电的质子和带负电的电子,只有很少的反核子和正电子。这就是说,现在的宇宙是 CP 不对称的。毫无疑问,CP 不守恒跟我们人类的存在、地球的存在有极大的关系。可是,原因是什么,我们还并不知道。寻求 CP 对称破坏的来源是当代物理学研究的一个重大问题。

我们现在应该讨论物理学中最为神秘的对称性,即在时间反演下(记为 T,代表 $t \to -t$ 的操作)物理定律的对称性。前面我们谈过,如果对物理系统进行个体描述,即对每个微观粒子应用牛顿方程,或麦克斯韦方程,或爱因斯坦理论,或量子力学规律等,几乎全都是在时间反演下不变的。所以,微观粒子运动和演变没有时间方向性原则。时间箭头只和大数目粒子组成的宏观系统的集团行为相关,对于一个微观个体,不存在所谓的热力学第二定律。顺便说一句,我们都在一天天变老,所以生命过程一定是一个宏观系统的集体行为,从这一点上说,仅是基因研究是不能解决生命之谜的。

在20世纪50年代,物理学家最终证明了一条相当深奥的定理。这个定理说,由相对论量子场论描述的世界可能违反宇称、电荷共轭和时间反演不变性。只要大自然愿意,它可以尽情地那么做,但它绝不能违反 CPT 联合操作下的不变性。

图 149
李先生根据科学理论又添加:
如果时间反演是对的,
也许有人会知道……
可是这个定律是错的,
也许永远没有人知道。

有了 CPT 定理,并由实验观察到 CP 对称性的丧失,通过基本的逻辑推理得到,时间反演不变性必定受到破坏。自然定律不遵守时间反演不变性,但迄今为止,物理学家还没有发现这种对称性的丧失会在什么地方起作用,更表明其神秘性。图 149 是米尔恩(A.A.Milne,1882~1956)为小孩写的一首诗,其中的图画是李政道教授画的，并在诗的最后加上四句，可谓科学与文学的联姻。

对称与测量

现在，我们要将对称性的研究与对实际物理世界的测量联系在一起。当我们说左与右对称时，其含义是不可能观测到左与右之间的绝对差别。换句话说，假如能够找到它们之间的绝对差别，那么，我们就有左-右对称的破坏，或左-右不对称了。事实上，所有的对称原理，均基于下述假设：某些基本量是不可能观察到的。这些量将称之为"不可观测量"；反之，只要某个不可观测量变成可观测量，那么，我们就有对称性的破坏。

在没有弱相互作用参与的物理过程中，如果没有外界环境的偶然不对称，或初始条件的不对称，我们没有办法确定左与右。自然界有左旋的电子、质子；也有右旋的电子、质子等。但是在1933年，泡利（W. Pauli，1900~1958），这个喜欢挑刺的、自称只有喜剧小丑天赋的物理学家，在研究β放射性实验中，为了保持物理过程遵循能量守恒原则，大胆预言存在一种神秘粒子，它不参与强、电磁相互作用，只参与弱相互作用，起名中微子。它不带电，没有质量，一个中微子可以像幽灵一样穿过整个地球而不与之发生作用。反过来，我们这些血肉之躯就不能穿过一道墙，因为我们身体内的原子会与墙中的原子发生电磁相互作用。不妨想像，《聊斋》中的那个能穿墙进屋的崂山道士恐怕就是由中微子组成的。泡利还推测出中微子有自旋，既左转也右转。但宇称不守恒理论发现之后，李-杨推测出我们的物质世界（正物质世界）只有左旋的中微子；反物质世界只有右旋的中微子。由此，我们可以此确认这个世界绝对的"左"和绝对的"右"。

在第一章中我们就提到过的物理学大玩家费恩曼，曾编造过一些生动有趣、寓意深刻的假想情节，来说明对称性和不可测量之间的关系。赵凯华教授以费恩曼的脚本为基础，略加删改，铺陈出下面一段故事来：

设想一位中国人和地球上的一位外国人通长途电话。这位中国人基本上通晓该国语言，只是不会说"左"和"右"两个字。他企图通过电话向那位外国朋友解释汉语里的"左"和"右"是什么意思。他告诉对方："请你面向南站，你东边的是左手，西边的是右手。"

这个例子表明，即使人体有左右对称性（假如心脏处于正中），我们难以就其自身来定义左和右，但我们所处的环境（自转的地球）左右是不对称的，故可借环境的不对称性来定义个别物体（人体）的左和右。因此，在日常生活中，左与右的明显区别要归结于外界环境的偶然不对称或初始条件的不对称。

对于物理定律的对称性，情况就不那么简单了。设想在茫茫宇宙的深处果真有智慧的"外星人"，他们的科学知识一点也不比地球上的人类少。然而地球人和

"外星人"彼此丝毫也不知道对方所处的环境(譬如对方的星球朝哪边转,等等),只是用某种方式通上了话。当然,一开始需要沟通彼此的语言。最容易解释清楚的是数目字,因为一方可以说:"嘀嗒,一;嘀嗒,嘀嗒,二;嘀嗒,嘀嗒,嘀嗒,三;……"聪明的对方很快就明白了"一、二、三"的含义。有人研究过,其他的事物,如化学元素的名称,长度和时间的单位等,也都是可以解释清楚的。惟独到了"左"、"右"两字,就把人难住了。因为他们彼此不了解对方的环境,无法借助于环境的不对称性来说明左和右。地球人想告诉对方,你心脏所在的一方是左边,但不知"外星人"的心脏是否和我们一样,也在左边?也许他们根本就没有心脏!地球人又想用旋光性来解释我们"左"、"右"的定义:"蔗糖溶液使光的偏振面转向右方"。但一想,也不知他们那里有没有甘蔗?即使有,而且他们那里生物圈内的物种和地球上基本一样,会不会生物体内的有机分子刚好全都是地球上的"镜像"?因为这也是完全可能的。

"有了!"三位东方博士(李政道、杨振宁和吴键雄博士)来解决难题了。在弱作用过程中宇称不守恒,即左右不对称,在宇宙间只有左旋的中微子和右旋的反中微子。想到这里,地球人马上告诉"外星朋友":"你知道什么是中微子和反中微子吗?它们的自旋相对自身运动的取向分别是左旋和右旋。"我们的物质世界只有左旋的中微子,这是物理定律所决定的。他们在飞船上赶快完成了实验,于是,大家都满意地感到理解了对方"左"和"右"的定义。地球上的主人邀请这位"外星朋友"来做客,并介绍了地球上的见面礼节:伸出右手握手。对方欣然允诺,并表示来访时入乡随俗,一定尊重地球上的礼节。

这一天,一切准备就绪,地球上的主人翘首仰望长空,等待着天外来客。接下来的情形会怎样?答案是:如果远方客人伸出你认定的右手,就赶上前去握手寒暄;如果伸出左手,赶快大喝一声:"请快离开:我们碰到一起将同归于尽,一切都会湮灭掉的!"请你想想看,为什么?

宇宙的设计者不会告诉你终极真理的对称性,自然定律的每一种对称性都需要科学家把它们推导出来,但推导的根据在哪里?当然在于我们能够观察到的自然现象。物理学中的守恒定律是我们能够观察的结果,它们与对称性有什么关系呢?想到这个问题的时候,一个伟大的德国女数学家诺特尔(A.E.Noether,1882~1935)出现了。诺特尔在为女性的学术地位奋争的同时,凭着灵感,首先意识到每一种对称性都将有一个守恒量与之对应。"对称"和"守恒"这两个物理学家所钟爱的概念事实上是联系在一起的。根据诺特尔定律,实验上每观察到一个守恒量就立即告诉了我们,自然的设计中含有一个与这个守恒量相对应的对称性。

能量、动量和角动量守恒是学习物理时最先遇到的几个定律。它们共同支配着从星系的膨胀到电子绕原子核旋转的物理世界中每一个事物的运动,从没有一个物理过程违反过。这些守恒律来自何处,它们是如此地基本,似乎不需作任何解释。但自诺特尔之后，我们才明白，能量守恒是时间平移不变性的结果；动量守恒是空间平移不变性的结果；角动量守恒是空间旋转不变性的结果。也就是说，这些基本守恒定律是来源于物理学在今天、昨天和明天，这里、那里和所有地方，东方、西方、南方和北方都有一样的结果。体会到这一点，我们才体会到物理学大美之所在，正如《庄子·知北游》中："天地有大美而不言，万物有成理而不说。"

科学家与艺术家

李政道教授对中国文化有着深厚的感情，造诣颇深，诗意的睿智和浪漫的情怀在先生身上完美地结合起来。比如，他以科学的思维解读了屈原的诗作和中国特有的玉石艺术，给我们理解中国文化开拓了一个新的视角。

屈原不仅在《天问》中提出问题，而且解决问题。他写道：

　　九天之际，安放安属？
　　隅隈多有，谁知其数？
　　东西南北，其修孰多？
　　南北顺椭，其衍几何？

在前四句中，屈原用诗的语言，考虑到对称性论证了天地都是圆的。因为假如地是平的，那么天和地的交界一定充满了边和角。这些边和角是属于天还是属于地呢？所以地是平的结论不合理。于是只有这样重要的结论：天像蛋壳，地像蛋黄，两者都可以转，所以中国从古代开始，天体的运行轨道就有黄道、赤道两个道。屈原接着推测，地的形状可能偏离完美的球形，可能是椭球形。在后四句中，屈原问：赤道圆周比通过南北两极的圆周，哪个更长？南北顺椭圆的长度到底多长？但是屈原不可能回答这个问题，因为那时还没有科学，更没有科学测量。但这应该是人类最早成功运用对称性来解释宇宙的例子。

玉石文化是东方特有的文化现象，玉璧、玉琮和璇玑形状都精美悦目，是玉石文化中最具有代表性的绝妙艺术品，其中肯定包含了古人对自然和自我的思考。

《周礼》中有一个很重要的观点，"以苍璧礼天，以黄琮礼地"。天地当然代表

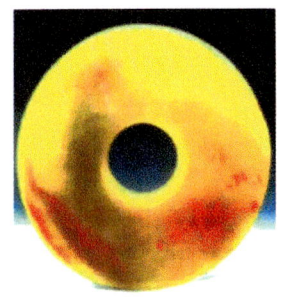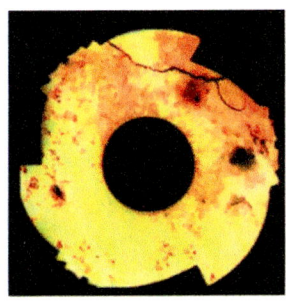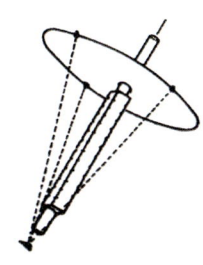

图150　玉璧、玉琮、璇玑和"璇玑仪"的复原

宇宙。可是为什么是以苍璧礼天，以黄琮礼地呢？这与中国的古文化有很密切的关系。中国商代的璧是圆的，直径20.4厘米，以这个礼天，直觉上也许有道理。琮的结构比较奇特，外边是方的，中间是圆的、空的，其长度为48.9厘米。璇玑基本是圆形的，比璧稍复杂一点，样子与璧很像，大小也差不多，但周边有凹槽，中间有圆孔。按照古文献记载，璇玑是一种"径八尺，圆周二丈五尺强"的圆盘，是"王者正天文之器"。李政道教授根据众多的古文献记载，推测璧和琮的合成象征同一件古代天文仪器，璧本身是璇玑的简化品。随着时间的演变，璧和琮逐渐失去了它们的科学意义，而成为艺术品供人赏玩，笔者认为，这岂不也体现了中国"天人合一"的道家思想。图150分别是商代的玉璧、玉琮、璇玑和李政道教授设计复原的"璇玑仪"，经过对公元前2700年可能的天文现象仔细论证，它的角定位的准确度至少可以达到1%度。这对于公元前2700的人类来说，真是一个值得骄傲的奇迹。

在中国高等科学技术中心，我们可以欣赏到大量当代中国艺术家创作的，具有科学韵味的作品，真可谓之"中国画的科学画派"。由于笔墨所限，这里只能选择几幅介绍给读者。

图151 《核子重如牛对撞生新态》（李可染，1982）

首先是李可染先生为"相对论性重离子碰撞国际学术研讨会"而作的，标题为《核子重如牛对撞生新态》（图151）的水墨画。这幅画是表现静态与动态相辅相成的一大杰作。画中，两牛抵角相峙，似乎完全是一种静态，然而这相峙之态却又明显蕴涵着巨大的能量。

这幅画是两位李姓科学和艺术大师,在科学和艺术诗意交融的境域中完成的。如果我们对相对论性重离子碰撞问题有所了解的话,更能感受到那种诗意的生存。基本粒子不是全部宇宙,我们都生存在物理真空的界面上。追求宇宙的终极描述,当然要研究什么是真空?真空是没有物质的态,但有相互作用,其间可能不断发生粒子-反粒子对的虚产生和湮灭。还记得黑洞辐射吗?这个辐射的本质原因也来源于真空中正、反粒子对的产生。真空有对称吗?夸克是否被禁闭其间,以至于不被我们所窥?这些都是现在物理学面临的基本问题。

研究真空必须激发真空。美国布鲁克黑文国家实验室完成的相对论性重离子对撞机(RHIC)就是用来激发真空的,这台加速器投资 10 亿美元,它能够把金的每一个核子能量提高到 10^{11} 电子伏,整个金核的能量达到 20 万亿电子伏,其目的是让两个高能量金核对撞。由于能量很高,金核可以互相穿透再分离,但是将相互穿透的空间的真空改变了,即真空被激发了(图152)。这个激发可以延续一个短时间,与宇宙产生的最初瞬间

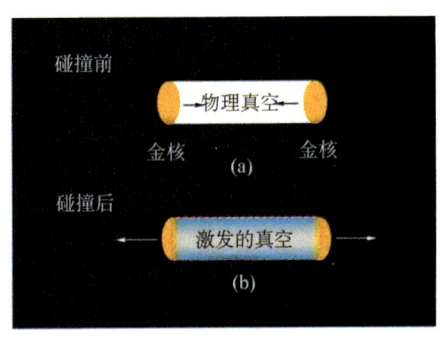

图 152　相对论性重离子对撞前后的真空

的情况相似。能量由"空"喷薄而出,测量结果犹如一幅艺术作品(图153)。如果事先不告诉你它的科学来历,而说是一位抽象表现主义艺术家的手笔,你一定不会怀疑。利用重离子碰撞,我们由此可以研究真空在这短时期中是怎样改变的。预测在这个真空中可以有自由夸克,而且它们可以凝聚,这都是很热门的问题。

核子重如牛,对撞生新态。这是艺术中的科学,也是科学中的艺术。可染先生是水墨写意大师,最擅画牛,一生从未表现争斗的牛。但在自然面前,他一改平和画风,令人惊奇。也说明,自然是令所有人折服的。

其次,我们再来看一幅刘巨德先生的画(图154),这肯定是在李政道先生启发下而作。主题是宇宙开始大爆

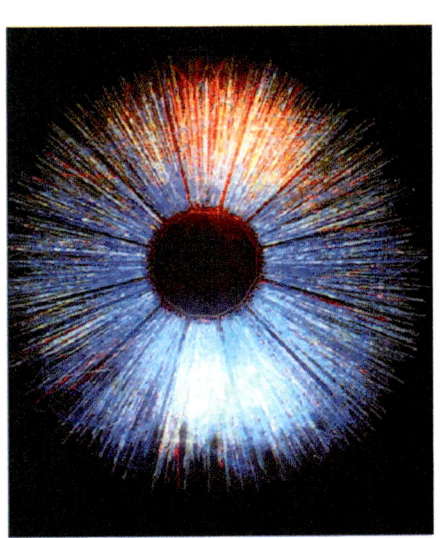

图 153　相对论重金核碰撞实验结果
　　我们不应该停止探索,
　　我们一切探索的目的,
　　都是回到我们出发的地方,
　　然后第一次将它认识。
　　　　　　　——T. S. 艾略特

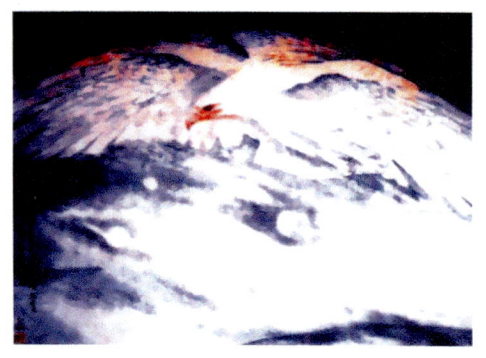

图154　《鲲鹏展翅》（刘巨德，当代）

时在太初，
万物善美。
天高地迥，觉宇宙之无穷。

炸，并与中国古代的庄子的《逍遥游》相对应：

北冥有鱼，其名为鲲。
……
化而为鸟，其名为鹏，
鹏之背不知其几千里也，
怒而飞，其翼若垂天之云……
扶摇直上者九万里……
背负青天而莫之夭阏……

按照李先生的解释，这里的鹏代表大爆炸，这个鸟象征整个宇宙，它跟宇宙一起产生。无独有偶，笔者由此想起了在本书第八章中遇到的马格里特1963年的著名作品《大家族》（图155），画面中同样出现了在空中飞舞的大鸟身影。前景的大海是自然的，夏日的天空是自然的，惟有这个与实际不符的鸟是非自然的，但是否可以理解为，正是它创造了自然。马格里特有关于艺术的"亲和力"理论，核心是："所谓理解，是认识到某种事物与其他事物之间的关联。"真不愧是艺术家中的科学家。

图155　《大家族》（马格里特，1963）

苍天抬眼，
大观极目。
兴尽悲来，识盈虚之有数。

2001年5月，在北京举行的首届艺术与科学国际作品展暨学术研讨会上，由李政道创意、表现物质微观世界的《物之道》（图156）雕塑作品，引起广泛关注。它反映正负电子对撞机粒子对撞揭示的物质存在情形。世界就是由带负电和带正电的粒子构成,通过它们的相互作用形成原子、分子以至星球。这种正、负对偶结构与中国文化中表达宇宙观的太极图的思想一致。以下是笔者根据清华大学美术学院创作者的介绍,解读这件科学艺术品:

在这个雕塑语言表现形式上,艺术家将科学研究探索的物质结构放进"道生一,一生二,二生三,三生万物;万物负阴抱阳;太极生阴阳两仪,两仪生四象,四象生八卦;虚实相生,有无相生"的中国传统哲学物质和生命构成的宇宙观。根据太极图的基本构成形式,导出富有哲学语境的艺术形式结构和语言,吸取中国传统艺术精神以人性浪漫情怀表现宇宙之道的形式,并突破传统太极图结构观念,融入现代雕塑艺术表现的纯粹性,使科学内涵的审美境界和哲学境界得以形象再现。

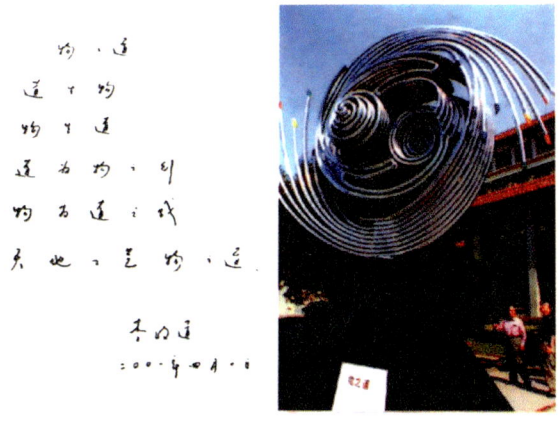

图156 《物之道》(李政道创意,清华大学工艺美院创作)

在雕塑形态的具体表现形式上,运用传统的点、线、面运动变化所具有的丰富内涵和表现力,以线的单纯、简洁、延绵不断和螺旋线生生不息的运动视觉效果来表达正负电子对撞机核心谱仪螺线管线圈的科学特征,即用一根不断延伸的线在同一圆心做涡线旋转运动,使一根线的两头生为两个极点向外伸延和向内回归来作为基本语言。线的无限延伸构成体积和空间的无限变化。将节奏变化丰富的一根螺旋线以哲学的理念反复生成,推至中国数理概念中最大极数的九根螺旋线。九根螺旋线排列组合成旋转运动、虚实相生、空灵通透的面和空间。向内回归的九根线的端点回归极心,意味着指向太极;向外伸延发散的九根线的端点伸向无极,并将向外伸延的九个端点化为象征大千世界变化万千的九彩:赤、橙、黄、绿、青、蓝、紫、黑、白。

艺术家们以这一基本结构形式,由一个形态生为两个形态,这两个形态一上一下、一前一后,螺旋极心一凹一凸,并把上方螺旋极心向外凸出的一组形态作为阳性的象征，把下方向内凹进的一组形态作为阴性象征。为了强化阴阳互补、相反相成的互生关系，选用传统的金色材料象征阳，银色材料象征阴，并将表示正极阳性的一组形态的材料用发光的表示，材料处理为镀铬发光；象征负极阴性的形态用不发光的材料表示，处理成亚光。创作者还将雕塑基座定为金字塔的形式，意味着坐落在金字塔之顶端的雕塑所表达的科学最高境界来自于人类知识和智慧的积累。为了体现物质的运动变化及雕塑的丰富视觉形式，雕塑被设定为每36分50秒旋转一圈，象征物质运动的时空观念。

至此，雕塑形态和空间形式虚实相生、动静相宜，旋转运动的节奏意味着向内回归"至小无内"，向外伸延"至大无极"，准确表达了科学揭示物质世界奥秘的最高境界和正负电子对撞机的丰富科学内涵，体现了中国传统艺术精神的魅力和现代雕塑的审美形式。

李政道教授 —— 科学家和艺术家！真理的诗意化。

参 考 文 献

Shlain L. 1991. Art and physics. New York: Quill William Morrow
Hewitt P. 1993. Conceptual physics. New York: Harpercollins College Publishers
Hobson A. 1999. Physics: Concepts and connections. New Jersey: Prentice Inc.
贡布里希. 1991. 艺术发展史. 范景中译. 天津：天津人民美术出版社
李政道. 2004. 科学与艺术. 上海：上海科学技术出版社
李政道. 2000. 对称与不对称. 北京：清华大学出版社
霍金 S W. 2002. 时间简史. 许明贤，吴忠超译. 长沙：湖南科学技术出版社
贝克特 W. 1999. 绘画的故事. 李尧译. 北京：三联书店
曼凯维奇 R. 2002. 数学的故事. 冯速译. 海口：海南出版社
麦基 B. 2002. 哲学的故事. 季桂保译. 北京：三联书店
戴吾三. 2001. 科学与艺术：人类飞翔的双翼. 科学，4
吴国盛. 2002. 科学的历程. 北京：北京大学出版社
倪光炯，王炎森等. 1999. 改变世界的物理学. 上海：复旦大学出版社
伽莫夫 G. 2000. 物理世界奇遇记. 吴伯泽译. 长沙：湖南教育出版社
赵凯华. 1999. 新概念物理教程：力学. 北京：高等教育出版社
米勒 A I. 2003. 爱因斯坦与毕加索. 方在庆，伍梅红译. 上海：上海科技教育出版社
布里格斯 J，皮特 F D. 2001. 混沌七鉴. 陈忠，金伟译. 上海：上海科技教育出版社
刘华杰. 1998. 分形艺术. 长沙：湖南科学技术出版社